張　勇＋陳玉田

香港居民的國籍問題

從歷史背景到法律及政治層面

責任編輯　姚永康
封面設計　金小曼
封面插圖　溫　溫

書　　名　香港居民的國籍問題——從歷史背景到法律及政治層面
著　　者　張勇　陳玉田
出版發行　三聯書店（香港）有限公司
香港北角英皇道 499 號北角工業大廈 20 樓
Joint Publishing (H.K.) Co., Ltd.
20/F., North Point Industrial Building,
499 King's Road, North Point, Hong Kong
香港發行　香港聯合書刊物流有限公司
香港新界荃灣德士古道 220-248 號 16 樓
印　　刷　美雅印刷製本有限公司
香港九龍觀塘榮業街 6 號 4 樓 A 室
版　　次　2002 年 8 月香港第一版第一次印刷
2021 年 2 月香港第一版第二次印刷
規　　格　特 16 開（152 × 228mm）264 面
國際書號　ISBN 978-962-04-2174-7

目錄

附：相關法規及資料

第一章　國籍概述

1.1 國籍

國籍是一個人作為一個特定國家的成員所具有的法律上的身份。由於這種身份，該人在法律上從屬於該國，並形成兩者之間固定的國家與國民或公民的法律聯繫。

狹義的國籍專指自然人的國籍，廣義的國籍則包括自然人、法人、船舶和航空器的國籍。除另有說明外，本書中所提及的國籍指自然人的國籍。

具有一國國籍的人稱為該國的"公民"、"國民"或"臣民"。在內地現行的法律文件中，採用"公民"一詞作為泛指具有一國國籍之人士的正式術語，而"國民"和"臣民"則往往在翻譯外語詞彙或引述法律文獻或在其他特定的語言背景下採用；在學術著作中，"公民"和"國民"則交互使用。具有中華人民共和國國籍身份的人稱為中華人民共和國公民。[1]

在漢語中，"公民"、"國民"或"臣民"的對應詞是"外國人"；在英語中，則是"national"、"subject"及"citizen"對應"alien"。

---

〔1〕 1949年9月29日由中國人民政治協商會議第一屆全體會議通過的《中國人民政治協商會議共同綱領》曾以"國民"一詞指稱具有中國國籍的人，1954年9月20日由第一屆全國人民代表大會第一次會議通過的《中華人民共和國憲法》則改稱為"公民"。

1.2 國籍法

規定誰具有一國國籍並因此具有該國公民身份的法律是國籍法，它是有關國籍取得、喪失及恢復等事項的法律規範的總稱。

同一般國內法律相比，國籍法具有國內法和國際法雙重特徵。首先，國籍法在本質上是國內法，這一特徵是國際社會所公認的。特定的人口是一個國家 的基本構成要素之一，而國籍法的作用就是確定這個特定人口的範圍。它是一個國家確定其人口並對其公民行使管轄權的主要法律依據。因此，國籍在本質上是每個國家的主權事項，即每個國家有權以自己的法律決定誰是它的公民。這一點，對我們分析任何國籍問題具有前提性的意義。

國籍法是國內法這一原則，不僅為各國立法實踐所證實，也為各國間締結的國際公約所確認。例如，1930年海牙《關於國籍法衝突若干問題的公約》（Hague Convention on Certain Questions Relating to the Conflict of Nationality Laws）第1條就明確規定："每個國家依照其本國法律決定誰是其國民"，第2條又進一步規定："關於某人是否具有某一特定國家國籍的問題，應依照該國的法律予以決定"。

但另一方面，國籍法又具有國際法特徵，這一法律領域涉及複雜的國與國之間關係。由於各國國籍法確定國籍所採取的原則可能有所不同，因而會產生一個人同時具有兩個或更多國籍或者無國籍的情況，進而產生國家之間的國籍衝突。為此，在有關國籍事項上，國際社會締結了大量的雙邊或多邊條約和公約，如1930年海牙《關於無國籍情況的議定書》（Protocol Relating to a Certain Case of State-lessness），1957年紐約《已婚婦女國籍公約》（Convention on the Nationality of Married Women），1961年紐約《減少無國籍狀態公約》（Convention on the Reduction of Statelessness），等等。可見，國籍法在國際法上也具有重要意義。

從法律形式上講，國籍法有國內法淵源與國際法淵源，具體而言主要包括：

（1）有關國籍的國內單行立法，例如，1980年9月10日第五屆全國人民代表大會第三次會議通過的《中華人民共和國國籍法》；《英國國籍法 1948》（British Nationality Act 1948）。幾乎每個國家都有專門的單行國籍法。

（2）散見於一國國內成文法律文件中涉及國籍事項的規定，例如，1982 年 12 月 4 日第五屆全國人民代表大會第五次會議通過的《中華人民共和國憲法》第 33 條有關凡具有中華人民共和國國籍的人都是中華人民共和國公民的規定；1947 年日本憲法第 10 條有關"作為日本國民應具備的條件，以法律規定之"的規定等。

（3）普通法。在英美法系國家中，普通法也是國籍法律制度的一個組成部分。

（4）雙邊條約。例如，1955年4月22日中國同印度尼西亞簽訂的關於雙重國籍問題的條約；1957 年 12 月 16 日朝鮮民主主義人民共和國與前蘇聯簽訂的關於雙重國籍人國籍的條約。

（5）國際公約。如前述各有關公約。

1.3 國籍的法律意義

國籍是確定個人與國家之間權利義務的基礎，具有這種法律身份的法律後果是：該人被確定為該國公民，並在該國享有外國人或無國籍人通常不能享有的特定的政治、社會、經濟、文化等方面的權利，如選舉權、獲發護照的權利、擔任公職的權利等；同時，也須履行外國人或無國籍人無須承擔的某些義務，如服兵役的義務、效忠義務等。反之，針對外國人的特定的待遇或限制則不適用於內國人。就國家管轄權而言，國籍是確定屬人管轄的依據；作為一項原則，一國公民不論其在境內或境外均受其國籍國的管轄。

在國際公法方面，國籍是一個人的本國對他提供外交／領事保護或服務的依據。只有在外國的本國國民才能享有本國的外交／領事保護或服務，並享受本國參加的國際條約所帶來的相應利益或便利。在引渡和庇護方面，許多國家拒絕引渡本國國民；對於給予庇護的外國人，庇護國往往拒絕該外國人的本國政府所提出的引渡要求。

在國際私法方面，許多國際民商事法律衝突的解決適用屬人法，而國籍是確定屬人法的一個重要的連接點。在國際民事訴訟方面，一些國家允許自己的僑民回到本國起訴（如果其合法權益在外國受到侵害的話），而不必遵循原告就被告這一管轄權原則。

在國際人權法領域，國籍越來越成為其中的一個重要方面。國籍方面的人權保護主要涉及這樣一些內容：每個人有權取得國籍（the right to have a nationality）；任何人之國籍不容無理褫奪（the right not to be arbitrarily deprived of one's own nationality）；任何人變更國籍的權利不容無理否認（non-arbitrary denial of the right to change one's nationality）；無國籍人士的人權保障；兒童國籍權利的保障；已婚婦女國籍權利的保障；禁止國籍歧視；兵役義務之豁免等。雖然前述國籍方面的人權內容涵蓋在不同的國際法律文件之中，[2] 但由於存在着個人國籍權利與國家主權的相互關係，相關各項國籍人權最終獲得國際社會的普遍承認並得以有效保障，仍尚需時日。

1.4 對國籍主權性的限制

國籍的前提是國家，其後果是其公民或國民的特定範圍。但是，一個國家用國籍法確定其公民或國民範圍的權利不是絕對的。

---

〔2〕 關於或涉及國籍方面的國際人權保障的公約主要有：1930 年 4 月 12 日訂立於海牙的《有關某些雙重國籍情形中兵役義務的議定書》（*Protocol Relating to Military Obligations in Certain Cases of Double Nationality*）；1948 年聯合國《世界人權宣言》（*Universal Declaration of Human Rights*）；1954 年 9 月 28 日訂立於紐約的《關於無國籍人地位的公約》（*United Nations Convention Relating to the Status of Stateless Persons*）；1957 年 1 月 29 日聯合國大會通過的《已婚婦女國籍公約》（*Convention on the Nationality of Married Women*）；1997 年 11 月 7 日歐洲理事會通過的《歐洲國籍公約》（*European Convention on Nationality*）。

其原因顯而易見，如果各國絕對地行使這一權利，在國際社會就會產生一個嚴重後果，即如果沒有國際法的界限，那麼每個國家都可以主張所有的人都是它的國民，從而可以在它的領土內單方面廢除國際法上關於外國人地位的全部法律了。〔3〕

但實際上，國際社會並沒有出現這種“嚴重後果”，因為任何國家在國際社會中的活動都不是任意的，都受到各種國際公約、條約、國際習慣及普遍承認的國際法準則的約束和限制。在確定國籍方面，則更是如此。前述《關於國籍法衝突的若干問題的公約》第1條在規定“每一國家依照其法律決定何人為其國民”的同時，還規定“此項法律，如與國際公約、國際習慣及普遍承認的關於國籍之法律原則不相衝突，其他國家應予以承認”。〔4〕

可見，各國對於聯繫國家與公民紐帶的國籍，並不是可以任意規定的，一般說來，一國以國籍法確定其國民範圍應遵循以下幾個主要原則：

第一，除有行為能力人自願的出籍、入籍及復籍等特殊情況外，一個國家只可以給與它有較為密切實際聯繫的人以本國國籍。最為公認的實際聯繫是：由本國公民所生，或出生在本國領土之內。世界各國對固有國籍一般採取血統主義或出生地主義，或兩者兼而有之，其根據也在於此。

第二，一國的國籍立法受該國訂立的有效的國際條約的限制。與其他國家的自願締約權是主權國家的固有權利，一國可通過締結雙邊或多邊條約或公約在有關國籍事項上承擔義務，進而在其國內法中履行這些國際義務。但這一原則須有兩個前提：其一，就國籍事項承擔的國際義務必須是明示的，由於國籍事項涉及國家的基本

---

〔3〕 參見〔奧地利〕阿．菲德羅斯等著：《國際法》上冊，李浩培譯，商務印書館1981年版，第366頁。

〔4〕 該條英文原文為：It is for each State to determine under its own law who are its nationals. This law shall be recognized by other States in so far as it is consistent with international conventions, international custom, and the principles of law generally recognized with regard to nationality.

要素——人口，並影響到公民個人的基本權利和自由，因此不能以默示或暗示的方式承擔義務；其二，有關條約或公約須是“有效的”。

第三，領土的佔領並不產生被佔領土上居民國籍必然變更的法律後果。佔領者強加於被佔領土居民的國籍是無效的，因為在國際法上，佔領者對該領土只是行使暫時的領土最高權。

1.5 國籍的取得、喪失和恢復

1.5.1 國籍的取得

根據取得方式的不同，國籍可以分為原始國籍（nationality by birth）和繼有國籍（nationality by acquisition）。一個人如果不是無國籍人士，他在出生時所取得的國籍就是其原始國籍。一個人在出生以後由於出生以外的原因所取得的國籍稱為繼有國籍。

就原始國籍的取得而言，各國國籍立法一般採用下述一項或多項原則：

（1）血統主義（*jus sanguinis*），即以一個人出生時其父母的國籍為其原始國籍。血統主義以親子關係為標準，而不論其出生地在哪個國家。至於在確定子女國籍時，是以父親的國籍為準，還是以母親的國籍為準，抑或要求父母雙方均具有該國國籍，則視乎不同國家的法律規定。

（2）出生地主義（*jus soli*），即以一個人出生地國家的國籍為其原始國籍，而不論其父母的國籍。

（3）混合主義，即將血統與出生地結合來確定一個人的原始國籍。

結合各國國籍立法實踐，繼有國籍的取得概括而言包括兩大類情形：

（1）根據自己意願而取得國籍。這類情形包括兩種方式：

（a）申請入籍。一個人根據自己意願申請加入一國國籍，而該申請是否得到批准視乎其是否符合該國有關入籍的規定，並往往取決於處理入籍申請的機關的自由裁量權。

(b) 選擇國籍。選擇國籍主要發生於下述一些情形：[5]

(i) 一個人在成年時或成年前通過選擇與其具有一定關係之國家的國籍而成為該國國民。

(ii) 在國家繼承時選擇國籍。

(iii) 女子同外國男子結婚時選擇國籍。

(iv) 養子女的選擇國籍。

(2) 根據法律規定而非當事人意願取得繼有國籍。這類情形包括下述幾種方式：

(a) 婚姻。有的國家規定，外國女子由於同內國男子結婚而當然取得內國國籍；有的國家規定，同內國國民結婚的外國人必須經過入籍程序或類似的申請程序並經批准後方可取得內國國籍。

(b) 收養。有的國家規定，內國國民的養子女由於被收養而當然取得內國國籍；有的國家規定，內國國民的養子女必須經過入籍程序或類似的申請程序並經批准後方可取得內國國籍。

(c) 准婚生。有的國家規定，非婚生子女由於取得婚生地位而當然取得其父親的國籍，有的國家則規定該等子女必須經過入籍程序或類似的申請程序並經批准後方可取得其父親的國籍。

(d) 國家繼承。在一個主權國家併入另一個主權國家或分裂為幾個獨立的主權國家時，或一個主權國家的部分領土被割讓而成為另一個主權國家領土之一部分時，便會產生國家繼承的情形。在國家繼承情形下，被繼承國的居民有時被直接賦予以繼承國國籍，有時則須通過入籍申請或國籍選擇方式方可取得繼承國國籍。

(e) 接受公職。有的國家規定，外國人接受內國公職並任職一定期限即可取得該國國籍。

(f) 強制入籍。個別居留地國不顧僑民意願而強加給僑民以居留地國的國籍。

---

〔5〕 參見李浩培著：《國籍問題的比較研究》，1979年商務印書館，第108頁。

1.5.2 國籍的喪失與恢復

國籍的喪失包括自願的喪失國籍和非自願的喪失國籍兩大類。

自願的喪失國籍是以當事人的意願為基礎，包括聲明放棄國籍和申請解除國籍兩種情形。聲明放棄國籍是指一個人向主管機關提出放棄內國國籍的聲明。在允許以聲明方式放棄國籍的國家，受理放棄國籍的聲明的機關一般會對該等聲明予以登記認可。申請解除國籍，或稱為出籍，指一個人向主管機關申請退出該國國籍。在實行出籍制度的國家，出籍申請是否得到批准視乎其是否符合該國有關出籍的規定，處理出籍申請的機關也有較大的自由裁量權。

非自願的喪失國籍是基於法律的規定而自動產生的法律後果，而並非以當事人的意願為轉移。具體而言，非自願喪失國籍包括以下一些具體情形：

（1）婚姻。指內國國民（一般指內國女子）由於同外國人結婚而喪失內國國籍，或由於同外國人結婚後又解除該婚姻而喪失外國國籍。

（2）准婚生。內國非婚生子女由於獲得婚生地位並取得外國籍生父之國籍而喪失內國國籍。

（3）自願取得外國國籍。由於內國國民自願取得外國國籍而自動喪失內國國籍。

（4）國家繼承。在國家繼承情形下，尤其在發生領土割讓或兼併時，被繼承國國民由於繼承國法律規定或條約規定而喪失被繼承國國籍。

（5）剝奪國籍。有的國家規定在特定情形下可以剝奪其國民的國籍。

國籍的恢復指原來具有一國國籍的人士在喪失該國國籍後又重新取得該國國籍。有的國家規定國籍恢復須具備特定的條件，有的國家則規定任何喪失內國國籍的人都可以恢復國籍。在程序上，有的國家規定，具備一定條件的已喪失內國國籍的人可自動恢復內國國籍，有的國家則規定該類人士須經申請或聲明程序方可恢復內國國籍。

1.6 國籍衝突

由於各國關於國籍取得、喪失及恢復的法律規定不同，往往產生兩種特別的情形：一種情形是，一個人具有兩個或兩個以上的國籍；另一種情形是，一個人不具有任何一個國家的國籍。前者稱為國籍的積極衝突，後者稱為國籍的消極衝突。

就國籍的積極衝突而言，有的國家承認雙重國籍，有的國家不承認雙重國籍，因而在解決國籍積極衝突方面的立法努力也不盡相同。在國際法層面，解決國籍的積極衝突主要有兩種方式：一種方式是由國籍國之間締結雙邊條約用以解決兩國之間的國籍衝突問題，實踐證明這是較為有效的一種方式。另一種方式是通過國際公約解決國籍積極衝突問題。〔6〕國際公約是解決國籍積極衝突的一種比較理想的方式，但需要世界各國的積極配合，尤其需要各國在內國立法時貫徹相關公約所確立的原則和準則。

無國籍人士由於不具有任何一國國籍，一方面其自身權益難以得到有效保障和維護，另一方面也給居住國帶來負擔。因此，世界各國一直致力於解決無國籍人士的問題，例如進行相應的內國立法及訂立國際公約等。〔7〕

---

〔6〕 關於或涉及解決國籍積極衝突的國際公約主要有：1930 年 4 月 12 日訂立於海牙的《關於國籍法衝突的若干問題的公約》（*Hague Convention on Certain Questions Relating to the Conflict of Nationality Law*）；1997 年 11 月 7 日歐洲理事會通過的《歐洲國籍公約》（*European Convention on Nationality*）。

〔7〕 關於或涉及解決國籍消極衝突的國際公約主要有：1930 年 4 月 12 日訂立於海牙的《關於無國籍的特別議定書》（*Protocol Concerning Statelessness*）、《關於某種無國籍情況的議定書》（*Protocol Relating to a Certain Case of Statelessness*）；1961 年 8 月 30 日訂立於紐約的《減少無國籍狀態公約》（*Convention on the Reduction of Statelessness*）；1997 年 11 月 7 日歐洲理事會通過的《歐洲國籍公約》（*European Convention on Nationality*）。

1.7 香港居民的國籍問題

香港居民的國籍問題是香港問題的一個部分，也是一個極為特殊的現象。這種特殊性體現在歷史、法律和政治諸方面。它起因於歷史、衝突於法律，解決於政治。在隨後各章節中，本書將對其形成及解決過程作詳細論述。

它首先是一個主權問題。香港是中國的領土，鴉片戰爭以後被英國佔領。英國佔領香港後，單方面引入英國國籍法律並適用於香港居民，但是，中國歷屆政府均不承認英國對香港居民的國籍管制。中英兩國政府在香港及香港居民國籍問題上的紛爭，貫穿於英國統治香港的整個歷史期間，而其影響則延伸到中國對香港恢復行使主權之後。

香港居民的國籍問題同時是一個涉及國際關係的一個敏感問題。它不僅影響到中英兩國之間的關係，也影響到中國與接受港人移民的國家（主要是部分西方國家）之間的關係，並為對中國國籍政策比較敏感的周邊國家（主要是東南亞國家）所密切關注。此外，在國際法層面，它涉及到原適用於香港的國籍類條約的處理、中國政府簽訂的國籍協定在香港的適用、如何避免或減少因政權交接而產生無國籍人士等問題。

處理好香港居民的國籍問題，也是中國政府對香港恢復行使主權的實際需要。按照香港基本法的規定，特區立法、行政、司法機構組成人員的資格、特區護照的發放、香港居留權的確定等，均需要確定香港居民的國籍身份，並且必須在1997年7月1日之前〔8〕先行解決。

探究這一問題的一個重要意義在於它切實影響着許許多多個人的生活和權益，涉及到香港居民個人權利、義務的確定。國籍本身就是個人權利方面的一個基本內容，而國籍又與個人其他方面的權利、義務休戚相關。香港居民在香港法律制度、內地法律制度及國

---

〔8〕　在本書中，凡"1997年7月1日以前"均不含"1997年7月1日"本數；凡"1997年7月1日以後"均含"1997年7月1日"本數——作者注。

際法律制度的權利與義務，均涉及到國籍地位的確定。

作為一個複雜的歷史遺留問題和具體的現實問題，從中英有關香港問題的談判，到基本法的起草，再到香港特區的籌備階段，甚至到香港特區成立之後，香港居民國籍問題的處理一直是一個焦點性問題，而這一問題的最終或者説是初步解決，在法律及政策層面則引起諸多值得探究和反思的內容。

1.8 小結

國籍作為一個自然人可能具有的眾多法律身份之一，是由國籍法所確定或賦予的。在這種法律身份下，該人享有特定的權利並承擔相應的義務。雖然國籍在本質上是一國的主權事務，但也不是絕對的。在國籍的取得、喪失及恢復等方面，各國國籍立法儘管各有特色和側重，但也都符合一些共同的準則。這些在國籍事項上的普遍原則，在處理香港居民國籍問題的過程中，也同樣具有指導和參考意義。

第二章　英國國籍法下香港居民的國籍地位

英國國籍法與英國近現代國際地位的變化相伴相生，演變至今。它大致經歷了四個發展階段：1948 年以前、 1948 年國籍法、1948 年至 1981 年期間對國籍法的修訂，以及 1981 年國籍法。為配合香港回歸中國的現實需要，英國政府在《中華人民共和國政府和大不列顛及北愛爾蘭聯合王國政府關於香港問題的聯合聲明》[1]（以下簡稱《中英聯合聲明》）生效後，陸續對英國國籍法又作了一些修訂。本章試對英國國籍法的發展變化，以及香港居民在不同歷史時期在英國國籍法下的地位作一綜述。

2.1 英國國籍法的歷史沿革

2.1.1 1948 年之前的英國國籍法

從19世紀到第二次世界大戰以前，英帝國國勢如日中天，在世界各地擁有其殖民地，號稱"日不落帝國"。在英國本土及各被英國管治的殖民地，所有人均對英王負有效忠的義務。與之相對應，在《英國國籍法1948》之前，英國國籍以大一統的英帝國的概念為基礎，

〔1〕 1984年9月26日，中英聯合聲明在北京草簽。1985年5月27日，中英兩國政府互換了中英關於香港問題的聯合聲明的批准書，中英聯合聲明從此正式生效。

只有一種形式即"英國臣民"(British subject)。"英國臣民"之外的人士即為外國人，例如，在《英國國籍與外國人地位法1914》[2](British Nationality and Status of Aliens Act 1914)第27條中，對"外國人"(alien)的界定便是"指並非為英國臣民的人士"。[3]因此，可以説在1948年以前，英國並沒有現代意義上的國籍法。

英國臣民的地位問題最初乃受普通法的調整，隨後成文法則不斷對其加以規範[4]。凡是在英帝國統治的地區出生者，或者歸化為英國國民者，或者因領土被英國兼併而成為英國國民者，均為英國臣民。在英帝國的版圖之內，只有英國臣民這樣一個英國國民類別。凡是英國臣民均對英王負有效忠義務，同時，他們可以自由進入英國或在英國居住。[5]

2.1.2 《英國國籍法1948》

第二次世界大戰之後，英國的海外殖民地相繼脱離英國的統治，或實行自治或成為獨立的國家，英帝國出現分崩離析的局面。1946年，加拿大自行訂立《加拿大公民法》(Canadian Citizenship Act)，規定加拿大公民同時具有英國和加拿大兩種國籍。此後，澳大利亞、新西蘭、印度等國紛紛效仿，制定了各自的國籍法。在這種情況下，為協調和處理英國國籍與英聯邦國家公民籍之間的關係等問題，1947年，英國與加拿大、澳大利亞、新西蘭等9個國家舉

---

〔2〕 經《英國國籍法1848》之修訂，《英國國籍與外國人地位法1914》(*British Nationality and Status of Aliens Act* 1914)名稱改為《外國人地位法1914》(*Status of Aliens Act* 1914)。參見 *Halsbury's Statutes of England and Wales* (4th ed.)(London: Butterworths, 1987), Vol.31, p.4.

〔3〕 參見 *Halsbury's Statutes of England and Wales* (4th ed.)(London: Butterworths, 1987), Vol.31, p.6.

〔4〕 參見 *Halsbury's Laws of England* (4th ed.)(London: Butterwroths, 1992), Vol.4 (2), p.7.

〔5〕 參見 Peter Wesley-Smith, *Constitutional and Administrative Law in Hong Kong* (2nd ed.)(Hong Kong: Longman Asia, 1995), p.327.

行英聯邦會議並達成協議，確定了以下原則：(1) 各成員國以其國內立法自行確定誰是它的公民或國民（Citizens）；（2）各成員國在立法中同時規定該國公民或國民亦是“不列顛臣民”（British Subjects）或“‘英聯邦’公民”（Commonwealth Citizens）；（3）各成員國在該立法中也同時明文承認其他英聯邦國家的公民的“不列顛臣民”或“‘英聯邦’公民”身份。這一協議使制定新的英國國籍法成為必要和可能。

1948年7月30日英國議會通過《英國國籍法1948》，並於1949年1月1日生效。該法重新界定了“英國臣民”的含義，以涵蓋英聯邦國家公民；並在英國法律中正式引入“公民”（citizen）概念，創設了一套新的英國國籍架構。

《英國國籍法1948》將所有人的國籍劃分為五類，包括：

(1) 聯合王國及殖民地公民（Citizens of the United Kingdom and Colonies）

此國籍身份賦予英國本土人士和英國海外殖民地人士。

（2）英聯邦公民（Commonwealth Citizen）

所有英聯邦國家的國民都是英聯邦公民，而誰是英聯邦國家的公民則由英聯邦各個國家自己的國籍法律加以確定。根據《英國國籍法1948》，“英聯邦公民”與“英國臣民”（British Subjects）具有相同含義。

（3）無公民籍英國臣民（British Subjects without Citizenship）

在《英國國籍法1948》生效時，有些英聯邦國家尚未制定自己的國籍法，這些地方的人尚不能成為英聯邦公民；同時，這些國家又非殖民地，因此該等地方的人也不是聯合王國及殖民地公民。作為一種過渡安排，這些國家的人的國籍身份被定為“無公民籍英國臣民”。當各國制定了自己的國籍法後，如果無公民籍英國臣民取得該國國籍則自動取得英聯邦公民身份，無公民籍英國臣民的身份亦自動喪失；如果無公民籍英國臣民沒能取得該國國籍則仍保留“無公民籍英國臣民”這一身份。此外，於1947年脱離了英聯邦的愛爾蘭共和國國民亦為無公民籍英國臣民。

（4）受英國保護人士（British Protected Persons）

對於受英國託管的地區（trust territory）、委任統治地（mandated territory）、保護領地（protectorate）及受保護國（protected states）而言，這些地區並非殖民地，亦非獨立的國家，這些地區的前“英國臣民”被劃歸為“受英國保護人士”。這類人雖然可以獲得英國護照，但沒有在英國的居留權。

（5）外國人（aliens）

指前述四類人士之外的人。

在上述五類國籍中，只有“聯合王國及殖民地公民”具有完整意義的英國國籍身份。根據《英國國籍法1948》的規定，取得這種國籍身份有五種方式，即：

（1）依據出生取得（citizenship by birth）

除個別例外情形外，凡在英國或其海外殖民地出生的人士均可取得聯合王國及殖民地公民地位。〔6〕

（2）依據世系取得（citizenship by descent）

除個別例外情形外，凡在聯合王國或英國殖民地以外出生的人士，如果其父親為聯合王國及殖民地公民，則該等人士在出生時即取得聯合王國及殖民地公民地位。〔7〕

（3）依據登記取得（citizenship by registration）

在一定條件下，聯合王國及殖民地公民之外的英聯邦公民、無公民籍英國臣民、與聯合王國及殖民地公民結婚的婦女、聯合王國及殖民地公民的未成年子女等可通過登記入籍的方式成為聯合王國及殖民地公民。〔8〕

（4）通過歸化方式取得（citizenship by naturalization）

符合一定條件的受英國保護人士和外國人可通過歸化方式取得聯合王國及殖民地公民地位。〔9〕

（5）因領土兼併取得（citizenship by incorporation of territory）

---

〔6〕　參見《英國國籍法1948》第4條。

〔7〕　參見《英國國籍法1948》第5條。

〔8〕　參見《英國國籍法1948》第5A－9條。

〔9〕　參見《英國國籍法1948》第10條及附表2。

如果一個地區成為聯合王國及其殖民地的一部分，則英王可以樞密院令的方式，賦予那些與被兼併地區有關聯的人士以聯合王國及殖民地公民地位。[10]

2.1.3 1948 年至 1981 年期間英國國籍法的修訂

《英國國籍法1948》適應了當時英國與其他英聯邦國家在國籍方面的實際變化，為英國國籍確立一套比較清晰的架構。但在隨後的幾十年裡（1981 年以前），國際“非殖民化”運動進一步發展，對英國產生了極大的衝擊。反映在國籍方面，就是向英國本土移民壓力的不斷加大。在這種情況下，英國先後對《英國國籍法 1948》作了三次較大的修訂，以對英國國籍作進一步區分，並與在英國的入境、居留等權利相聯繫。

2.1.3.1 《英聯邦移民法 1962》（Commonwealth Immigrant Act 1962）

根據《英國國籍法 1948》，包括具有聯合王國及殖民地公民身份的所有英聯邦公民可自由出入英國。不過，到了1960年代初，由於大量的來自印度、巴基斯坦及西印度群島等地的非白人的英聯邦公民湧入英國，為控制移民潮，英國遂於1962年制定《英聯邦移民法 1962》，首次以法律形式對英聯邦公民進入英國境內施加限制。根據該法規定，只有在英國出生或持有英國政府簽發的“聯合王國護照”(UK Passport) 的英聯邦公民方可自由進入英國，而殖民地政府簽發的“英國護照”(British Passport) 的英聯邦公民進入英國則受到入境管制。從這個意義上講，從1962年起，雖然同樣具有英聯邦公民這一國籍身份，但在入境及居留等方面已經有了差別待遇。

---

〔10〕參見《英國國籍法 1948》第 11 條。

2.1.3.2 《英聯邦移民法 1968》（Commonwealth Immingrant Act 1968）

1960年代中，前英國殖民地烏干達、肯尼亞等國相繼獨立，大量非洲居民移居英國。由於英國政府允許這些國家的前"英國臣民"選擇保留"聯合王國及殖民地公民"身份，並由英國政府而非由殖民地政府發給其"聯合王國護照"。因此，前述《英聯邦移民法1962》無法限制這些人自由進入英國國境。為阻止這一移民潮，英國通過了《英聯邦移民法1968》，進一步縮小可自由進入英國的"聯合王國及殖民地公民"範圍，規定只有那些在英國出生、被收養、登記入籍或歸化入籍的英聯邦公民，或其父母或祖父母一方在英國出生、被收養、登記入籍或歸化入籍的英聯邦公民方可不受入境管制。

這項法律帶有明顯的種族歧視色彩，實際上給予白人和非白人不同待遇，因而受到了國際社會的強烈指責，因為事實上，非白人中的英聯邦公民很少有人符合《英聯邦移民法 1968》所規定的限制條件，而大部分具有英聯邦公民身份的亞裔人士卻不符合這些條件。正因為如此，至今仍有數百萬定居在澳大利亞、新西蘭和加拿大的白人擁有英國本土居留權，而即使持有英國政府護照的非白種人卻因此失去了英國本土的居留權。

2.1.3.3 《移民法 1971》（Immigration Act 1971）

《移民法 1971》於 1971 年 10 月 28 日通過，取代了《英聯邦移民法 1962》及《英聯邦移民法 1968》。

這項法律將"聯合王國及殖民地公民"和"英聯邦國家公民"作了進一步的區分，在他們當中又區分出"本土人士"（patrial）和"非本土人士"（Non-Patrial）。所謂"本土人士"，包括在英國出生、被收養、登記入籍或歸化入籍或符合其他特定條件的聯合王國及殖民地公民，並包括符合特別條件的部分英聯邦公民。〔11〕這些人在英國享有居留權（right of abode in the United Kingdom），並可自由

---

〔11〕參見 1983 年 1 月 1 日前有效的《移民法 1971》第 2 條。

出入英國。而“非本土人士”，雖然與“本土人士”持有同樣的英國護照，但在英國卻不享有居留權，並受英國出入境的管制。

《英聯邦移民法 1962》、《英聯邦移民法 1968》及取代兩者的《移民法1971》雖然首先是出入境管制方面的法律，但在一個側面反映了英國國籍制度的演變過程及其趨向，也為後來的《英國國籍法 1981》(British Nationality Law 1981) 作了鋪墊。

2.1.4 《英國國籍法 1981》

《英國國籍法 1981》於 1983 年 1 月 1 日正式生效，它將具有英國國籍身份的人士作了進一步的細分，並正式引入“英國公民”(British citizen) 的概念。

《英國國籍法 1981》將“聯合王國及殖民地公民”劃歸為三類或者說是三等，即“英國公民”(British Citizen)、“英國屬土公民”(British Dependent Territories Citizen) 及“英國海外公民”(British Overseas Citizen)。

根據該項法律，此前的“英聯邦公民”(Commonwealth Citizen) 及“受英國保護人士”(British Protected Person) 身份予以保留；“無公民籍英國臣民”(British Subject without Citizenship) 則改稱為“英國臣民”(British Subject)。[12]

“英國公民”享有在英國的居留權。英國公民身份賦予那些與英國有密切關係 (connection) 的人士，該身份之取得主要有三種方式：

(1) 在 1983 年 1 月 1 日自動取得。除例外情形外，根據《移民法 1971》在英國享有居留權的聯合王國及殖民地公民〔即此前的本土人士 (patrial)〕，可在《英國國籍法 1981》生效日即 1983 年 1 月 1 日自動成為英國公民。[13]

---

〔12〕“英國臣民”在 1949 年之前是指所有英帝國的子民，在 1949 年至 1982 年之間指“英聯邦公民”，1983 年之後指“無公民籍英國臣民”。

〔13〕參見《英國國籍法 1981》第 11 條。

（2）在1983年1月1日之後自動取得。除例外情形外，在1983年1月1日之後，出生在英國且出生時其父母一方為英國公民或定居於英國者，在出生時即取得英國公民身份（依據出生取得）；出生在英國之外，但出生時其父母一方為英國公民者，在出生時即取得英國公民身份（依據世系取得）；由英國公民收養的未成年人，自法庭發出批准收養令之日起即取得英國公民身份（依據收養取得）。〔14〕

（3）通過登記或歸化方式取得。除例外情形外，未成年人出生在英國，其父母一方在未成年人出生時既非英國公民亦非定居在英國但在申請登記時已成為英國公民或在英國定居，該等未成年人可通過登記方式成為英國公民；未成年人出生在海外，其父母一方在未成年人出生時並非為英國公民但在申請登記時已成為英國公民，則該等未成年人可通過登記方式成為英國公民；〔15〕其他持有英國國籍的人士，包括英國屬土公民、英國海外公民、無公民籍英國臣民、英國臣民等，如果符合在英國居住滿5年等條件，可申請登記成為英國公民，而國務大臣（Secretary of State）有酌情權是否批准該等申請；〔16〕符合特定條件的人士亦可通過歸化方式取得英國公民地位。〔17〕

"英國屬土公民"不享有在英國的居留權，他們進出英國受英國出入境管制；至於他們在各個英國屬土〔18〕內是否享有居留權則由各屬土當局自行決定。英國屬土公民身份賦予那些與英國屬土有密切關係的人士，該身份之取得亦主要有三種方式：

（1）在1983年1月1日自動取得。例如，1983年1月1日前已在英國屬土取得英國國籍者；或在出生時其父母一方已在英國屬土

---

〔14〕參見《英國國籍法1981》第1、2條。

〔15〕參見《英國國籍法1981》第1、3條。

〔16〕參見《英國國籍法1981》第4條。

〔17〕參見《英國國籍法1981》第6條。

〔18〕《英國國籍法1981》之附表6列明了屬於英國"屬土"（dependent territory）的地區。

取得英國國籍者，即可自動取得英國屬土公民身份。[19]

（2）在1983年1月1日之後自動取得。除例外情形外，在1983年1月1日之後，出生在英國屬土且出生時其父母一方為英國屬土公民或定居於英國屬土者，在出生時即取得英國屬土公民身份（依據出生取得）；出生在英國屬土之外，但出生時其父母一方為英國屬土公民者，在出生時即取得英國屬土公民身份（依據世系取得）；由英國屬土公民收養的未成年人，自法庭發出批准收養令之日起即取得英國屬土公民身份（依據收養取得）。[20]

（3）通過登記或歸化方式取得。除例外情形外，未成年人出生在英國屬土，其父母一方在未成年人出生時既非英國屬土公民亦非定居在英國屬土但在申請登記時已成為英國屬土公民或在英國屬土定居，該等未成年人可通過登記方式成為英國屬土公民；未成年人出生在海外，其父母一方在未成年人出生時並非為英國屬土公民但在申請登記時已成為英國屬土公民，則該等未成年人可通過登記方式成為英國屬土公民；[21] 符合特定條件的人士亦可通過歸化方式取得英國屬土公民地位。[22]

"英國海外公民"同樣不享有在英國的居留權，他們進出英國須受英國出入境管制。在聯合王國及殖民地公民中，既不能列入英國公民亦不能列入英國屬土公民者，即可於1983年1月1日成為英國海外公民。英國海外公民幾乎都是前英殖民地公民，而在這些殖民地獨立後，他們既不符合成為英國公民的條件，又未獲得當地的國籍；賦予他們以英國海外公民身份也是為了防止無國籍問題的產生。英國海外公民身份不能延至下一代（除非如不能獲得英國海外公民身份便成為無國籍人）；任何人亦不能通過歸化方式取得英國海外公民身份。從這個意義上講，英國海外公民是為解決歷史遺留問題所創設的一個國籍類別，它將隨着時間的流逝而逐漸消失。

---

〔19〕參見《英國國籍法1981》第11條。

〔20〕參見《英國國籍法1981》第15、16條。

〔21〕參見《英國國籍法1981》第17條。

〔22〕參見《英國國籍法1981》第18條。

2.1.5 英國國籍法的其他淵源

除上述規定國籍事項的成文法律及其他一些具體成文法則外，普通法與衡平法、國際法以及歐盟法等也是確定國籍及相關權利義務的依據。

普通法與衡平法。在《英國國籍法1948》之前，英國國籍的界定在許多方面源於普通法即非成文法。就權利與義務的確定而言，普通法在英國國籍法中現在仍然具有重要地位。除非被成文法則明確限制或修正，普通法下國籍方面的個人權利仍會受到保障。

國際法，這包括國際條約及國際習慣法。英國加入了大部分國籍類公約及涉及國籍的人權公約。在通過成文法則形式納入國內法之前，英國加入的國際條約在英國並不具有強制執行的效力；在通過成文法則形式納入國內法之後，確定個人權利義務的依據是該等成文法則，但國際條約對該等成文法則的解釋具有輔助作用。即使英國已加入的國際條約尚未被納入國內法，如果成文法則的規定存在模糊之處，法院若認為必要也可參照條約的內容來解釋成文法則；在這種情形下，該等條約間接影響到個人權利義務的確定。英國沒有加入的國際條約對確定個人的權利義務通常沒有任何影響。

歐盟法越來越成為確定歐盟各成員國國民的個人權利義務的一個重要法律淵源。不過，在技術上，英國確定相關個人權利義務的法律依據仍是將歐盟法納入國內法的成文法則而非歐盟法本身。1993年11月1日生效的《歐盟條約》（Treaty on European Union）第8條引入了“歐盟公民”（citizen of the Union）及“歐盟公民身份”（citizenship of the Union）的概念，並規定了“歐盟公民”參加歐洲議會的選舉權與被選舉權、出入境及居留權、外交保護權、向歐洲議會申訴的權利等（但沒有規定“歐盟公民”的義務）；歐盟理事會於1994年12月19日通過《理事會指令94/80/EC》（Council Directive 94/80/EC），該指令及其隨後的修訂案將上述歐盟公民的權利予以具體化。按照《歐盟條約》第8條的規定，取得“歐盟公民”身份的前提是一個人具有成員國國籍，而成員國國籍的確定則依據各成員國國內法律，在這個意義上，“歐盟公民”本身並不是一個嚴格意義的國籍概念而只是一個特定的輔助概念。雖然如此，隨着歐盟一體化的不斷深入，歐盟法已經並正在對英國國籍法制產生着越來越大的影響。

2.2 英國國籍法在香港的適用

在英國法律制度下，香港的地位乃是英國的一個殖民地（colony）；在英國看來，它與中國清政府正式簽署的有關香港的各項條約均是有效的國際法律文件。英國基於這樣一種法律前提以及事實上的佔領對香港進行了長達156年（1841 － 1997年）的統治。由於國籍事務的主權性及香港的殖民地地位，香港居民的國籍地位直接受英國國籍法的約束。

英國法律在香港適用的範圍和效力也經歷了一個發展演變的過程。[23] 在1997年6月30日之前，英國法律在香港的適用事宜主要通過《英國法律應用條例》(Application of English Law Ordinance)（香港法例原第88章）加以規定。具體而言，在香港適用的包括英國國籍法在內的英國法律包括：

（1）普通法與衡平法，前提是該等普通法與衡平法不得與適用於香港的英國議會法令（Acts of Parliament）、樞密院令（Order in Council）及港英立法局制定的條例（Ordinance）等成文法相抵觸；

（2）英國議會法令，前提是該等法令中必須含有明示或默示的條款規定其適用於香港，或被列於《英國法律應用條例》之附表而適用於香港，或經由樞密院令、議會的其他法令、港英立法局制定的條例或普通法的規則而延伸適用於香港；及

（3）依據皇室特權（Royal prerogative）發佈的法律文件，例如《英皇制誥》(Letters Patent）、《皇室訓令》(Royal Instructions）、樞密院令、公告（proclamations）、殖民地規例（Colonial

〔23〕有關這一方面的論述詳見 Peter Wesley - Smith, *The Sources of Hong Kong Law* (2nd ed.)（Hong Kong University Press, 1996), pp.87 － 101.

Regulations）等。

在1997年6月30日以前，各個時期的英國國籍立法均適用於香港。為配合這些英國法律在香港的具體實施，港英立法局也先後制定了一些單行條例，例如《英國國籍（雜項規定）條例》〔British Nationality（Miscellaneous）Ordinance〕（香港法例原第186章）、《1981年英國國籍法（相應修訂）條例》〔British Nationality Act 1981（Consequential Amendments）Ordinance〕（香港法例原第373章）等。此外，在其他條例中，亦有涉及英國國籍方面的一些規定。

自1997年7月1日起，原適用於香港的英國法律不再繼續適用於香港；根據1997年2月23日第八屆全國人民代表大會常務委員會第二十四次會議通過的《全國人民代表大會常務委員會關於根據〈中華人民共和國香港特別行政區基本法〉第160條處理香港原有法律的決定》，《英國法律應用條例》、《英國國籍（雜項規定）條例》、《1981年英國國籍法（相應修訂）條例》均因抵觸基本法而未獲採用為香港特區法律；香港其他條例和附屬立法中任何旨在執行英國國籍法的規定亦被宣佈為抵觸基本法。雖然如此，從考察香港居民在英國國籍法下法律地位的角度，仍然有必要研究前述英國國籍法律及相應在香港本地立法；在另一方面，香港特區在實施中國國籍法的過程中，有時須依賴於對1997年6月30日之前香港居民國籍身份的界定，而該等界定的基礎則是前述英國法律及香港本地立法。

2.3 1948年之前香港居民的國籍地位

1840年6月，鴉片戰爭爆發。1841年1月，清政府欽差大臣琦善與英國代表義律（Charles Elliot）達成《穿鼻草約》的初步協議。1841年1月26日，英軍佔領香港島。1842年8月29日，英國與清政府簽署《南京條約》；根據該條約第3條，清政府將香港島割讓給英國。根據1843年4月5日的一項英皇敕令（Royal Charter），香港島成為英國的一個殖民地。1860年10月24日，英國與清政府簽署《中英續增條約》(即《北京條約》);根據該條約第6款,清政府將九龍司一區割讓給英國。根據1861年2月4日的一項樞密院令,九龍司一區成為香港殖民地的一部分。1898年6月8日,英國與清政府簽署《展拓香港界址專條》,將九龍半島界限街以北深圳河以南的土地("新界")租界給英國。根據1898年10月20日的一項樞密院令,"新界"被宣佈為香港殖民地的一個部分。至此,在英國法律制度下,香港全境成為英國的一個殖民地。

1841年2月1日,在英軍佔領香港後,由義律和伯麥(JG Bremer)發佈的公告(proclamation)中聲稱,"一切居住香港之本地居民必須了解他們已是英女王的臣民(subjects of the Queen of England),因此對女王及女王的官員必須盡責及服從"。如果按照英國法下領土兼併導致本地居民國籍身份變更的觀點,香港本地居民在香港割讓予英國時即成為英國臣民。不過,有學者認為,在英國法下,"新界"屬於租界地區而非割讓地區,因此,領土兼併導致本地居民國籍變更的規則並不適用於新界地區的居民。[24]

拋開領土兼併的觀點,根據1948年前的英國國籍制度,由於香港成為英國的一個殖民地,在香港出生的人士自然成為英國臣民;[25]非在香港出生的人士則可通過歸化(naturalization)的方式成為英國臣民。

但是,清王朝與英國簽訂的各項條約均未涉及國籍問題。也就是說,兩國政府在這方面並無協議。由於中國政府一貫視香港居民為中國國民,而英國政府宣佈香港居民為"英國臣民"。這無疑會引起許多現實問題。為解決這一問題,1868年英國駐北京的貿易專員奧爾科克(Ruthford Alcock)頒佈了《服飾規則》(Costume Regulations)。該規則規定,英籍華裔人士在中國境內(此處指中

〔24〕參見Robin White, "Hong Kong, Nationality and the British Empire: Historical Doubts and Confusions on the Status of the Inhabitants"(1989)19 Hong Kong Law Journal, pp.10 － 41.

〔25〕參見Peter Wesley-Smith, *Constitutional and Administrative Law in Hong Kong* (2nd ed.)(Hong Kong: Longman Asia, 1995), p.327.

國內地）可選擇其國籍身份。如選擇中國國籍，則須遵守中國法律，不受英國保護；如選擇英國國籍，則不能穿華服，須穿一些與本地人易於識別的服裝，凡不遵守本規則者，不受英國領事保護。

1935年，英國政府指令各殖民地，對於與英屬土有關係的華裔人士，在中國境內須承認其為中國籍人士，而不能視其為"英國臣民"或其他身份。這一政策，直到香港回歸前仍然有效。

在個人權利方面，在1948年之前，在理論上，作為英國臣民的香港居民可以自由進入英帝國(包括英國本土、自治領及殖民地等)各地區及在那裡居住。不過，在實際上，香港華裔居民並不能像其他英國臣民一樣可完全自由地進入英帝國的任何地區。例如，在19世紀下半葉，澳大利亞、加拿大等地的殖民當局通過徵收港口稅(poll tax)等措施，主要針對華裔人士的入境及移居進行限制。這實質上是基於種族和膚色所採取的一種歧視性措施。前述限制不僅適用於來自中國大陸的華裔人士（在英國國籍法下為外國人），也適用於來自香港或英帝國其他地區並具有英國臣民身份的華裔人士。對英國政府而言，這是一種至少在表面上是令其尷尬的情形，即英王的臣民們並非是一律平等的，而不平等的產生乃基於族種和膚色。雖然如此，在當時，英國政府並沒有採取任何有效的措施迫使澳大利亞、加拿大等地的殖民當局取消上述限制，而英國政府沒有這樣做與其說是力不從心還不如說是沒有去做的意願。〔26〕

2.4 《英國國籍法 1948》下香港居民的國籍地位

1945年，英國政府在第二次世界大戰後從日本手中接收香港，並繼續將香港作為其殖民地加以統治。《英國國籍法 1948》通過後適用於香港。

---

〔26〕參見Ann Dummett and Andrew Nicol, *Subjects, Citizens, Aliens and Others-Nationality and Immigration Law*（London: Weidenfeld and Nicolson, 1990）, pp. 115－119.

根據該項法律，在香港出生的居民即具有聯合王國及殖民地公民地位，同時，不同情況的香港居民亦可依據世系、登記、歸化等方式成為聯合王國及殖民地公民。根據《英國國籍法 1948》，成為聯合王國及殖民地公民的香港居民同時具有英聯邦公民身份。

根據《英聯邦移民法 1962》，只有在英國出生或持有英國政府所發護照的聯合王國及殖民地公民方可自由進入英國，而香港居民中的聯合王國及殖民地公民所持的護照絕大部分由港英當局所發。因此，實際上從1962年起，絕大部分具有聯合王國及殖民地公民身份的香港居民已不再享有自由進入英國的權利，須受《英聯邦移民法 1968》及《移民法 1971》的入境限制；他們在英國也不享有居留權。

2.5 《英國國籍法 1981》下香港居民的國籍地位

在制定《英國國籍法 1981》的過程中，香港問題也是其中的一個重要因素，這主要表現在“英國屬土公民”這一國籍類別的創設上。在 1981 年時，英國共有 11 個海外殖民地，共約有 330 萬人符合英國屬土公民條件，其中約 260 萬人來自香港。當時，香港方面一些人士到英國進行游說，希望說服英國政府不要在新的國籍法中採用“英國屬土公民”這一稱謂，而採用一個可以表明香港居民與英國具有密切關係的稱謂，以突出香港人國籍的英國屬性（to emphasize the Britishness of people in Hong Kong）。〔27〕不過，這一游說並沒有取得成功。英國政府也不願意賦予這 260 萬香港居民以英國本土的居留，〔28〕其中的一個重要原因便是這 260 萬香港居民基本上都是華裔人士，換言之，並非白色人種。

---

〔27〕參見Ann Dummett and Andrew Nicol, *Subjects, Citizens, Aliens and Others-Nationality and Immigration Law*（London: Weidenfeld and Nicolson, 1990）, pp. 250－251.

〔28〕參見Ann Dummett and Andrew Nicol, *Subjects, Citizens, Aliens and Others-Nationality and Immigration Law*（London: Weidenfeld and Nicolson, 1990）, pp. 242.

與香港形成鮮明對照的是直布羅陀（Gibratar）和福克蘭群島（Falkland Islands），這兩處為英國的屬土中僅有的兩個白種人聚居地區。根據《英國國籍法 1981》，英國屬土公民中屬於歐共體法下的“聯合王國公民”（national of the United Kingdom）者，有權登記成為英國公民，[29] 而實際上，只有因與直布羅陀之關係取得國籍的英國屬土公民符合這一條件，其他地區的英國屬土公民以及所有英國海外公民均不屬於歐共體法下的“聯合王國公民”。[30] 同樣，在依據出生、世系或通過登記方式取得英國公民身份方面，《英國國籍（福克蘭群島）法 1983》〔British Nationality（Falkland Islands）Act 1983〕給予福克蘭群島居民以優於英國其他屬土的特別待遇。

根據《英國國籍法 1981》，香港居民中具有聯合王國及殖民地公民身份者，除一小部分可取得英國公民身份外，絕大部分於1983 年 1 月 1 日自動成為英國屬土公民。在 1983 年 1 月 1 日之後，香港居民若依據出生、世系或歸化方式取得英國屬土公民身份，則必須符合《英國國籍法 1981》規定的各項條件。例如，在 1983 年 1 月 1 日之後出生在香港的人，只有其父母一方已具有英國屬土公民身份或定居在香港，他們方能依據出生取得英國屬土公民身份。

---

〔29〕參見《英國國籍法 1981》第 5 條。

〔30〕為適用歐共體法之目的，英國曾於 1972 年 1 月 22 日在布魯塞爾簽署《准入條約》（Treaty of Accession）時，就那些具有英國國籍的人士屬於歐共體法下的成員國公民（nationals of a member state）作出聲明（Declaration），並於 1983 年 1 月 28 日對原聲明作出修改。根據修改後的聲明，歐共體法下的“聯合王國公民”包括英國公民、在英國有居留權的英國臣民，以及因與直布羅陀之關係（connection with Gibraltar）取得國籍身份的英國屬土公民。參見Halsbury's Laws of England（4th ed.）（London: Butterworths, 1992）, Vol.4（2）, pp. 5 － 6.

2.6 《香港（英國國籍）令1986》下香港居民的國籍地位

2.6.1 《中英聯合聲明》與關於國籍問題的備忘錄

中英雙方於1982年9月開始就香港問題舉行談判。1984年12月19日，《中華人民共和國和大不列顛及北愛爾蘭聯合王國政府關於香港問題的聯合聲明》（以下簡稱“中英聯合聲明”）在北京正式簽署。1985年5月27日，中英兩國政府互換了關於中英聯合聲明的批准書，中英聯合聲明自此生效。根據中英聯合聲明，中國將於1997年7月1日對香港恢復行使主權，英國政府於1997年7月1日將香港交還給中國。

在中英聯合聲明簽署的當日，中英雙方分別以中國外交部和英國駐華大使館的名義互相交換了關於香港居民國籍問題的備忘錄。備忘錄是中英關於香港問題談判所達成的一攬子協議、共識及諒解的一部分，但與中英聯合聲明的三個附件不同，備忘錄本身並不是中英聯合聲明的一部分。〔31〕

英方在其備忘錄中表示，在1997年6月30日之前由於同香港的關係而成為英國屬土公民者，從1997年7月1日起將不再是英國屬土公民，但有資格保留某種適當地位使其可繼續使用英國政府簽發的護照，並在第三國經請求獲得英國的領事服務與保護，而不賦予在英國的居留權。在1997年7月1日之後，任何人不得由於同香港的關係而取得英國屬土公民的地位。

1985年4月4日，英國議會通過《香港法1985》（Hong Kong Act 1985），以國內法的形式確認了中英聯合聲明的效力，亦同時確認了英方備忘錄中有關香港居民國籍問題的立場。根據《香港法1985》，英女王可以樞密院令的形式就香港居民英國屬土公民身份事宜作出規定，包括賦予由於同香港之關係而取得英國屬土公民身

〔31〕中英聯合聲明第8條規定，“本聯合聲明及其附件具有同等約束力”，而未提及備忘錄的效力。

份者以一種新的英國國籍，而該種新的英國國籍應稱為“英國國民（海外）”〔British Nationals （Overseas）〕。[32]

2.6.2 《香港（英國國籍）令1986》

1986年6月5日，英國樞密院根據《香港法1985》制定了《香港（英國國籍）令1986》〔Hong Kong（British Nationality）Order 1986〕，1986年12月9日，英國國務大臣又制定了與《香港（英國國籍）令1986》相配套的《香港（英國國籍）規例1986》〔Hong Kong（British Nationality）Regulations 1986〕和《英國國民（海外）地位（剝奪）規則1986》〔Status of British National（Overseas）（Deprivation）Rules 1986〕。上述三個法律文件均於1987年7月1日生效。

根據《香港（英國國籍）令1986》，由於同香港的關係而具有英國屬土公民身份者在1997年7月1日喪失該身份，但他們可在1997年6月30日之前（1997年1月1日至6月30日之間出生者，可在1997年12月31日之前）換領英國國民（海外）護照。

具有英國國民（海外）身份的人同樣不具有在英國本土的居留權，而且與英國海外公民身份相比，這種國籍身份更具有臨時性及過渡性的特徵。首先，英國國民（海外）身份是專門為由於同香港的關係而取得英國屬土公民身份者設計的一種安排，主要是為了防止因主權交接而產生無國籍人士。其次，這種身份的取得只適用於1987年7月1日至1997年12月31日，而且在任何情形下均不能延及下一代。

為減少無國籍人士，《香港（英國國籍）令1986》規定：

（a）在1997年7月1日喪失英國屬土公民身份者，如果不賦予其英國海外公民身份便成為無國籍人士，則他們自動成為英國海外公民。[33] 例如，居住在香港的保留英國臣民身份的印巴裔人士，他們在香港出生的子女若由於同香港的關係而取得英國屬土公民身

---

〔32〕參見《香港法1985》第2條。

〔33〕參見《香港（英國國籍）令1986》第6（1）條。

份，則這種身份將在1997年7月1日喪失。由於血統原因，前述取得英國屬土公民身份的印巴裔人士並不具有中國國籍，如果在1997年6月30日之前他們沒有申請成為英國國民（海外），則在1997年7月1日隨着英國屬土公民身份的喪失，他們將有成為無國籍人士之虞，在這種情形下，在1997年7月1日他們自動取得英國海外公民身份。

（b）在1997年7月1日之後出生的人士，在出生時如果其父母為英國海外公民或英國國民（海外），且如果不賦予其英國海外公民身份便成為無國籍人士，則該等人士可成為英國海外公民。〔34〕英國國民（海外）身份在任何情形下均不能延及下一代，英國海外公民身份一般也不能延及下一代，不過，如果英國國民（海外）或英國海外公民的下一代有成為無國籍人士之虞，則該等下一代可成為英國海外公民。

《香港（英國國籍）令1986》還對《英國國籍法1981》一些相關條款作了修訂，包括將香港從《英國國籍法1981》附表六之英國屬土清單中刪除並自1997年7月1日起生效。

2.7 《英國國籍（香港）法1990》下香港居民的國籍地位

1989年後，香港居民向外國移民的人數進一步增多。香港官方和民間的一些組織和團體紛紛到英國進行游説，〔35〕希望英國政府加速香港政治的民主步伐，修訂人權法案，恢復港人的居英權，以期挽留香港精英人才並依此保持香港的繁榮穩定。在這種情形下，英國基於自身利益的考慮，調整了對香港的政策。1989年6月30

〔34〕參見《香港（英國國籍）令1986》第6（2）、6（3）條。

〔35〕例如，在1989年6月至8月間，赴英游説的組織和團體便包括港英行政立法兩局議員、以基層組織和民主派人士為骨幹的“港人救港運動”、以工商界和專業人士組成的“路”〔Right of Abode Delegation（ROAD）〕等。

日，英國國會下議院外交事務委員會發表香港報告。關於居英權問題，該報告認為不可能給予三百多萬持英國屬土公民護照的香港人居英權，但建議作出兩項保證：其一是英國政府盡早通過國際安排，讓歐美國家收留香港人；其二是給予香港私人機構的重點人士、公務員、警察及其他出任公職的重要人士進入英國國境而不受入境限制的權利。〔36〕1989年12月20日，英國政府宣佈的新國籍方案，給予香港5萬個家庭約225,000港人以英國公民身份。1990年7月26日，《英國國籍（香港）法1990》〔British Nationality (Hong Kong) Act 1990〕正式頒佈，1990年11月20日，《英國國籍（香港）（遴選計劃）令1990》〔British Nationality (Hong Kong) (Selection Scheme) Order 1990〕出台並於1990年12月1日生效。

按照《英國國籍（香港）法1990》及《英國國籍（香港）（遴選計劃）令1990》（以下簡稱"居英權計劃"），在香港定居的由於同香港的關係而取得英國屬土公民身份者以及在香港定居的英國海外公民、英國國民（海外）、英國臣民、受英國保護人士，總計有5萬個名額可獲登記成為英國公民，在5萬個名額中，香港紀律部隊（包括廉政公署、海關、懲教署、消防局、入境處及警隊等）分得7,000個名額，敏感部門分得6,300個名額，企業家分得500個名額，其他行業分得36,200個名額。申請採取計分制度，計分項目包括年齡、經歷、教育及培訓背景、特別情況、英語程度、與英國的關係、公眾及社會服務等。國務大臣、香港總督以及獲授權的官員有充分的自由裁量權決定是否批准申請人提出的申請，該等決定是終局的，不受任何司法覆核。〔37〕獲登記成為英國公民者的配偶及未成年子女，不論其國籍狀況及是否在香港定居，亦可隨之登記成為英國公民。換言之，將有5萬個家庭依據居英權計劃取得英國公民身份，他們可以隨時到英國定居，進入英國不受入境管制。

---

〔36〕參見 *Foreign Affairs Committee Report on Hong Kong,* Vol.1 (London: HMSO, 1989)。

〔37〕參見《英國國籍（香港）法1990》第1（5）條。

2.8 1997年6月30日前香港居民的英國國籍地位概述

在1997年6月30日之前，香港居民在英國國籍法下的地位可概括如下：

1. 英國屬土公民。這部分人士根據《英國國籍法1981》取得英國屬土公民身份，並且沒有根據《英國國籍（香港）令1986》申請成為英國國民（海外），也沒有根據居英權計劃申請成為英國公民。

2. 英國國民(海外)。這部分人士由於同香港的關係而依據《香港（英國國籍）令1986》取得英國國民（海外）身份，同時，他們沒有根據居英權計劃申請成為英國公民。

3. 英國海外公民。這部分人士主要是出生在沙撈越（Sarawak）、婆羅洲（North Borneo）、檳州（Penang）、馬六甲（Malacca）等前英國殖民地的華裔人士，在這些地區獨立後，他們未能取得馬來西亞等國的國籍。根據《英國國籍法1981》，這部分人士成為英國海外公民，同時，他們沒有根據居英權計劃申請成為英國公民。

4. 英國臣民。這部分人士主要是出生在前英屬印度（包括現在的印度、巴基斯坦、孟加拉國）的人士，包括印巴裔與華裔的人士。他們未能取得印度或巴基斯坦的國籍。在《英國國籍法1981》下，他們具有英國臣民身份，同時，他們沒有根據居英權計劃申請成為英國公民。

5. 受英國保護人士。這部分人士主要是出生在前英國保護領地，例如英屬所羅門群島（British Solomon Islands），以及出生在文萊(Brunei)等前英屬保護國的人士，包括華裔人士。在上述地區獨立後，他們沒有取得各自國家的國籍。在《英國國籍法1981》下，他們具有受英國保護人士的身份，同時，他們沒有根據居英權計劃申請成為英國公民。

6. 英國公民。這部分人士包括兩類：一類直接根據《英國國籍法1981》取得英國公民身份，一類通過居英權計劃取得英國公民身份。

7. 英聯邦公民。指在香港居住的英聯邦國家的國民。

8. 無國籍人士。指在香港居住的少數無任何國籍的歐亞裔人士。

9. 外國人，不具有上述任何一種英國國籍身份的人士。從中國內地移居香港的未取得英國國籍身份的中國公民，在英國國籍法下，也是外國人。

2.9 小結

20世紀是英帝國由盛轉衰的一個世紀，也是民族獨立和民族自決運動風起雲湧的一個世紀。在這個過程中，英國基於自身利益的考慮，幾經變革其國籍制度，逐漸收縮其國籍法涵蓋的範圍，剝離海外統治地區的居民與英國國籍的聯繫並限制和防止他們（尤其是有色人種）湧入英國本土，一步步卸掉海外包袱而集中精力進行國內建設；在此前提下，基於戰略考慮，通過對國籍類別的精心設計並以之為工具，試圖維繫英帝國（後為英聯邦）的存續，保存英國在海外統治地區（包括已獨立或回歸主權的地區）的影響。因此，在英國國籍法下，形成多層次、多等級的國籍制度，這在世界上是十分獨特的；而在其中，也許只有英國公民身份才稱得上是一種完整意義上的國籍概念，其他各類英國國籍身份更多地乃服務於英國出入境管制和／或減少產生無國籍人士的需要。

香港作為英國法下的一個英國海外殖民地，經歷了英國國籍制度的各次變革。在1948年之前，具有英國臣民身份的香港居民在理論上可以自由進出英國及在英國定居；在20世紀60年代，絕大部分在《英國國籍法1948》下具有聯合王國及其屬土公民身份的華裔香港居民已喪失了自由出入英國及到英國定居的權利。到20世紀80年代，香港從經濟、人口及政治影響等角度已成為英國所剩不多的海外殖民地中最重要的一個。雖然如此，《英國國籍法1981》仍然通過設定英國屬土公民身份而將香港居民與英國本土的聯繫進一步剝離，並且，他們也被排除在歐共體法的適用範圍之外。

在20世紀80年代初，中英兩國政府開始就香港問題進行談判。鑒於香港的特殊地位，為了使其對香港的影響在1997年7月1日能夠延續，同時也為了減少無國籍人士的產生，在中方的讓步下，英國得以用英國國民（海外）身份逐步取代部分香港居民的英國屬土公民身份。英國國民（海外）身份本身也僅是一種過渡安排，尤其不能延及下一代。1989年後，英國基於其戰略利益的考慮，不顧中方反對，推出居英權計劃，賦予5萬個香港家庭以英國公民身份。從根本上講，英國政府在香港居民國籍問題上的一系列政策均以英國的最終利益為依歸，而人權保護（如果有的話）與其說是一個目標還不如說是一個附產品。

第三章　中國國籍法下香港居民的國籍地位

英國對香港居民的國籍管制，是基於其佔領香港的事實並建立在中英之間有關香港的三個條約乃屬有效的基礎之上。但是，中國歷屆政府從未認同過英國對香港居民的國籍管制，中國一直按照自己的法律和政策處理有關香港居民的國籍事宜。以下結合中國國籍法的發展歷程，分析香港居民在中國國籍法下的地位。

3.1 清政府時期的國籍法與香港居民的國籍地位

3.1.1 清朝政府時期的中國國籍法

近代意義上的國籍立法在中國出現是20世紀初的事情，在此之前，中國處理國籍事宜的主要依據是習慣法，這一點類似於英國關於國籍方面的普通法。

在漫長的中華帝國時期，歷代王朝統治者將具有中國血統的人士視為其臣民。"溥天之下，莫非王土；率土之濱，莫非王臣"。臣子依附於君主而存在，沒有獨立的法律地位。因此，可以說，在1840年以前及其後相當長時期內，中國不存在近現代意義上的國籍概念。一個人不論他出生或居留在國內或國外，只要其父母具有中國血統，他在觀念上便認為自己是中國人並視中國為其祖國，而中國政府也從來都認為他是中國人，即使他的父母本身已是海外中國人的幾代後裔。中國血統的人士出生在採取出生地主義的國家並取得了當地的國籍，他也仍然保有中國國籍。另一方面，不具有中國血統的人則為外國人；中國不要求外國人在中國所生的子女成為中國人。這種依據血統主義確定自然人國籍的規則便是中國的習慣法。

清朝作為中國封建社會的最後一個王朝，長期實行閉關鎖國的政策，鮮有國籍問題產生。直至19世紀中葉，西方列強用堅船利炮打開了中國的大門，中外交往開始增多，由此產生國民地位確定及領事保護等國籍問題。1842年的中英《南京條約》和1858年的中英《天津條約》，雖然分別提及"英國人"、"中國人"、"英國民人"、"中國民人"等概念，但未就國籍的確定作出明確規定。1886年兩廣總督張之洞奏請清政府在香港設立領事館以對"該處華民十餘萬"[1]實行管轄和保護，可以說是清政府仍將香港居民視為國民的一個具體表現。

1868年中美訂立條約之後，中國開始向外派遣使臣；該條約第四條規定，"本約不賦予在中國的合眾國人民，或在合眾國的中國人民以歸化權"。這是中國對國籍問題正式表示的開始點。根據該規定，中國政府表明，在美國的中國血統人士依然是中國人，這符合中國血統主義的國籍習慣法準則。

20世紀初葉，荷蘭當局擬制定條例（即隨後於1910年2月10日公佈的荷屬東印度籍民條例），要求世代居住在荷屬東印度群島的華僑改入荷籍，成為荷籍臣民，激起當地華僑的反對。

荷蘭當局強制華僑入籍的做法，使清政府認識到國籍與戶籍的不同及其重要性。正如當時憲政編查館在奏摺中所說，"戶籍者不過稽其眾寡，辨其老幼，以令貢賦，以越職復而已"，"而國籍之法則操縱出入之間，上系國權之得失，下關民志之從違"。1909年，清政府頒佈了《大清國籍條例》。按照當時憲政編查館在奏摺中的說明，《大清國籍條例》是在"列國並爭，日以闢土殖民互相雄長"之際，本着"懷保流移為貴"的立法宗旨而制定的。《大清

[1] 參見《粵督張之洞奏請催設香港領事以期安內馭外摺》，《中國與香港歷史文獻資料彙編》，第220頁。

國籍條例》採用了“中國人”的法律術語，用以指稱具有中國國籍的人士，該條例共五章二十四條，分別就“固有籍”、“入籍”、“出籍”、“復籍”等事項作出規範；同年又頒佈了《國籍條例施行細則》，共十條。

在原始國籍取得方面，《大清國籍條例》採取了以血統主義為主、出生地主義為輔的原則，即憲政編查館在奏摺中所稱的“獨採折衷主義中注重血脈系之辦法”。按照該條例，一個人不論是否出生在中國，只要具備下述三個條件中任何一個條件，便具有中國國籍：（a）生而父為中國人者；（b）生於父死以後而父死時為中國人者；或（c）母為中國人而父無國籍或無可考者（第1條）。這是一種比較嚴格的父系血統主義。在此前提下，為避免產生無國籍人士，《大清國籍條例》採用了出生地主義原則作為輔助原則，並規定，“若父母均無可考，或均無國籍，而本人生於中國地方者亦屬中國國籍。其生地並無可考而在中國地方發現之棄兒同。”（第2條）

在國籍喪失方面，《大清國籍條例》設立了出籍須經批准的制度。條例規定，“凡中國人願入外國國籍者應先呈請出籍”（第11條）；出籍申請在國內須向地方長官提出，並由地方長官呈請民政部審批。在國外則應向中國的領事提出，並由領事交由出使大臣辦理。自批准之日起，出籍方為生效；而“未經呈請批准者，不問情形如何仍屬中國國籍。”（第18條）

對於《大清國籍條例》施行以前中國人加入外國國籍的情形，《國籍條例施行細則》也作出了明確規定：

（1）居住在外國的中國人在《大清國籍條例》施行之前，未經批准而加入外國國籍的，在他返回中國時，應在其到達的第一個中國口岸向該外國駐中國的領事作出說明，並由該外國領事照會中國地方官，聲明該人士已於某年某月某日加入該外國籍，以此作為出籍證明（第1條）。

（2）居住在中國通商口岸租界內的中國人在《大清國籍條例》施行之前，未經批准而加入外國國籍的，應在一年內請求中國地方官照會該外國領事以查明該人士於某年某月某日已加入該國國籍，以此作為出籍之證明（第2條）。

（3）凡未依照前兩項規定辦理出籍證明的，“則在中國一體視為仍屬中國國籍。”（第3條）

通過實行血統主義為主、出生地主義為輔的國籍原則及建立嚴格的出籍制度，清政府希望可以最大範圍地賦予海內外中國血統人士以中國國籍，並盡可能地抵制任何外國政府強制海外華人加入當地國籍，以實現“懷保流移為貴”的立法宗旨。雖然由於清朝國勢日漸衰微，《大清國籍條例》的實踐意義受到一定局限，但在法律上，該條例第一次系統地表明了中國政府在自然人國籍問題上的原則立場，符合中國歷來奉行的血統主義的國籍政策，影響是積極而深遠的。

3.1.2 清朝時期中國國籍法下香港居民的地位

根據三個不平等條約，清政府把香港全境的土地分別以割讓和“租借”形式提供給了英國，但是，清政府從未放棄對香港中國血統居民的國籍管轄或承認英國對香港居民的國籍管轄。因此，對於這時期香港居民的國籍狀況，可得出三點結論：

第一，無論在《大清國籍條例》制定以前還是以後，中國政府一直奉行的血統主義為主的國籍政策，香港中國血統居民一直被視為具有中國國籍。中國政府的這一國籍政策在一定程度上也得到了當時英國政府的承認。

第二，從出籍的角度看，在《大清國籍條例》施行之後，香港中國血統居民從未向清朝有關當局提出退出中國國籍或加入英國國籍，清朝政府也從未承認或批准過香港中國血統居民退出中國國籍。因此，在法律上香港中國血統居民也仍具有中國國籍。

第三，由於英國政府對香港實行實際管制，清朝政府對香港中國血統居民的屬人管轄權受到一定限制。

3.2 中華民國政府時期的國籍法與香港居民的國籍地位

1911年的辛亥革命，推翻了清政府統治，建立了中華民國政府（以下簡稱“民國政府”）。1924年1月23日發表的《中國國民黨第一次全國代表大會宣言》明確宣佈：“一切不平等條約，如外人租界地、領事裁判權、外人管理關税權以及外人在中國境內行使一切政治的權力侵害中國主權者，皆當取消，重訂雙方平等互尊主權之條約”；“中國與列強所訂其他條約有損中國之利益者，須重新審定，務以不害雙方主權為原則”。同年發表的《北伐宣言》也提出：“要求重新審訂一切不平等條約，即取消此等條約中所定之一切特權，而重訂雙方平等互尊主權之條約，以消滅帝國主義在中國之勢力”。上述宣言反映了民國政府對先前一切不平等條約的原則立場，這一立場應理解為適用於中英有關香港的三個不平等條約。在外交實踐上，民國政府曾同英國政府探討過收回香港的問題，雖終因國力差強人意等原因而未能解決，但反映了民國政府對待香港問題的原則立場，即堅持香港是中國領土的一部分。〔2〕

1912年，民國政府參議院擬訂《國籍法》，並於同年11月公佈。1914年，北洋政府對《國籍法》加以修訂，更名為《修正國籍法》，並於同年12月30日公佈。1929年，民國政府再次對《修正國籍法》進行修訂，並於同年2月5日予以公佈。

1929年《國籍法》共五章二十條，包括“固有國籍”、“國籍之取得”、“國籍之喪失”、“國籍之回復”及“附則”。

在原始國籍方面，1929年《國籍法》沿用了《大清國籍條例》所採用的血統主義為主、出生地主義為輔的原則。該法規定，下列人士具有中華民國國籍：（a）生時父為中國人者；（b）生於父死後其父死時為中國人者；（c）父無可考或無國籍其母為中國人者；（d）生於中國地父母均無可考或均無國籍者（第1條）。前三項規

---

〔2〕　相關背景材料參見李後著：《百年屈辱歷史的終結——香港問題始末》，中央文獻出版社1997年版，第18－26頁。

定屬於血統主義，作為一項保護政策，主要是考慮到海外華僑長居國外，往往數代不歸，但他們心繫祖國，通過該規定，使他們無論過了多少代，仍具有中國國籍；第四項規定主要是為避免產生無國籍人士。

在國籍喪失方面，1929年《國籍法》同樣實行出籍許可制度。該法規定，中國人申請脱離中華民國國籍，須經內政部許可；中國自願取得外國國籍者，亦須經內政部之許可方得喪失中華民國國籍。〔3〕

這個時期的一個重要的變化是在主權層面，民國政府明確表示不承認清王朝與英國簽訂的三個不平等條約，堅持香港是中國領土，不認同英國對香港居民的國籍管制。在國籍法層面，民國政府秉承了《大清國籍條例》的基本原則，其共同點都是"以血統主義為重，而輔以出生地主義以濟其窮"。因此，香港中國血統居民在中國法律下的中國國籍並無改變。

3.3 1949－1980年期間中華人民共和國的國籍制度

1949年10月1日，中華人民共和國成立。1949年9月29日通過的《共同綱領》明確宣佈廢除民國政府時期的《六法全書》。〔4〕這樣，民國政府時期的國籍法與其他法律一樣不再有效。由於歷史的原因，中華人民共和國直到1980年才制定作為國家基本法律的國籍法，在此之前，國籍制度體現在行政法規、規章、國際條約及政府政策之中。在內容上，1980年之前的國籍法律文件主要包括三個

〔3〕 參見1929年《國籍法》第11、12條。

〔4〕 所謂"六法"，是指憲法、民法、商法、刑法、民事訴訟法、刑事訴訟法（一說憲法、民法、商法、刑法、訴訟法、法院組織法）六種基本法典。後來，民國政府把商法拆散，分別納入民法和行政法中，而以行政法取代商法成為六法之一。所謂"全書"，就是包括有關六法的基本法典、單行法規和判例、解釋等在內的全部法律文件。"六法全書"是民國政府整個法律體系的總稱。

方面的內容：一是海外華僑的國籍問題；二是邊民的國籍處理問題；三是關於港澳同胞的國籍政策問題。關於港澳同胞的國籍政策問題，將在後面專門加以介紹。

在過去的幾個世紀裡，成千上萬的中國人基於各種原因遷移海外，為當地的經濟文化發展作出了貢獻。他們中的大部分雖已在當地落地生根，但血濃於水，認同自己是中國人。清政府和民國政府時期的國籍法均採取血統主義為主的原則，因此，海外中國血統的人士，不論他們出生在哪裡，都具有中國國籍。在同樣採用血統主義的國家，如歐洲大陸部分國家及我們的鄰國日本，華僑一般來說只具有中國國籍。但在英美及原英國的殖民地，多採取出生地主義賦予原始國籍，因而華僑在當地所生的後代按照中國的血統主義自動取得中國國籍，而按照當地國家或地區實行的出生地主義則具有該地的國籍，這便產生國籍衝突的問題。這一點在東南亞尤其突出。東南亞是海外華人的主要聚居地區，由於國籍制度的差異，加之部分國家對華人採取的差別對待政策，使得華僑的雙重國籍問題已超出了法律本身的範疇。

早在清朝末期，荷蘭當局借清朝希望在其殖民地設立領事館之機，迫使清政府在荷屬東印度群島華裔人士的國籍問題上作出妥協。1911年5月3日，中荷兩國代表在北京簽署《中荷在荷蘭領地殖民地設領條約》。訂約之後，中國代表照會荷蘭政府，承認華人在荷境內依照荷蘭法律解決；荷代表亦照會中國政府，承認入荷之華人，若回中國可歸中國國籍。這實質上是對中國不利的一項不平等條約〔5〕，應屬無效。為避免對具有雙重國籍的華僑的地位產生任何不利影響，國民黨政府在加入1930年於海牙訂立的《關於國籍法衝突的若干問題的公約》時，對該公約第4條有關“一個國家對於兼有另一國國籍的本國國民不得違反該另一國的規定施以外交保護”的規定作出了保留。

新中國成立後，中華人民共和國政府從華僑切身利益出發，充分考慮到新獨立國家的民族情緒等實際情況，按照和平共處原則，

---

〔5〕　參見周鯁生著：《國際法》，商務印書館1976年版，第264頁。

通過友好協商，處理與周邊國家的華僑國籍問題。

1953年4月22日，中印簽署《中華人民共和國和印度尼西亞共和國關於雙重國籍問題的條約》，1955年6月23日兩國總理進行換文，1960年又制定了《中華人民共和國政府和印度尼西亞共和國政府關於雙重國籍問題的條約的實施辦法》。根據《中華人民共和國和印度尼西亞共和國關於雙重國籍問題的條約》的規定，凡同時具有中國國籍和印尼國籍的人士都應根據自願原則選擇其中一個國籍（第1條）。選擇國籍的期限應在條約生效後兩年內提出（第2條）。如願意保留中國國籍，則應向中國有關當局宣告放棄印尼國籍，宣告後即視為自動選擇了中國國籍；如願意保留印尼國籍，則應向中國有關當局宣告放棄中國國籍，宣告後即視為自動選擇了印尼國籍（第3條）。凡選擇了中國國籍的，即當然喪失印尼國籍；凡選擇印尼國籍的，即當然喪失中國國籍（第4條）。凡具有中印兩國國籍的，若未在兩年內選擇國籍，則若其父親是中國人的後裔，視為其選擇了中國國籍；若其父親是印尼人的後裔，視為其選擇了印尼國籍；如本人與其父親沒有法律上的關係或父親國籍不明，則依母親的國籍決定其國籍（第5條）。在條約生效後，在印尼境內出生的兒童，若其父母雙方或父親一方具有中國國籍，則該兒童具有中國國籍；在中國境內出生的兒童，若其父母雙方或父親一方具有印尼國籍，則該兒童具有印尼國籍（第8條）。中國公民和印尼公民結婚，婚後雙方各保留原有國籍（第10條）。

1973年6月9日，中菲兩國發表《中華人民共和國政府和菲律賓共和國政府公報》，指出"中華人民共和國和菲律賓共和國政府認為：凡已取得對方國籍的本國公民自動喪失原有國籍"。

1974年5月31日，中馬兩國發表《中華人民共和國和馬來西亞政府聯合公報》，指出"中華人民共和國和馬來西亞政府聲明他們都不承認雙重國籍。根據這一原則，中國政府認為，凡已自願加入或已取得馬來西亞國籍的中國血統的人都自動失去中國國籍。至於那些自願保留中國國籍的僑民，中國政府根據其一貫的政策，要求他們尊重馬來西亞政府的法律，尊重當地人民的風俗習慣，與當地人民友好相處。他們的正當權利和利益將得到中國政府的保護，並將受到馬來西亞政府的尊重。”

1975年7月1日，中泰兩國發表《中華人民共和國和泰王國政府關於建立外交關係的聯合公報》，指出“中華人民共和國政府注意到，幾個世紀以來僑居在泰國的中國人能遵循泰國的法律和泰國人民的風俗習慣，同泰國人民友好和諧相處。中華人民共和國宣佈他們不承認雙重國籍。雙方政府認為，任何中國籍或中國血統的人，在取得泰國國籍後都自動失去其中國國籍。對自願選擇保留中國國籍的在泰國的僑民，中國政府按照其一貫政策，要求他們遵守泰國法律，尊重泰國人民的風俗習慣，並與泰國人民友好相處。他們的正當權利和利益將得到中國政府的保護，並將受到泰國政府的尊重。”

關於在越南的華僑的國籍問題，中國共產黨和越南勞動黨曾在1955年經多次商談後確認：旅居越南北方的華僑，在和越南人民享有同樣權利的前提下，按照自願原則，可以逐步轉為越南籍公民；至於居住越南南方的華僑問題，則須俟越南南方解放之後，再由兩國另行協商解決。[6] 上述協議符合中國關於鼓勵華僑按照自願原則選擇居住國國籍的政策，也符合一國不得強迫僑民入籍的國際法準則。

關於早年赴蒙的中國工人與當地婦女結婚及其子女的國籍問題，1957年，中國與蒙古簽署協定。協定規定，“中蒙公民婚後所生子女未滿18周歲時，其國籍由父母協商解決；18歲後，由子女自己選擇國籍。”

邊民的國籍問題也是中國政府面臨的一個問題。1960年中國與緬甸簽署《中緬邊界條約》，條約規定，兩國在平等互利基礎上交換一部分領土，緬甸把片馬、古浪、崗房等地區交還中國，中國把猛卯三角地區移交緬甸。根據該邊界條約及兩國政府的換文，在相關地區移交給另一方後，該等地區內的居民應屬於接受一方的公民。如果有人不願意隨地區轉移到另一方時，可依兩國邊界條約換

---

〔6〕 相關背景材料參見李浩培著：《國籍問題的比較研究》，商務印書館1979年版，第242－246頁。

文規定，在條約生效後一年內聲明選擇另一國的國籍，並可在兩年以內遷入原來一方的境內居住。1962年，中國與尼泊爾就國籍選擇、邊界土地開墾及放牧等問題進行換文，同樣確認了當事人自願選擇國籍的原則。此外，對於朝鮮使館向中國朝鮮族公民發放《海外公民證》以及前蘇聯使館向中國新疆等地少數民族發放蘇聯護照的情況，中國政府一律不承認該等外國護照及外國公民證。

中國在處理華僑與邊民國籍問題的實踐表明，中華人民共和國政府在堅持血統主義原則的基礎上，重視當事人的主觀意願，反對任何國家以任何方式強迫僑民入籍的做法；同時，逐步採取一人一籍、不承認雙重國籍的政策，通過友好協商，與相關國家解決國籍爭議問題。了解中國政府處理華僑和邊民國籍問題上的基本政策和實踐，對於理解中國政府在港澳居民國籍上的政策取向有重要意義；同時，這些政策和實踐也為制定1980年國籍法創造了條件。

3.4 1980年國籍法

1980年9月10日，中華人民共和國第五屆全國人民代表大會第三次會議通過了新中國第一部國籍法即《中華人民共和國國籍法》，該法於同日公佈與施行。現行國籍法在總結建國以來30多年國籍方針政策的基礎上，適當參照外國國籍法的有益經驗，對自然人國籍的取得、喪失和恢復等作出了規定。1981年4月7日，公安部制定了《關於實施國籍法的內部規定（試行草案）》（以下簡稱“《國籍法內部規定》”）。以下就現行國籍法的主要內容作一簡要介紹。

第一，現行國籍法再次確認中華人民共和國是統一的多民族國家，各民族的人都具有中國國籍（第2條）。作出這一規定的理由是，某些國家視中國境內的某些民族的人為其公民，並通過其駐華使領館向一些人發放護照或國籍證件。為此，現行國籍法重申了中國各民族人民都具有中國國籍，中國政府不承認任何外國使領館擅

自向中國公民發放的任何護照或公民證。〔7〕

第二，現行國籍法重申了中華人民共和國不承認中國公民具有雙重國籍（第3條）。按照這一原則，父母雙方或一方為中國公民並定居在外國，本人出生時即具有外國國籍的，不具有中國國籍（第5條）；外國人被批准加入中國國籍的，不得再保留外國國籍（第8條）；定居在外國的中國公民自願加入或取得外國國籍的，即自動喪失中國國籍（第9條）；申請退出中國國籍獲得批准的，即喪失中國國籍（第11條）；被批准恢復中國國籍的，不得再保留外國國籍（第13條）。即凡按照現行國籍法取得中國國籍的，則同時不再具有外國國籍；凡按照現行國籍法具有外國國籍的，則不具有中國國籍。

第三，現行國籍法採取了以血統主義和出生地主義相結合的原則，具體表現在：

（1）父母雙方或一方為中國公民，本人出生在中國，具有中國國籍（第4條）。這一規定改變了過去在中國境內的中外通婚子女年滿18周歲後允許"選籍"的做法，用以避免在實踐中產生數代混血子女均要逐代"選籍"所可能產生的混亂。〔8〕根據現行國籍法第4條自動取得中國國籍的人士，若希望退出中國國籍，可按照出籍程序辦理。

（2）父母雙方或一方為中國公民，本人出生在外國，具有中國國籍；但父母雙方或一方為中國公民並定居在本國，本人出生時即為外國國籍的，不具有中國國籍（第5條）。這一條後半段的規定主要是為避免產生中國公民在外國所生子女具有雙重國籍。對於海外華僑堅持要求其具有外國國籍的子女當中國人的，中國駐外使領館可在這類子女退出外國國籍後，為其辦理加入中國國籍的手續。

（3）父母無國籍或國籍不明，定居在中國，本人出生在中國，具有中國國籍（第6條）。這一條的規定體現了出生地主義原則，主要為減少無國籍人士的產生。

---

〔7〕　參見《國籍法內部規定》第1條。

〔8〕　參見《國籍法內部規定》第2條。

第四，現行國籍法堅持出籍須經審批的原則。按照國籍法的規定，中國公民是外國人的近親屬的，或定居在外國的，或有其他正當理由的，可經申請批准退出中國國籍（第10條）；退籍申請受理機關在國內為當地市縣公安局，在國外為中國駐外使領館（第16條），但批准權在中華人民共和國公安部（第17條）。對於未經批准退出中國國籍而取得外國國籍或護照的，中國不予承認；〔9〕對於定居中國、根據外國國籍法可取得外國國籍，因此要求退出中國國籍當外國人的，一般不批准出籍。〔10〕

第五，現行國籍法規定，加入、退出、恢復中國國籍的申請，由中華人民共和國公安部審批（第16條）。鑒於國籍的主權性，批准機關為公安部，體現了國籍的嚴肅性。

第六，現行國籍法不具有追溯力，即在現行國籍法公佈前，已經取得中國國籍的或已經喪失中國國籍的，繼續有效（第17條）。這是對現行國籍法實施前一些既成事實的確認。不過，對於純外國血統人士而言，如果在現行國籍法實施前中國機關錯將其當作中國人的，經當事人請求可予改正。〔11〕過去的規定與現行國籍法或《國籍法內部規定》相抵觸的，即行廢止。〔12〕

現行國籍法秉承了中國歷來堅持的血統主義的國籍原則，同時，結合當代國籍實踐確認了不承認雙重國籍的政策，是比較符合中國歷史和現實情況的一部國籍法。在另一方面，現行國籍法條文還比較原則，許多方面缺乏明確細緻的規定；而《國籍法內部規定》只是一個行政規章，其所規定的有些內容如能以法律加以規範則更為適當。在現行國籍法制訂之後，香港、澳門兩個特別行政區相繼設立，國籍法在這兩個特別行政區實施的具體問題以及將來在台灣實施的具體問題都需要專門的立法處理。

〔9〕參見《國籍法內部規定》第1、7、9條。

〔10〕參見《國籍法內部規定》第8條。

〔11〕參見《國籍法內部規定》第13條。

〔12〕參見《國籍法內部規定》第14條。

3.5 中國政府關於香港問題的原則立場

香港居民的國籍問題是香港問題的一部分。要全面了解中國政府在香港居民國籍問題上的政策，需首先了解中國政府建國以來在香港問題上的一貫方針政策。

中華人民共和國成立後，新中國政府基於戰略考慮，並未急於解決香港問題，但在香港問題上的立場是十分鮮明的，即香港是中國領土；英國強加給舊中國的有關香港的三個條約是不平等的，是無效的；香港問題屬於中國主權範圍內的問題，不屬於"殖民地"問題。

早在1949年9月29日，由中國人民政治協商會議通過的《共同綱領》便明確向世界宣告，對於舊中國政府與外國政府所簽訂的各種條約和協定，"中華人民共和國中央人民政府應加以審查，按其內容，分別予以承認，或廢除，或修改，或重訂"。作為中華人民共和國的臨時憲法，《共同綱領》雖然未具體提及有關香港的三個條約，但不言而喻，在新中國政府看來，這三個條約是不平等條約，當然在應屬廢除之列。

20世紀60年代，印度以武力從葡萄牙手中收回果阿。為回應國外勢力借機嘲諷中國在香港問題上的立場，1963年3月8日《人民日報》發表社論指出："香港、澳門這類問題，屬於歷史遺留下來的帝國主義強加於中國的一系列不平等條約的問題"，中國政府"一貫主張，在條件成熟的時候，經過談判和平解決"。中國領導人在20世紀60年代和70年代會見英國客人時，也表達了同樣的立場。〔13〕

1972年3月8日，中國常駐聯合國代表黃華致信聯合國非殖民地化特別委員會主席，並在信中表示："香港、澳門是屬於歷史遺留下來的帝國主義強加於中國一系列不平等條約的結果。香港和澳門是被英國和葡萄牙當局佔領的中國領土的一部分。解決香港、澳

---

〔13〕相關背景材料參見李後著：《百年屈辱歷史的終結——香港問題始末》，中央文獻出版社1997年版，第39－41頁。

門問題完全是屬於中國的主權範圍內的問題，根本不屬於通常的所謂‘殖民地’範疇”。同年11月8日，聯合國大會通過決議將香港、澳門從殖民地名單中刪除。

以上法律文件和事件表明，中國政府堅持對香港的主權，並得到國際社會的認可。從主權層面講，中國政府不承認英國在香港的統治權力，不承認英國對香港居民的國籍管制，香港居民的國籍地位應由中國法律、法規或政府政策予以確定。

3.6 中國政府關於香港居民國籍身份的政策

如前所述，中國不承認有關香港的三個不平等條約，堅持香港是中國領土的一部分，不承認英國對香港居民的國籍管制。在這一前提下，中國政府堅持按照中國國籍制度，結合香港的歷史和現實情況，處理香港居民的國籍身份問題。

在中國法律下，香港的中國籍居民稱為香港同胞（或與澳門中國籍居民合稱為“港澳同胞”），包括香港本地居民中的中國公民和經中國內地主管部門批准正式移居香港的中國公民。[14]“同胞”是一個很有感情色彩的名詞，在漢語中，它的基本含義有兩個：一個是指親兄弟姐妹，一個是指同一祖國的人。稱香港同胞，即表示這些人同為中國人，同為祖國母親的兒女，與內地中國人如同兄弟姐妹。至於香港同胞是否包括具有中國國籍而不具有中國血統的香港居民，則沒有明確規定。但是，從法律意義上講，血統只是認定香港居民國籍身份的因素之一，而不是認定香港同胞的標準，具有中國國籍身份的非中國血統的香港居民應具有香港同胞的法律地位。

港澳同胞不屬於華僑。華僑是指定居外國的中國公民。香港、

---

〔14〕1991年4月19日國務院港澳事務辦公室發佈的《關於港澳同胞等幾種人身份的解釋（試行）》第1條規定，港澳同胞指香港或澳門居民中的中國公民，即在香港享有居留權的永久性居民中的中國公民和雖未取得居留權但系經內地主管部門批准，正式移居香港的中國公民，以及持有澳門正式居民身份證，而不是“臨時逼逗證”的中國公民。

澳門是中國領土，因此，港澳居民中的中國公民即港澳同胞不屬於華僑。例如，1957年12月4日由當時中僑委發佈的《關於華僑、僑眷、歸僑、歸國華僑學生身份的解釋》[15]第3條第3款明確規定，華僑不包括香港、澳門的中國居民。1958年2月12日最高法院的《關於住在香港和澳門的我國同胞不能以華僑看待等問題的批覆》亦明確了這一原則。在中國法律下，在政治、經濟、社會、文化等領域，港澳同胞與華僑、歸僑、台灣同胞、海外華人、內地中國公民的待遇是不盡相同的，這一點將在後面加以專門介紹。

雖然中國政府堅持香港同胞是中國公民的政策，但在1996年全國人大常委會就現行國籍法在香港特別行政區實施的幾個問題作出解釋之前，對香港居民的國籍認定缺乏明確的規定。有關的部門規章和司法解釋主要用來解決如何對待香港居民所持護照的問題，具體而言：

（1）香港同胞所持港英當局所發護照，不予承認。

根據《國籍法內部規定》，現行國籍法第9條有關定居外國之中國公民自願加入或取得外國國籍即自動喪失中國國籍之規定不適用於香港、澳門同胞，因為香港、澳門是中國領土而不屬於外國；對持有港英或澳葡當局所發護照的，不能按自動喪失中國國籍的規定處理。[16]在這裡，港英當局所發之護照應指當時由香港政府簽發的殖民地公民護照；在《英國國籍法1981》於1983年1月1日實施之後，應指英國屬土公民護照。

在《國籍法內部規定》之後，公安部於1981年6月30日發佈了《關於執行國籍法內部規定第7條有關問題的通知》（以下簡稱"《國籍法有關問題的通知》"）。該通知規定，"持港英或澳葡當局頒發的護照入境的港澳旅客，一律按港澳同胞對待，憑《港澳同胞回鄉證》（以下簡稱《回鄉證》放行"；"港英或澳葡當局頒發的護照和身份證，只作為查驗《回鄉證》時，核對本人真實身份，證明確係

〔15〕該法律文件被1984年6月23日國務院僑務辦公室《關於華僑、歸僑、華僑學生、歸僑學生、僑眷、外籍華人身份的解釋（試行）》取代。

〔16〕參見《國籍法內部規定》第7條。

居住港澳之用。”〔17〕

上述規定表明，中國政府不承認香港同胞的英籍身份，不承認由港英當局向香港同胞所頒發的英籍護照。

需要說明的是，上述規定應理解為僅針對現行國籍法第9條之實施而言的，即持有港英當局所發護照的中國籍香港居民並未喪失中國國籍。但這並不意味着，持有港英當局所發護照的香港居民便是中國公民。例如，持殖民地公民護照或英國屬土公民護照的非中國血統的香港居民，其是否具有中國國籍則應視具體情況來確定。

在《國籍法有關問題的通知》之前，《關於邊防檢查工作中若干問題的暫行規定》之第11條曾規定，“港澳同胞和海員持用港英、澳葡當局頒發的護照入境時，……如果本人堅持為英國籍和葡萄牙籍的，則按外國人對待。”這一規定已被《國籍法有關問題的通知》予以廢止。〔18〕

(2) 香港居民持英國本土護照或其他國家護照的，具有外國國籍。

根據《國籍法內部規定》，港澳居民持有英國和葡萄牙本土護照或其他國家護照的，承認他們自動喪失中國國籍而具有外國國籍。〔19〕《國籍法有關問題的通知》亦規定，“持英國和葡萄牙本土護照(包括英、葡駐各國大使館簽發的護照)以及持其他國家的港澳旅客，一律按外國人對待，應辦妥我國有效簽證方能入出境。”〔20〕

這一規定當時是就國籍法第9條之實施而言的，承認持有英國和葡萄牙本土護照或其他國家護照的港澳居民不具有中國國籍。現在看來，該規定將港澳居民所持護照與其是否具有中國國籍聯繫起來的做法有一定缺陷的。一個人為中國公民應依據國籍法所規定的具有中國國籍的條件加以判斷，而不應以其所持護照及該護照的種類加以判斷。1996年全國人大常委會就國籍法在香港特別行政區

〔17〕參見《國籍法有關問題的通知》第1條。

〔18〕參見《國籍法有關問題的通知》第5條。

〔19〕參見《國籍法內部規定》第7條。

〔20〕參見《國籍法有關問題的通知》第2條。

實施的幾個問題作出解釋，修正了《國籍法內部規定》的上述做法。〔21〕

3.7 中英談判過程中關於香港居民國籍問題的處理

以1982年9月22日英國首相撒切爾夫人（又譯：戴卓爾夫人）訪華為起點，中英開始就香港問題舉行會談和談判，而香港居民國籍問題是其中議題之一。

在談判過程中，英方提出，在1997年7月1日之後，由於同香港的關係而成為英國屬土公民的人士仍應通過某種適當形式的英國國籍，保留其原有的地位和權利。英方並建議，中方應在中國國籍法內，制定一種適用於香港的特殊形式的公民籍，並賦予這些人士在香港絕對的居留權。

關於英國國籍的問題，中方回應，香港同胞歷來都是中國公民，他們持有英國屬土公民護照是由於歷史原因造成的，應予解決；中國不承認雙重國籍，自1997年7月1日起，在特區不能再保留英國屬土公民身份及使用這種護照，屆時英國也不能再給中國公民簽發新的英國護照。關於英方有關公民籍的建議，中方表示，在香港特別行政區成立後，具有永久性居民身份者可取得永久居民身份證，自由進出特區而不受限制，符合選民條件者亦可享有選舉權和被選舉權；中央人民政府將授權特區政府自行簽發出入香港的旅行證件；因此，沒有必要在中國國籍法內制定適用於香港的特殊形式的公民籍。

此後，針對英方的顧慮，中方又向英方指出，中方堅持的自1997年7月1日起，在特區內不能再保留英國屬土公民身份，也不能再使用英國屬土公民護照。言外之意是，英國在特區成立前給原持英國屬土公民護照的人士換發何種證件，以及在特區成立後該等人士在特區及中國其他地區之外使用這種證件，中方將不予過問。

---

〔21〕參見本書第四章。

中方表示，上述政策是在主權原則容許範圍內的最大靈活性。中方人員在私下將這種政策稱為“睜一隻眼，閉一隻眼”。〔22〕

1984年4月15日至19日，英國外交大臣傑弗里·豪訪華，其間他承認，英方認為在1997年7月1日之後繼續保留英國屬土公民的稱號已不合適，並表示，英方打算為持英國屬土公民護照者制定一種新的國籍。

1984年5月9日，香港行政局和立法局的全體非官守議員發表了一項關於香港前途問題的聲明，部分議員則於當日持該聲明赴英國游説。關於國籍問題，該聲明表示，英國國會可以放棄對香港的主權，但不能因此而剝奪英籍人士的地位，並要求英國保證維護香港英籍人士的權益。

經過多次談判，中英雙方在香港居民國籍問題上，雖在原則立場上有所不同，最終也達成了一個基本共識，即1997年7月1日之後，任何香港居民不得再保留英國屬土公民身份；香港居民可在1997年7月1日之後，持英國簽發的除英國屬土公民以外的旅行證件到國外旅遊和經商，中方將不過問；持上述英國旅行證件的香港居民在香港特別行政區和中國其他地區不得享受英國的領事保護。雙方同意以互相交換備忘錄的形式解決香港居民的國籍問題。但是，中方不同意英方在1997年7月1日之後繼續給香港居民簽發旅行證件，也不同意將這種證件的資格傳給下一代。

1984年12月19日，中英兩國政府簽署聯合聲明，並在當日，雙方分別以中國外交部和英國駐華大使館的名義互相交換了關於香港居民國籍問題的備忘錄。

中方在其備忘錄中表示，“根據中華人民共和國國籍法，所有香港中國同胞，不論其是否持有‘英國屬土公民護照’，都是中國公民”；“中華人民共和國政府主管部門自1997年7月1日起，允許原被稱為‘英國屬土公民’的香港中國公民使用由聯合王國政府簽發的旅行證件去其他國家和地區旅行”；“上述中國公民在香港

---

〔22〕參見李後著：《百年屈辱歷史的終結——香港問題始末》，中央文獻出版社1997年版，第125－126頁。

特別行政區和中華人民共和國其他地區不得因其持有上述英國旅行證件而享受英國的領事保護的權利”。

中方在其備忘錄使用“旅行證件”一詞，而未使用英方備忘錄中所提及的“英國護照”一詞，表明中國政府將護照與國籍身份之確定區分了開來。如同不承認持有英國屬土公民護照者具有英籍身份一樣，中國政府也不承認持有英國國民（海外）護照者具有英籍身份，而只視英國國民（海外）護照為一種旅行證件。在另一方面，明確允許英方向中國公民發放“旅行證件”，表明中國政府在香港居民國籍問題上作出了一定妥協。

中方備忘錄雖然重申了香港中國同胞是中國公民的立場，但該備忘錄本身並未界定哪一部分人屬於香港中國同胞。

1986年4月11日，中英雙方分別以中國外交部和英國駐華使館的名義就香港居民的旅行證件及有關問題交換了備忘錄。在此之前，中英聯合聯絡小組對這些問題進行了討論，並於1986年3月聯合聯絡小組第三次會議上達成了協議。英方在其備忘錄中表示，從1987年7月1日起，將開始啟用英國國民（海外）護照，並於該日起將為在香港有居留權的人簽發新式永久性居民身份證；凡持有英國國民（海外）護照並同時持有香港永久性居民身份證者，英方將在該種護照上注明持有者擁有永久性居民身份證及在香港有居留權，以便於英國國民（海外）護照在1997年以前及以後能夠被接受用於國際旅行。中方在其備忘錄中對英方上述計劃不持異議，並表示，為方便1997年6月30日後在香港有居留權的人外出旅行，必要時中國政府將向第三國政府闡明，附有英方備忘錄所提加注旅行證件（指英國國民（海外）護照）的持有者，在1997年6月30日後可以返回香港特別行政區。上述備忘錄是對1984年12月19日雙方關於香港居民國籍問題備忘錄內容的具體落實，表明了雙方履行各自在1984年備忘錄中所作承諾的誠意。

3.8 香港基本法起草過程中對香港居民國籍問題的處理

從1985年7月1日基本法起草委員會正式成立到1990年4月4日第七屆全國人民代表大會第三次全體會議通過基本法，基本法的起草歷時四年有餘。在基本法起草過程中，有關香港居民國籍的事項主要有三個問題：一是國籍法應否在香港特別行政區實施；二是應否在基本法中就香港居民國籍身份問題作出特別規定；三是香港居民權利義務與國籍的關係如何確定。

中英聯合聲明未提及在香港特別行政區適用的法律範圍。在《中華人民共和國政府對香港的基本方針政策的具體說明》（中英聯合聲明附件一）中，中國政府闡明，在香港特別行政區實施的法律為基本法、予以保留的香港原有法律、香港特別行政區立法機構制定的法律，而未提及任何全國性法律。在基本法起草過程中，一種意見認為，鑒於中英聯合聲明附件一的上述規定，全國性法律不應在香港特別行政區實施。另一種意見認為，聯合聲明及其附件必須作為一個整體來理解，中央人民政府負責管理外交、國防等涉及國家主權和統一的全國性事務，隱含了與全國性法律相關的全國性法律應在香港特別行政區實施，否則聯合聲明有關中央人民政府管理全國性事務的條款便形同虛設；而中英聯合聲明及其附件並未排除全國性法律在香港特別行政區的實施。最後，基本法起草委員會採納了後一種意見。1988年4月28日，《香港特別行政區基本法（草案）徵求意見稿》（以下簡稱《基本法徵求意見稿》）在香港公佈。在《基本法徵求意見稿》中，並未具體列明哪些全國性法律在香港特別行政區實施，而是規定"有關國防、外交的法律以及其他有關體現國家統一和領土完整並且按本法規定不屬於香港特別行政區高度自治範圍的法律"將在香港特別行政區實施。根據各界意見，基本法起草委員會對全國性法律的條款作出了修改，並增加了附件三，具體列明在香港特別行政區實施的全國性法律，其中包括《中華人民共和國國籍法》。

《基本法徵求意見稿》本身並未涉及香港居民國籍身份如何界定

的問題，但由於國籍與居民權利義務的聯繫，香港各界人士就國籍相關事項提出了很多意見和建議。作為《基本法徵求意見稿》諮詢報告的一部分，基本法諮詢委員會於 1988 年 10 月就“基本法與國籍”作了專題報告，總結了香港各界人士就國籍相關事項提出的意見和建議，其中包括如何界定香港居民的國籍、是否應在香港特別行政區承認雙重國籍、是否應設立“中國公民（香港）”這一特殊國籍等正反兩方面的意見和建議。基本法起草委員會決定將《中華人民共和國國籍法》列入基本法附件三，作為在香港特別行政區適用的一部全國性法律；至於在香港承認雙重國籍及設立適用於香港的公民籍的意見，則未予採納。

如同中英聯合聲明一樣，《基本法徵求意見稿》及基本法最終文本更多涉及的是國籍與香港居民權利與義務的相互關係，這一點將在後面專門加以論述。

3.9 “移民潮”與香港居民的國籍

3.9.1 “移民潮”及其影響

在80年代中後期，香港出現了一個不大不小的向外移民現象，有人稱之為“移民潮”。其實，從香港歷史上看，香港本來就是一個移民城市，而作為一國際自由港，移民本不是一個新生事物。但這一時期的“移民潮”之所以引起人們的普遍關注，主要有以下幾個原因：

其一，移民的規模較以前有所擴大。根據港英政府公佈的資料[23]，香港的移民現象是多年來一直存在的事實，一般平均每年兩萬人左右。1971 年至 1975 年，平均每年移民人數為 27,700 人；1976 年至 1980 年平均每年為 23,200 人；1981 年至 1985 年平均每年為 18,800 人；移民人數最少的是 1985 年，為 11,175 人（據稱下降

〔23〕參見《香港時報》1988年9月6日文《外移港人素質提高可能造成社會斷層》。

原因同“聯合聲明”的簽署有關）。但是，到了1986年和1987年，移民現象卻發生很大變化。據港英政府估計，1987年離港人士達3萬人。而根據美國、澳大利亞及加拿大等國的香港移民數字，1987年共有36,000人，較1986年以前增長了一倍。據報道，〔24〕1988年港英政府已為移民問題成立了一個專責小組，據該小組估計，1988年將有48,000香港居民移民他國。

其二，移民的整體素質有所提高，多為香港社會的中堅階層。以前香港的移民多為一般性的人員流動，社會階層不集中，而這一階段的移民構成卻有所不同，移民類別多為專業人士和行政人員。例如，1987年加拿大給23,000名香港居民簽發了護照，其中許多人是銀行業或尖端技術方面的專家。〔25〕

其三，“移民潮”發生在香港基本法的起草過程中，更增添了政治色彩，因而格外引人關注。

對此次“移民潮”的影響，香港社會各界眾說紛紜，莫衷一是。悲觀的看法認為，大量的知識分子、行政人員及專業人士等中堅階層趨向移民，可能會在香港造成社會斷層。“社會便出現上、下之間不能溝通，工商業不能順利發展。”〔26〕大量的移民也可能造成勞動力，特別是技術人員和經理人員的短缺。據說，香港當時缺少10萬名工人和職員，以至於有人憂慮地呼籲：“我們現在已不能獲得新市場，問題正在影響到所有工業部門。”〔27〕在這些人士看來，香港移民的嚴重程度已足以影響香港命運。

但相反的看法認為，香港勞動力的缺乏並不主要是移民的結果，而“是本港經濟近年來發展迅速，勞動力的需求數量超過了勞動力的供給，失業率大大降低。……並不是由於大量的移民而引起的”，“導致移民不斷增多的原因恐怕主要還是經濟規律的作用”，〔28〕而非政治原因。況且，即使那些移民的人，其中許多人在取得所謂的

---

〔24〕參見香港《成報》，1988年9月27日。

〔25〕參見法國《現代價值》周刊第270期文《加拿大的吸引力》。

〔26〕同前注23。

〔27〕同前注25。

〔28〕參見香港《信報》，1988年6月10日文《移民潮的影響誇大了》。

“保險”的外國護照以後，又返回香港生活和工作。另外，在考慮“人才外流”的同時，還應考慮香港本地的“人才增長”情況。據港英政府一高級官員稱，[29] 政府的研究報告表明，每年新畢業的大學生的數字，遠較離港的畢業生為高，並且這個差額隨着香港專上學院的數目及收生額的增加而變得更大。資料表明，1988年香港大學畢業生人數較1987年增加24%，而1989年將再增加15%。這無疑會為香港勞動力市場提供大量的新人才。

上述爭論表明，移民現象在香港已經引起了社會的普遍關注，且不論影響如何，實際的情況是移民數目有較大增長，而人才的流失對香港有害無益，因為“人才外流”的同時往往是“資金外流”。據有關資料，1985年和1986年，在加拿大和澳大利亞，來自香港的投資已達10億美元。跡象也表明，當時香港的銀行賬戶有一半以上是按美元計賬的，而且越來越多的是採取活期轉賬的方式。而從本書角度講，大量移民的出現在國籍問題上也引起了一系列問題。

3.9.2 “移民潮”與國籍

對於香港居民的移民傾向，當時香港電台曾作過一個民意調查。在接受調查的華裔成年人中，37%有意移民海外，其中90%選擇英語國家，以美國為最多（41%），加拿大次之（35%），澳大利亞居第三（10%），英國位第四（7%）。當然，由於各移民接受國家對移民入境都有各種法律限制，即使能夠入境，若要取得該國國籍，還必須符合一定的居住期限及財產等方面的條件。例如，美國《1965年移民及國籍法》將准許進入美國居留者分為兩大類：一類是美國公民的近親屬，如配偶、未成年子女及父母等，這類移民沒有配額限制；另一類則按有關該地區的配額人數，並根據該法規定的六項優先條件對申請者逐一審批，以決定是否允許進入美國居留。而要取得美國國籍，還必須在申請之日以前“……在美國境

〔29〕同前注24。

內有連續5年以上的居所，並在其申請時所居住的州內有連續6個月以上的居所。”[30] 因此，有意移民並不意味着就能夠移民海外了。

移民海外的目的當然是要獲得一個外國國籍，但由於熟悉並習慣於香港的社會、經濟和文化環境，有相當一部分移民在取得外國國籍以後，又返回香港居住生活，發展事業。例如，當時任何一個香港居民，只要有能力在加拿大投資19.5萬美元，就可以獲得在加拿大長期居住的簽證。在加拿大居住滿兩年後，可獲得加拿大國籍。此後他就可以回香港生活和工作，同時保留加拿大國籍。但根據中國政府對香港居民的國籍政策和國籍法，這些香港居民並未喪失中國國籍。隨着這類移民的增多，是否承認這些香港居民的“雙重國籍”就成為當時的一個爭論熱點。概括而言，當時香港社會主要的觀點有：

其一，“二等公民”說。主張承認“雙重國籍”者認為，如果通過移民獲得外國國籍的華裔香港居民不再具有中國國籍，那麼他們雖然在香港居住但在許多權利方面卻受到限制，如當選行政長官和擔任主要官員等，因此就淪為“二等公民”了。而反對“雙重國籍”者認為，如果允許中國公民擁有雙重國籍，那麼廣大真正的中國公民反倒成了“二等公民”了。[31] 況且，允許執外國護照的人擔任行政長官和主要官員，不僅史無前例，實踐中也會產生雙重效忠和在香港的領事保護等問題。

其二，“腰板硬”說。主張“雙重國籍”者認為，由於擁有外國國籍的人地位超然，如果他們擔任行政長官或主要官員，可以對抗中央政府的干預，維護香港特別行政區的獨立性。[32] 但反對“雙重國籍”者認為，首先對中央政府有無“抗”的必要，其次即使“抗”，也不能將希望寄托在這些隨時可買張機票就可溜之大吉的人身上，香港的命運和前途必須掌握在真心實意為香港服務的人手

〔30〕參見《美國國籍法》第307條第1項。

〔31〕參見香港《文匯報》，1988年9月7日文《所謂中國公民定義問題》。

〔32〕參見香港《明報》，1988年9月7日文《港人不應有國籍之限》。

中。〔33〕

其三，"挽留人才"説。主張"雙重國籍"者認為，如果承認雙重國籍，使擁有外國國籍的香港居民也具有中國國籍，那麼他們返港及留在香港的積極性應會提高，有利於吸引"人才回流"和挽留本地人才。但反對"雙重國籍"者認為，移民的原因是多方面的，保留雙重國籍對挽留人才不會起多大作用。據當時一份民意調查顯示，年輕的專業人士移民海外的原因多是由於害怕香港回歸後生活方式和自由程度會下降或難以預料。因此，挽留人才的關鍵是如何保持香港1997年後的穩定繁榮，否則即使允許雙重國籍也無濟於事。

儘管在是否允許香港居民擁有"雙重國籍"問題上存有各種各樣的觀點，但爭論各方也都承認，國籍問題是一個國家的主權事項，影響到國家之間的關係，因此必須由中央政府來決定。

3.10 "居英權計劃"及中國政府的原則立場

如前章所述，所謂"居英權計劃"，是指英國在1989年單方面決定給予部分香港居民完全英國公民地位的事件。1989年12月20日，英國外交大臣赫德在英國下議院首次提出賦予部分香港居民居英權的方案。1990年4月4日，英國政府將《1990年英國國籍（香港）法案》提交英國下議院，同月20日下議院二讀通過，6月14日英國上議院二讀通過，7月23日下議院三讀通過，7月26日英女王簽署生效。"居英權計劃"的主要內容包括：

1. 英國政府將在1997年7月1日以前賦予5萬名香港"精英人士"，包括其家庭成員在內共計22.5萬人以"英國公民護照"，擁有英本土居留權。這些人士包括專業、工商、教育、衛生界人士和管理技術人才，以及政府公務員和紀律隊伍人員等，其中2/3為私人企業的人員，1/3為政府機構人員。

---

〔33〕參見香港《經濟日報》，1988年9月7日文《一個國籍，二大理由》。

2. 上述人員的甄選將採用計分制方法，[34]以其對香港的價值和該行業過去移民外地的程度為主要準則，分期分批發放“英國本土公民護照”。

3. 修訂相關法律，使上述人員只須在英國工作或學習很短時間，加上在香港工作的時間合計滿5年，便可獲得英國公民身份，而按照《英國國籍法1981》的有關規定，申請英國公民護照須在英國住滿5年以上。

從英國政府推出“居英權計劃”伊始，中國政府對該計劃便予堅決反對。中國政府反對“居英權計劃”主要基於以下理由：

第一，該計劃違反了中英聯合聲明以及雙方的協議。中方認為，關於香港居民的國籍問題，中英雙方在談判過程中已達成共識，並在此基礎上交換了備忘錄。英方在備忘錄中承諾對原來的英國屬土公民“不賦予在聯合王國的居留權”。而英國通過居英權計劃賦予香港5萬個家庭以英國公民身份及居英權，這種做法嚴重違反了它自己的莊嚴承諾；[35]違反中英上述有關協議和中英聯合聲明的精神與實質，是中國政府不能接受的。[36]英方則主張，“居英權計劃”目的在於鼓勵香港重要人士留港，以便加強香港的繁榮

---

〔34〕詳細的甄選方法如下：居英權名額按四組類別、分兩期分配，首期分配5萬個家庭名額的大部分，約13%的名額留待較接近1997年時分配。四組類別包括：香港20個人才流失情況較嚴重的職業組別，將獲分配36,200個名額，佔總名額70%以上。港英政府八個紀律部隊可獲分配7,000個名額，佔總名額14%。屬於上述兩組類別的申請人，政府將根據申請人的七項因素，即年齡、工作經驗、教育或訓練、特別情況、英文程度、與英國的聯繫、社會服務予以評分，作為甄選準則，最高可獲800分。香港的重要企業家及從事敏感工作的人士，將獲邀請遞交申請書，這兩類人士將分別獲分配500個及6,300個名額。有資格申請居英權的人士是在香港定居的香港英國屬土公民、英國國民（海外）、英國海外公民、受英國保護人士和其他英籍人士，以及在《1990英國國籍（香港）法案》通過前已申請英國屬土公民身份的其他在港定居的人士；具有其他國籍（中國國籍除外）的人士亦有資格申請，但他們的分數將減少200分。

〔35〕參見中國外交部發言人1989年12月30日就英國宣佈居英權計劃發表的談話。

〔36〕參見中國外交部發言人1990年7月28日就英國議會通過《英國國籍（香港）法1990》發表的談話。

穩定；英國政府相信這種做法完全與中英聯合聲明及其備忘錄一致。〔37〕

第二，“居英權計劃”損害了中國主權。中方認為，香港中國同胞的國籍身份只能依據中國國籍法來確定，這是中國主權範圍內的事情，英國政府無權單方面處理香港中國公民的國籍身份；英國的做法損害了中國主權，是中國政府不能接受的。〔38〕英方則主張，英國完全有權給予在香港的英國屬土公民以英國公民身份，其中並不存在改變中國公民國籍問題；根據中英聯合聲明，英國屬土公民要到1997年7月1日才正式成為中國公民；在此之前，英國是香港的主權國，完全有權處理香港英籍人士的國籍問題。〔39〕

第三，“居英權計劃”企圖將香港的中國居民“國際化”。1989年6月30日，英國國會下議院外交事務委員會發表香港報告，建議英國政府盡早透過國際安排，讓歐美國家收留香港人。在此之後，英國政府在國際安排方面採取了一系列推動措施。1989年9月27日，英國外長梅傑在聯大會議致辭，宣佈英國將採取一些實質性措施，以恢復香港人的信心，其中包括對香港穩定與繁榮有重要作用的香港人給予居英權；他表示，“香港繼續保持信心和繼續成功，符合整個國際社會的利益。反過來，香港也需要國際的理解和支持。巴黎首腦會議已承認這點，我希望聯大也承認這一點。”在1989年10月中旬於吉隆坡舉行的英聯邦國家首腦會議上，英國首相撒切爾夫人要求會議發表聲明以示對香港問題的支持；英國外相梅傑則表示，他將要求國際協助香港尋求“太平門”保險一事。1990年4月11日，正在香港訪問的英國外交部次官麥浩德表示，在過去的數月中，英國政府已與20多個國家作高層接觸，解釋居英權方案，並希望這些國家仿效英國做法給予港人居留權保險。而有8個國家的反應令人鼓舞。1989年11月14日，美國眾議院亞太事務委

〔37〕參見1989年12月31日英國外交部發言人就中國外交部發言人12月30日之談話所作之回應。

〔38〕參見中國外交部發言人1990年4月12日的談話。

〔39〕參見英國外交部發言人1990年4月12日就中國外交部發言人當日之談話所作之回應。

員會亞太小組通過一項決議，表示歡迎英國政府率領一項國際行動，訂出多邊安排，為香港居民提供香港以外的居留權；要求美國總統同英國政府合作，與歐洲共同體成員國、加拿大、澳大利亞、日本及其他願意合作的國家商討擬定和實施這項多邊計劃。1990年11月29日，美國通過《1990年移民法案》，其中包括一項為香港而設的特別簽證計劃，在移民配額方面給予香港居民以特別待遇。[40]其他部分西方國家亦主要基於自身利益考慮在投資移民等方面為香港居民"開綠燈"。中方認為，英國在炮製居英權計劃的同時，積極推動其他國家為香港居民提供居留權的做法，是企圖將香港的中國居民"國際化"，企圖改變更多香港中國公民的國籍，是不能接受的。[41]

第四，"居英權計劃"將在香港社會製造混亂，導致香港居民分化和對立，不利於香港的繁榮和穩定；英國執意要在香港的關鍵位置上物色"居英權計劃"的"受惠人"，將為實施中英聯合聲明有關"香港特別行政區政府由當地人組成"的規定設置障礙。[42]英方則認為，"居英權計劃"有助於香港居民對香港前途的信心，而取得居英權的人並不一定要移居英國。這實際上是企圖將中英聯合聲明中所規定的"港人治港"變成"英人治港"。

鑒於以上理由，中國政府表示，《英國國籍（香港）法1990》賦予部分香港中國公民的英國公民身份，不會得到中方的承認；英國不能在香港特別行政區和中國其他地區向取得上述身份的中國公民提供領事保護，這些中國公民也不得使用英國公民護照進出香港特別行政區和中國其他地區；中國政府保留在適當時候對英方的做法

〔40〕根據該新法案，在未來三年，移民美國的總額將由目前每年的54萬個增至70萬個，隨後將穩定在每年67.5萬個的水平。其中香港獲分配的名額包括：首三年每年由5,000個增至1萬個，隨後逐漸提高至每年25,000個左右；在1992－1994年間，將給予香港美國公司高級僱員及家屬特別移民配額36,000個，移民簽證有效期至2002年；從1991年10月開始，每年將有1萬個投資移民配額給予那些在美國投資100萬美元以及最少提供10個就業機會的香港人。

〔41〕參見中國外交部發言人1989年12月30日、1990年4月12日談話。

〔42〕參見中國外交部發言人1990年7月28日談話。

採取進一步措施的權利。〔43〕

3.11 小結

當現代意義上的中國國籍法產生的時候，內憂外患的清朝政府已經走到了歷史的盡頭，無暇顧及他的國民了。但是，血統主義的觀念則在此之前早已深入海內外華人的心中，綿延不絕。這正如一首中國歌曲所唱的那樣："洋裝雖然穿在身，我心依然是中國心；就算身在他鄉也忘不了，我的中國心。"血統主義的原則亦貫穿於中國各個時期的國籍法。中國是人口輸出大國，勤勞智慧的華人遍及世界各地，血統主義的國籍原則在客觀上確保了他們擁有一個國籍。但是，血統主義的國籍原則容易導致雙重國籍的產生，尤其在採取出生地主義為主的國家；而基於複雜的國內、國際因素，在華人聚居的一些國家和地區往往使國籍成為當地政府制定民族、種族差別待遇政策的一個切入點。在中華人民共和國成立之後，中國政府根據國際形勢的發展變化，為切實維護當地華人合法權益，逐漸採取了務實的不承認雙重國籍的政策，並通過談判協商方式與相關國家解決雙重國籍問題。這是符合當代國籍法發展趨勢的。

與血統主義原則相對應，中國歷代國籍法的另一個重要特徵是在國籍喪失方面，實行出籍審批制度。如果考慮到清政府通過制定國籍法以抵制荷蘭殖民當局強迫當地華人入籍之初衷，出籍審批的制度顯得尤為必要。清政府和國民黨政府時期的國籍法均實行嚴格的出籍審批制度，自願取得外國國籍亦須經中國政府主管部門許可方得喪失中國國籍。中華人民共和國成立之後，中國政府逐漸採取不承認雙重國籍政策；在相關的雙邊協定中，中國政府承認中國公民若依據協定自願加入或取得另一國國籍，則中國國籍自動喪失。現行國籍法亦實行出籍審批的制度，同時規定在特定條件下自願取得外國國籍者自動喪失中國國籍。現行國籍法重視當事人在選擇國

〔43〕參見中國外交部發言人 1990 年 7 月 28 日談話。

籍方面的主觀意願，是符合當代國籍法發展趨勢的；而就自動喪失國籍設定具體條件，也是符合中國國情的做法。

血統主義原則和出籍審批的制度同樣有助於在法律技術層面理解香港、澳門居民的國籍問題。從主權層面講，國民黨政府和中華人民共和國政府都不承認有關香港的三個不平等條約，堅持香港是中國領土的一部分。在中國恢復對香港行使主權之前，中國歷代政府對香港居民的國籍管轄實際上僅限於具有中國血統的香港居民；中國政府堅持香港的中國同胞是中國公民，在這個意義上，不承認英國對香港居民的國籍管轄。長期以來，中國政府有關香港居民的國籍政策以“香港同胞”身份為基礎，但“香港同胞”身份如何確定，則缺乏統一的規範。

在香港的過渡時期，出現了因“移民潮”和“居英權計劃”而引起的有關香港居民國籍問題的爭論。隨着中國國籍法在香港的實施，“移民潮”在國籍層面的問題已經解決，但在居留權層面的問題則有待進一步明確。“居英權計劃”則是中英兩國之間在涉及香港居民國籍和居留權問題上的一場外交鬥爭，雖然雙方立場均十分明確，但實踐中對有關個人權利義務的影響還有待觀察。

到了香港特別行政局籌建階段，鑒於國籍身份與特區政府組成人員任職資格等方面的聯繫，如何界定香港居民國籍身份已成當務之急。為此，全國人民代表大會常務委員會於1996年5月15日就現行國籍法在香港特別行政區實施的幾個具體問題作出了解釋。在下一章，將就該解釋作系統介紹。

第四章 中國國籍法在香港特別行政區的實施

4.1 香港居民國籍問題的特點

根據香港基本法的規定，《中華人民共和國國籍法》(以下簡稱“國籍法”或“中國國籍法”) 自 1997 年 7 月 1 日起由香港特別行政區在當地公佈或立法實施。但是，鑒於香港的特殊歷史情況和香港居民在國籍問題上的複雜狀況，國籍法在香港的實施不可能照搬內地的一套有關制度。如何解決這一問題，並找出一套切合香港實際情況的實施辦法，就必須首先弄清楚香港居民國籍問題具有哪些特點。

概括而言，香港居民國籍問題具有以下特點：

第一，香港居民的民族、種族構成及其來源比較複雜。香港居民大部分具有中國血統，他們中有的世代居住在香港，有的是來自中國內地或中國其他地區的移民，有的是來自海外的移民，有的是移民的後代，有的是混血兒即具有部分中國血統。香港居民還有數量不少外國血統人士，他們在不同的歷史時期從不同的國家或地區來到香港，有的已是移民的後代；他們中有印巴裔、葡萄牙裔的，也有其他民族、種族的。民族、種族構成及其來源的複雜性，增加了以血統主義為主的中國國籍法在香港實施的難度。

第二，香港居民的國籍及護照構成比較複雜。由於英國國籍法本身的歷史沿革，在1997年7月1日之前，香港居民在英國國籍法下分別具有不同的身份，包括英國屬土公民身份、英國國民（海外）身份、英國海外公民身份、英國臣民身份、受英國保護人士身份、英國公民身份、英聯邦公民身份、無國籍人士身份及外國人身份。〔1〕由於英國承認雙重國籍，加之出於外出旅行方便等考慮，在1997年7月1日之前，一些香港居民通過各種方式加入其他國家國籍及取得其他國家的護照，甚至一個人持有幾本護照。對於香港居民在英國國籍法下的身份如何認定，對於他們加入其他國籍及持有其他國家護照如何處理，既是香港居民關注的問題，從國際關係角度講也是比較敏感的問題。

第三，在1997年7月1日之後，香港仍然實行與內地不同的法律制度，內地國籍管理制度不可能照搬到香港。國籍事務具有國家主權性質，屬於"一國"範疇，而司法、行政方面的具體國籍管理又具有"兩制"特徵。如何在"一國兩制"原則下，在結合兩地法律制度的基礎上，處理國籍法在香港特別行政區實施的問題，沒有先例可循。

第四，鑒於國籍與香港居民權利義務的關聯，尤其是國籍地位與香港永久性居民身份的聯繫，這一問題的處理將直接影響數百萬香港居民的實際生活和切身利益，進而對穩定香港人心和保持香港平穩過渡有重大影響。因此，如何在堅持國籍主權原則和國籍法基本原則的前提下，充分照顧到香港居民的既得權益和合理要求，關乎香港的社會穩定和長期發展，必須審慎對待。

第五，基於國籍與特區政府組成人員任職資格等方面的聯繫，香港居民的國籍問題必須在1997年7月1日之前而不是其後解決。基本法許多條文的實施涉及到國籍身份的確定，如特區行政長官、行政會議成員、立法會議員、立法會主席、終審法院法官和高等法院首席法官的任職資格，特區護照的發放，永久性居民身份的確定等。〔2〕因此，必須先解決香港居民國籍身份的界定問題，才能着手進行特區成立的相關準備工作，如特區政府組織人員的選任、特區護照申領材料的印製以及香港永久性居民身份的確定等。

---

〔1〕 參見本書第二章。

〔2〕 參見《中華人民共和國香港特別行政區基本法》，第21、24、44、55、61、67、71、90、101、154等條款。

4.2 全國人大常委會《國籍法解釋》及其法律地位

鑒於香港居民國籍問題的特殊性、複雜性和迫切性，早在1993年成立的全國人大常委會香港特別行政區籌委會預備工作委員會(以下簡稱"預委會")〔3〕階段，便曾多次討論過中國國籍法在香港特別行政區實施的問題，並提出過有關報告和建議。1996年全國人大香港特別行政區籌備委員會（以下簡稱"籌委會")〔4〕成立後，又作了進一步研究，並於1996年3月24日籌委會第二次全體會議通過了《全國人民代表大會香港特別行政區籌備委員會關於對〈中華人民共和國國籍法〉在香港特別行政區作出解釋的建議》。1996年5月15日第八屆全國人民代表大會常務委員會第十九次會議通過了《全國人民代表大會常務委員會關於〈中華人民共和國國籍法〉在香港特別行政區實施的幾個問題的解釋》(以下簡稱《國籍法解釋》)。

以法律解釋方式處理法律實施過程中的某些具體問題是內地的一種法律制度。根據當時的《全國人大常委會關於加強法律解釋工作的決議》〔5〕的規定，內地有法律效力的解釋分為立法解釋、司法解釋和行政解釋。凡關於法律、法令條文本身需要進一步明確界限或作補充規定的，〔6〕由全國人大常委會進行解釋或用法令加以規定；凡屬於法院審判工作中具體應用法律、法令的問題，由最高人民法院進行解釋；凡屬於檢察院檢察工作中具體應用法律、法令的問題，由最高人民檢察院進行解釋；不屬於審判和檢察工作中的其他法律、法令如何具體應用的問題，由國務院及主管部門進行解

---

〔3〕 1993年7月16日在北京成立，1996年1月結束工作。

〔4〕 1996年1月26日成立，1997年7月結束工作。

〔5〕 1981年6月10日第五屆全國人民代表大會常務委員會第十九次會議通過。

〔6〕 根據2000年3月15日第九屆全國人民代表大會第三次會議通過，2000年7月1日起施行的《中華人民共和國立法法》第42條的規定："法律解釋權屬於全國人民代表大會常務委員會。法律有以下情況之一的，由全國人民代表大會常務委員會解釋：（一）法律的規定需要進一步明確具體含義的；（二）法律制定後出現新的情況，需要明確適用法律依據的。"該法第48條進一步規定："全國人民代表大會常務委員會的法律解釋同法律具有同等效力。"

釋。法律解釋屬於立法性質的行為，通常以規範性文件形式作出，例如“解釋”、“決定”、“通知”、“意見”、“批覆”、“規定”等。立法解釋、司法解釋及行政解釋均具有普遍的約束力，與各解釋機關制定的其他規範性文件有同樣的法律效力。

全國人大常委會對法律的解釋權源於憲法的授權，〔7〕其作出的解釋屬於立法解釋。在理論上，全國人大常委會所作出的法律解釋與所解釋的法律應沒有原則衝突，是對所解釋的法律加以進一步明確或予以補充規定，構成所解釋法律的一部分，與所解釋的法律具有同樣的法律效力。因此，在實踐中，若法律執行機關認為全國人大常委會的解釋與所解釋的法律有不相一致之處，在全國人民代表大會或全國人大常委會對解釋作出修正之前，仍應以解釋為準。在香港居民的國籍問題上，如果法律執行機關認為《國籍法解釋》與國籍法有不相一致之處，應優先適用《國籍法解釋》。

全國人大常委會對國籍法的解釋屬於立法解釋，與國籍法具有同等的法律效力，是國籍法的一個組成部分。基於此，《國籍法解釋》沒有作為一項單獨的法律增列到基本法附件三，換言之，基本法附件三所列的《中華人民共和國國籍法》應理解為包括《國籍法解釋》。國籍法自 1997 年 7 月 1 日起適用於香港特別行政區，《國籍法解釋》亦於該日起適用於香港特別行政區。

立法解釋是解決國籍法在香港實施問題的較佳方式。鑒於國籍事務與國家主權的聯繫，以國家權力機關的名義對香港居民國籍事宜作出原則規定易於為國際社會接受，而特區立法達不到這個效果。相對於國籍法的修訂而言，立法解釋既在程序上較為簡便，也有利於保持國籍法的穩定性。

《國籍法解釋》在內地亦具有法律效力。以前全國人民代表大會及其常委會頒行的法律文件、國務院頒行的行政法規、國務院各政府部門頒行的行政規章等，與《國籍法解釋》有衝突的，按照後法效力優於前法、高一層次法律的效力優於較低層次的法律的原則，應以《國籍法解釋》為準。基於《國籍法解釋》是國籍法一部分，

〔7〕 參見《中華人民共和國憲法》第 67 條。

與國籍法具有同等效力，並參照特別法優於一般法的原則，在確定香港居民的國籍時，內地機關應優先適用《國籍法解釋》。

4.3 香港居民的中國公民身份

《國籍法解釋》第1條規定，“凡具有中國血統的香港居民，本人出生在中國領土（含香港）者，以及其他符合《中華人民共和國國籍法》規定的具有中國國籍的條件者，都是中國公民。”該規定明確了香港居民中哪些人具有中國國籍，《國籍法解釋》其他各條規定則以此條規定作為基礎。

《國籍法解釋》第1條規定具有以下一些特徵：

第一，以血統為劃分標準，避免逐代進行國籍甄別。

在國籍原始取得方面，中國國籍法採取了以血統主義為主、出生地主義為輔的原則。一個人出生在中國，在兩種情形下出生時即具有中國國籍，一種情形是其父母雙方或一方具有中國國籍，〔8〕另一種情形是其父母無國籍或國籍不明且他們定居在中國。〔9〕相應地，如果一個人出生在中國，在兩種情形下出生時不具有中國國籍，一種情形是其父母雙方均為外國人，另一種情形是其父母雖無國籍或國籍不明，但他們並非定居在中國。這樣，在中國國籍法下，判斷一個出生在中國的人是否在出生時取得中國國籍，就必須追溯其父母的國籍。

《國籍法解釋》在香港居民之中國國籍原始取得方面顯然對國籍法作了變通處理，即出生在中國境內（含香港，下同）的香港居民，只要其具有中國血統，就是中國公民，而不必追溯其父母的國籍。香港居民中具有中國血統者，有的世代居住在香港，有的是來自其他地方的移民或移民的後代。由於中國長期以來沒有對香港居民進行國籍管理，對香港居民的父母進行國籍甄別比較困難，有的

〔8〕 參見《中華人民共和國國籍法》第4條。

〔9〕 參見《中華人民共和國國籍法》第6條。

甚至要追溯到幾代以前。《國籍法解釋》採取血統的判定標準，較為客觀，且簡便易行，避免了國籍甄別。

中國國籍法所體現的血統主義為主、出生地主義為輔的原則，是將一個人的出生地與出生時父母的國籍予以聯繫。《國籍法解釋》則是將一個人的血統與其出生地予以聯繫。雖然一個人的血統與其父母國籍不是一個概念，但基於血統與其父母的聯繫，可以說《國籍法解釋》第1條基本符合國籍法血統主義為主、出生地主義為輔的原則。而在中國法律下，包括立法解釋在內的任何法律解釋均不得背離所解釋法律的基本原則。

但是，一個人具有中國血統與一個人父母雙方或一方具有中國國籍畢竟不是一個概念。舉例來說，一個人出生在中國，如果在出生時其父母在中國國籍法下均為外國人，即使該人士具有中國血統，他也不具有中國國籍。至少從字面上理解，根據《國籍法解釋》，如果該例子中提及的出生在中國的人士是香港居民，則他具有中國國籍。在這個意義上，《國籍法解釋》擴大了國籍法中關於出生取得中國國籍的範圍。不過，如果該人士不願做中國人，他應該可以根據《國籍法解釋》第5條申請國籍變更。

關於何謂“中國血統”，《國籍法解釋》本身沒有界定，中國其他法律文件也沒有相關的釋義。根據國籍法，中國作為統一的多民族的國家，各民族的人都具有中國國籍。從這個意義上講，中國56個民族的人，不論是漢族還是其他少數民族，只要祖籍在中國，便應認為具有中國血統；具有部分中國血統也應認為具有中國血統。1997年7月1日之前，香港的《人民入境條例》(香港法例第115章) 之附表提及“華人血統”的概念，並通過政府的行政指引在實際操作中形成了一套確認方法，如依據相貌、祖籍是否在中國、是否有中國的姓名、有無中國人的親屬等進行判斷。這些確認方法，結合中國國籍法意義上的中國血統所應具有的內涵，可以用來識別一個人是否具有《國籍法解釋》中所提及的中國血統。

第二，將外國護照與中國國籍“脱鈎”，避免對香港居民所持護照進行調查。

基於國籍事務的主權性質，決定一個人是否具有中國國籍是中國的主權。如果一個人根據國籍法的規定具有中國國籍，他就是中國公民，而不論他是否持有外國護照，也不論他通過何種方式取得該外國護照。以前，曾有國家駐華使館向中國境內的少數民族居民發放《海外公民證》或護照，中國政府一律不予承認；對於居住在中國境內的中國公民未經出籍所取得的外國護照，中國政府亦一律不予承認。〔10〕這說明，是否持有外國護照與是否具有中國國籍沒有必然的聯繫。如果一個香港居民符合《國籍法解釋》第1條的規定，他就是中國公民，不論他是否持有外國護照或持有幾本護照，甚至不論是否已根據外國國籍法聲明放棄中國國籍。這在法理上是站得住腳的。事實上，許多持有外國護照的香港居民，他們基於各種考慮既不想放棄外國護照，又想做中國人及享受中國公民的待遇，《國籍法解釋》這一條可以消除他們的顧慮，有助於使他們安心在香港，服務於香港。當然，如果依據《國籍法解釋》第1條具有中國國籍但持有外國護照的香港居民想做外國人，他可以根據《國籍法解釋》第5條進行國籍變更。

第三，符合中國政府關於香港同胞國籍地位的一貫政策。

中國政府一貫堅持所有香港中國同胞都是中國公民。在《國籍法解釋》之前，內地機關往往從血統的角度並結合祖籍、出生地等因素來判斷一個香港居民是否為香港同胞；如果是香港同胞，則當然為中國公民。在實踐中，出生在中國領土的具有中國血統的香港居民一般都會被認定為香港同胞。《國籍法解釋》規定出生在中國領土的具有中國血統的香港居民都是中國公民，並規定其他符合具有中國國籍條件者亦為中國公民，這符合中國政府關於香港同胞國籍地位的一貫政策。

第四，確保絕大多數香港居民具有中國國籍，有利於國籍管理。

由於《國籍法解釋》將外國護照與中國國籍"脫鈎"，確保了絕大多數香港居民具有中國國籍，在政治上對中國政府是有利的。

---

〔10〕參見1981年4月7日公安部《關於實施國籍法的內部規定（試行草案）》，第9條。

反之，如果一概承認香港居民在1997年7月1日之前所取得的外國護照均具有國籍證明效力，則根據中國不承認雙重國籍的原則，所有持外國護照的香港居民都是外國人，這無疑將影響到國籍管理政策，也不利於特區政府對香港社會的有效管理。

《國籍法解釋》頒佈之前，曾有觀點認為應該允許香港居民在特區成立時選擇國籍。《國籍法解釋》表明，中國政府沒有採納國籍選擇的觀點。在20世紀五六十年代中國與印度尼西亞、蒙古、緬甸等國有關國籍問題的協議中曾允許當事人選擇國籍。現行中國國籍法通過設立出籍制度而擯棄了選籍制度。在香港居民的國籍問題上，《國籍法解釋》沒有採取由當事人選擇國籍的做法，而在第1條中先規定哪些人具有中國國籍。如果直接允許當事人自行選擇國籍，可能無法確保絕大部分香港居民具有中國國籍，達不到《國籍法解釋》第1條所實現的政策目標。

根據《國籍法解釋》第1條，具有中國血統且出生在中國領土的香港居民具有中國國籍，其他符合國籍法規定的具有中國國籍條件者也是中國公民。關於具有中國國籍的條件，國籍法規定了依據出生、入籍、國籍恢復等方式取得中國國籍。國籍法的這些規定適用於出生在外國的香港居民（不論他是否具有中國血統）或出生在中國領土但不具有中國血統的香港居民，也適用於通過入籍或國籍恢復方式取得中國國籍的香港居民（不論他是否具有中國血統）。例如，一個不具有中國血統的出生在中國（含香港）的香港居民，如果出生時其父母雙方或一方具有中國國籍，則該人士亦為中國公民。

4.4 英國屬土公民身份與英國國民（海外）身份

《國籍法解釋》第2條規定，“所有香港中國同胞，不論其是否持有‘英國屬土公民護照’或者‘英國國民（海外）護照’，都是中國公民。自1997年7月1日起，上述中國公民可繼續使用英國政府簽發的有效旅行證件去其他國家或地區旅行，但在香港特別行政區和中華人民共和國其他地區不得因持有上述英國旅行證件而享有英國的領事保護的權利。”《國籍法解釋》的這一規定是對中國政府關於香港同胞一貫立場的法律化。

1984年12月19日，中英雙方互換關於香港居民國籍問題的備忘錄。中方在備忘錄中明確表示，根據中國國籍法，所有香港中國同胞，不論其是否持有英國屬土公民護照，都是中國公民；中國政府主管部門自1997年7月1日起，允許原被稱為英國屬土公民的香港中國公民使用由英國政府簽發的旅行證件去其他國家和地區旅行；上述中國公民在香港特別行政區和中華人民共和國其他地區不得因其持有上述英國旅行證件而享受英國的領事保護的權利。該備忘錄中提及的旅行證件即為後來的英國國民（海外）護照。1986年4月11日，中英雙方互換關於香港居民的旅行證件及相關問題的備忘錄。英方在其備忘錄中表示，從1987年7月1日起，將開始啟用英國國民（海外）護照，並於該日起將為在香港有居留權的人簽發新式永久性居民身份證；凡持有英國國民（海外）護照並同時持有香港永久性居民身份證者，英方將在該種護照上注明持有者擁有永久性居民身份證及在香港有居留權，以便於英國國民（海外）護照在1997年以前及以後能夠被接受用於國際旅行。中方在備忘錄中對英方上述計劃不持異議。《國籍法解釋》第2條將中方在上述備忘錄中的立場予以法律化，也是履行中國政府所作國際承諾的一種表現。

《國籍法解釋》第2條僅適用於香港中國同胞，即僅適用於香港居民中的中國公民。如果一個香港居民根據《國籍法解釋》第1條不具有中國國籍，但他持有英國國民（海外）護照，則中國政府應會承認他的英籍身份，相應地，他亦將會獲許在中國領土內享受英國的領事保護。例如，香港居民中的印巴裔人士，他們所持英國國民（海外）護照將會獲得中國政府的承認，除非他們通過入籍等方式取得中國國籍。

4.5 "居英權計劃"下的英國公民身份

《國籍法解釋》第3條規定，"任何在香港的中國公民，因英國政府的'居英權計劃'而獲得的英國公民身份，根據《中華人民共和國國籍法》不予承認。這類人仍為中國公民，在香港特別行政區和中華人民共和國其他地區不得享有英國的領事保護的權利。"

"居英權計劃"是英國在香港過渡期間推出的一項國籍安排，中國政府認為該計劃違反中英聯合聲明及中英雙方之間協議，侵犯了中國主權，並聲明不承認香港居民中的中國公民依據"居英權計劃"所取得的英國公民身份。〔11〕《國籍法解釋》第3條的規定是對中國政府關於"居英權計劃"一貫立場的法律化。

對於香港居民中的中國公民依據"居英權計劃"取得的英國公民護照，中國政府既不承認其代表的英籍身份，也不承認其為旅行證件。這也是為什麼《國籍法解釋》第2條提及英國國民（海外）護照可作為旅行證件，而第3條則未規定"居英權計劃"項下的英國公民護照可作為旅行證件。

《國籍法解釋》第3條僅適用於香港居民中的中國公民。如果一個香港居民根據《國籍法解釋》第1條不具有中國國籍，但他依據"居英權計劃"取得英國公民身份，則這種身份將獲得中國政府的承認，相應地，該人士亦將獲許在中國領土內享受英國的領事保護。

4.6 香港居民中的中國公民所持旅行證件

《國籍法解釋》第4條規定，"在外國有居留權的香港特別行政區的中國公民，可使用外國政府簽發的有關證件去其他國家或地區旅行，但在香港特別行政區和中華人民共和國其他地區不得因持有上述證件而享有外國領事保護的權利。"基於《國籍法解釋》旨在解決香港居民的國籍問題，第4條所提及的"香港特別行政區的中

〔11〕有關中國政府就居英權計劃闡述的立場，見本書第三章。

國公民”應是指香港特別行政區居民中的中國公民，而不包括不具有香港特別行政區居民身份但身在香港的中國公民。

這一條主要是針對香港居民中的中國公民所持外國護照而言的。如前所述，一個香港居民是否具有中國國籍看他是否符合《國籍法解釋》第1條的規定，而不論他是否持有外國護照。但部分香港居民中的中國公民持有外國護照是一個事實，而且，這部分香港居民也十分關注中國政府如何處理他們所持之外國護照。這是一個不能迴避的問題。

在內地，中國公民持有外國護照是不合法的。根據公安部的規定，公安機關一經發現任何居住在國內的中國公民若未經出籍而持有外國護照，應將他們所持的外國護照存檔備查，並由持有人將領取外國護照的經過寫成書面材料，或作出訊問筆錄，以備通過外交途徑同有關國家進行交涉之用；如發現持有人利用外國護照進行違法活動，則應將其外國護照收繳，並依法處理。〔12〕基於公民對國家應具有的忠誠，一個中國公民不應取得並持有任何外國護照。基於不承認雙重國籍的政策，從國籍管理角度來說，對中國公民持有外國護照進行適當處理是完全正當的。

但是，香港居民中的中國公民持有外國護照有其具體的歷史原因。在1997年7月1日之前中國政府無法對香港居民實施有效的國籍管理，許多香港居民對自己在中國國籍法下的地位不甚明確，加之英國承認雙重國籍政策，部分香港居民往往出於旅行便利及其他考慮通過各種方式取得一國或多國護照。從免辦簽證及簽證互免等角度來說，持有外國護照確實可以為外出經商、旅遊的香港居民提供許多便利。而從操作角度來講，對香港居民中的中國公民所持外國護照進行調查不僅有許多困難，而且可能引起香港社會的動盪；如果香港居民使用所持外國護照到外國旅行，而外國承認該等護照，中國政府既無法也無必要進行干預。因此，針對香港居民中的中國公民持有外國護照的特殊情況，將護照證明國籍的性質與護照提供旅行、居留便利等方面的功能“脱鈎”，不失為一種靈活務實

---

〔12〕參見公安部《關於實施國籍法的內部規定（試行草案）》第9條。

的政策。

事實上，中國政府在中英談判時就開始將護照證明國籍的性質與護照提供旅行、居留便利等方面的功能進行"脱鈎"處理了。在1984年12月19日和1986年4月11日致英方的備忘錄中，中方將英國政府向香港居民中的中國公民發放的英國國民（海外）護照視為並稱作"旅行證件"，允許中國公民使用該等"旅行證件"外出旅行。基本法中一些條款提及"在外國無居留權的香港特別行政區居民中的中國公民"，[13]該等條款隱含了香港居民中有的中國公民在外國有居留權；基於一國護照與該國居留權的關係，該等條款實際上隱含了香港居民中的中國公民有的持有外國護照。在這個意義上講，基本法實際上亦將護照證明國籍的性質與護照提供旅行、居留便利等方面的功能予以"脱鈎"處理了。《國籍法解釋》秉承了"脱鈎"處理的政策，將香港居民中的中國公民所持外國護照視為外國政府簽發的"有關證件"，並允許中國公民使用這些證件外出旅行。在這個意義上，《國籍法解釋》對香港居民中的中國公民持有外國護照採取了較為寬鬆的政策，而未採用內地公安機關處理中國公民持有外國護照的相關做法。

4.7 香港居民中的中國公民的國籍變更

《國籍法解釋》第5條規定，"香港特別行政區的中國公民的國籍發生變更，可憑有效證件向香港特別行政區受理國籍申請的機關申報。"《國籍法解釋》是為解決香港居民國籍問題而制定的法律文件，從這一立法原意角度講，第5條所提及的"香港特別行政區的中國公民"應是指香港特別行政區居民，而不包括不具有香港特別行政區居民身份的中國公民。

如前所述，解釋將中國國籍身份與香港居民所持外國護照"脱

〔13〕參見《中華人民共和國香港特別行政區基本法》第44、55、61、67、71、90、101等條款。

鈎”處理，香港居民只要符合《國籍法解釋》第1條規定即為中國公民，其所持外國護照被視為旅行證件。不過，中國國籍法在1997年7月1日之前沒有在香港實施，加之許多人對自己是否為中國公民也不甚清楚，要求香港居民中的中國公民在取得外國護照方面遵守中國國籍法的規定不很現實，而其中有些人基於各種考慮希望自己做外國人，不想保有《國籍法解釋》賦予他們的中國國籍。這些人的這種要求應該說是正當的，應該獲得實現，問題在於中國政府選擇何種方式予以實現。關於中國國籍的喪失，國籍法規定了兩種情形：一種是中國國籍自動喪失的情形，一種是出籍。這兩種情形下的國籍喪失均不應適用於持有外國護照且希望自己做外國人的香港中國公民。

關於中國國籍的自動喪失，國籍法第9條規定，定居外國的中國公民自願加入或取得外國國籍的，即自動失去中國公民身份。該條中所説的“定居外國的中國公民”，主要是指僑居在外國的華僑及其具有中國國籍的後裔。〔14〕這部分人加入或取得外國國籍不需要先辦理退籍手續，中國政府即承認其具有外國國籍。這是國籍法第9條的立法原意。從這一點看，除非作出擴大解釋，國籍法有關自動喪失國籍的規定不應適用於取得外國護照的香港居民中的中國公民。在另一方面，如果《國籍法解釋》採納自動喪失國籍的方式，規定香港居民中的中國公民若持有外國護照即自動喪失中國國籍，則勢必將使相當數量的香港居民喪失中國公民身份，這在政治上對特區政府及中央政府均不利；而且，也不符合中國政府將香港同胞的中國公民身份與其所持護照相“脱鈎”的一貫政策。根據公安部1981年的規定，國籍法第9條的規定不適用於港澳同胞；他們持有港英或澳葡當局所發護照，不按自動喪失國籍處理；如果取得英國或葡萄牙本土護照或其他外國護理，承認他們自動喪失中國國籍。〔15〕公安部的前述規定屬於行政規章性質，其法律效力低於全

〔14〕參見公安部《關於實施國籍法的內部規定（試行草案）》第7條。

〔15〕參見公安部《關於實施國籍法的內部規定（試行草案）》第7條；1981年6月30日公安部《關於執行國籍法內部規定第7條有關問題的通知》。

國人大常委會所作之《國籍法解釋》，因此，兩者規定相互衝突之處在內地應以後者之規定為準；在香港特別行政區，公安部的前述規定不予適用。有關港澳同胞若取得英國或葡萄牙本土護照或其他外國護照者即自動喪失中國國籍的規定，與《國籍法解釋》第1條及第5條相衝突，應予廢止。

關於中國國籍之退出，國籍法第10條規定，如果一個中國公民是外國人的近親屬，或定居在外國，或有其他正當理由，可以申請批准退出中國國籍。根據公安部規定，對於定居中國、根據外國國籍法可取得外國國籍，因此要求退出中國國籍當外國人的，一般不批准出籍，而可予批准出籍的情況則包括：(a) 要求出國定居，符合出國條件，前往國又能批准的；(b) 定居外國因加入當地國籍，所在國要求先退出中國國籍的；(c) 外國人收養的中國孩子，要求出籍隨養父母國籍的；(d) 外國人的中國配偶，為領取外國的養老金和補助，要求出籍加入外國籍的；(e) 為了繼承財產，要求出籍後加入外國籍的；(f) 純外國血統的中國公民，堅決要求出籍恢復外國籍的。[16] 從公安部的前述規定可以看出，國籍法關於退出中國國籍的規定適用於未取得任何外國國籍而欲加入外國國籍的中國公民。這應是國籍法第10條的立法原意。如果一個中國公民已取得外國國籍，要麼適用國籍法第9條該人士自動喪失中國國籍，要麼他所取得的外國國籍不獲中國承認。基於國籍法第10條的立法原意，對於已取得外國護照（實際上是取得了外國國籍）的香港居民中的中國公民，若其要求不保留中國國籍而做外國人，不宜適用出籍的規定。

基於國籍法在香港實施的整體設想和安排，《國籍法解釋》第5條作出規定，持有外國護照且希望自己做外國人的香港中國公民，可以向特區入境事務處進行國籍變更申報；若申報獲認可，則中國國籍得以喪失。國籍變更的法律意義在於：一個取得了外國護照的香港居民中的中國公民，只有進行了國籍變更申報，中國政府才視其為外國人；否則，他仍是中國公民，其所持外國護照將被視為旅

〔16〕參見公安部《關於實施國籍法的內部規定（試行草案）》第8條。

行證件，外國政府不得在中國領土內對其實施領事保護。

國籍法中沒有國籍變更的概念，而是通過《國籍法解釋》加以創設的，並僅適用於香港居民。這樣，《國籍法解釋》頒佈之後，中國公民喪失中國國籍有四種情形：第一種情形是當事人的中國國籍依據國籍法第9條自動喪失；第二種情形是當事人依據國籍法第10條退出中國國籍；第三種情形是當事人依據中國與其他國家所簽署之雙邊協議選擇外國國籍；第四種情形是當事人依據《國籍法解釋》第5條進行國籍變更申報。由於設定了國籍變更方式，國籍法第9條應不適用於香港居民中的中國公民。換言之，對於取得外國護照（外國國籍）的香港居民中的中國公民，只有進行國籍變更申報一種方式方得喪失中國國籍，而不存在中國國籍自動喪失的問題。對於尚未取得外國護照（外國國籍）的香港居民中的中國公民，如符合國籍法第10條規定的條件，可申請退出中國國籍。

在中國國籍喪失方面，《國籍法解釋》第5條體現了較為寬鬆的政策。按照國籍法第9條，只有定居外國的中國公民自願加入或取得外國國籍的，方喪失中國國籍；如果不符合這一條件而通過其他方式取得外國國籍，除非在此之前已根據國籍法第10條退出中國國籍，否則該外國國籍將不獲承認，該人士仍為中國公民。《國籍法解釋》第5條所提及的“有效證件”，是指申報人所持有之外國護照等。《國籍法解釋》第5條乃是針對取得外國護照且不希望保留中國國籍的香港中國公民，《國籍法解釋》本身也沒有對“有效證件”之取得方式作出限制，從這個意義上講，不論是通過在海外定居還是其他方式所取得之外國護照，只要不違反中國國籍法、《國籍法解釋》及特區法律，均應視為“有效證件”，“有效證件”持有人均可以申報國籍變更而喪失中國國籍。相對於國籍法第9條而言，《國籍法解釋》第5條實際上放寬了喪失中國國籍的條件。

《國籍法解釋》第5條所提及的“有效證件”並不包括香港居民中的中國公民所持有的英國國民（海外）護照或居英權計劃下的英國公民護照。從行文上看，《國籍法解釋》第2、3條之所以就香港中國公民的英國國民（海外）身份及依據居英權計劃取得的英國公民身份作出單獨規定，一方面是重申中國政府有關該等英籍身份的立場並將之法律化，另一方面隱含了香港中國公民具有的該等英籍身份及持有的相應英籍護照與《國籍法解釋》第4條、第5條所述的情形不同。由於中國政府不承認香港居民中的中國公民在英國國籍法下取得的英國國民（海外）身份及依據居英權計劃取得的英國公民身份，因此，香港居民中的中國公民便不能通過國籍變更方式使得中國政府轉變立場而承認這兩種英籍身份。

相對於國籍法第9條所規定的中國國籍之自動喪失，依據《國籍法解釋》進行國籍變更者須履行申報手續。國籍變更申報者須填具特區入境事務處提供的國籍變更申報表格，而持外國護照進入香港之行為本身並不構成國籍變更申報。申報可以在香港提出，也可以在海外提出；填具的申報表格可以直接送交特區入境事務處，也可通過中國駐海外的領事館轉交。如果申報國籍變更獲入境事務處登記，申報人將會獲發函件以確認國籍變更。

4.8 關於受理國籍申請的機關

《國籍法解釋》第6條規定，“授權香港特別行政區政府指定其入境事務處為香港特別行政區受理國籍申請的機關，香港特別行政區入境事務處根據《中華人民共和國國籍法》和以上規定對所有國籍申請事宜作出處理。”

根據“一國兩制”的原則，中央人民政府負責處理外交、國防等具有主權性質的國家事務，香港特別行政區自行處理特區自治範圍內的事務。在此基礎上，基於運作方面的考慮和凸現特區的高度自治權，中央政府將處理國家事務的部分權力以授權方式交由特區處理。前述授權有兩種：一種是基本法就處理國家特定事務處作的授權，如有關司法協助安排、船舶及航空器登記、民航協議、簽證互免協議、基本法解釋、對外事務處理等方面的授權；〔17〕另一種

〔17〕參見《中華人民共和國香港特別行政區基本法》第14、96、125、129、133、134、155、158等條款。

則是就基本法未明確規定的事項作出單獨的授權。《國籍法解釋》第6條所作的授權屬於後一種方式。

國籍事務屬於主權事務，國籍申請的審批權屬於中央政府。根據國籍法，地方公安機關及中國駐外的外交、領事機關只具有國籍申請的受理權，而沒有審批權。所有加入、退出和恢復中國國籍的申請均由公安部審批；申請獲批准的，由公安部發給證書。關於香港居民國籍申請事宜，可以只授權特區入境事務處作為國籍申請的受理機關，而國籍申請的審批權仍由公安部行使。從《國籍法解釋》第6條規定來看，特區入境事務處不僅作為香港國籍申請的受理機關，而且負責對所有國籍申請事宜作出處理。這實際上將香港居民國籍申請的審批權賦予了特區入境事務處。從操作角度講，香港居民國籍情況比較複雜，而特區入境事務處掌握相關資料，由特區入境事務處直接處理香港居民的國籍申請事宜較為實際。

廣義的國籍包括自然人、法人、船舶和航空器的國籍。基本法授權香港特別行政區繼續對船舶進行登記，並以"中國香港"名義頒發有關證件，允許特區按照中央政府關於飛機國籍標誌和登記標記的規定設置自己的飛機登記冊。[18]在這個意義上，關於國籍管理的授權在基本法中已有先例。《國籍法解釋》則是將涉及自然人國籍管理的權力授權予特區政府。

此外，在基本法中，中央人民政府亦明確授權特區政府依照法律給持有香港特別行政區永久性居民身份證的中國公民簽發中華人民共和國香港特別行政區護照，[19]而入境事務處是負責簽發特區護照的主管機關。

4.9 國籍法在香港實施的其他問題

《國籍法解釋》就國籍法在香港特別行政區實施的幾個主要問題

〔18〕參見《中華人民共和國香港特別行政區基本法》第125及129條。

〔19〕參見《中華人民共和國香港特別行政區基本法》第154條。

作出了解釋，國籍法在特區實施的其他問題則沒有涉及，例如入籍、出籍、國籍恢復等問題。《國籍法解釋》第6條所提及的國籍申請應包括入籍、出籍、國籍恢復及國籍變更的申請，而《國籍法解釋》授權特區入境事務處受理及處理香港居民的國籍申請事宜，應理解為中央人民政府授權香港特別行政區就《國籍法解釋》沒有提及的有關國籍法實施的其他問題作出處理，除非和直至全國人大常委會就國籍法在香港實施的其他問題作出其他解釋。

有關香港特別行政區實施國籍法的相關問題，我們將在下一章加以專門論述。

4.10 小結

國籍事務具有主權性質，這是一個國家對自然人進行國籍管理的基礎和前提。決定哪一個香港居民具有中國國籍，首先是中國的主權事務。在中國恢復對香港行使主權之前，中國政府堅持所有香港的中國同胞都是中國公民，其政治意義多於法律意義，主權意義多於管制意義。從中國國籍法在香港實施之日起，中國政府才開始在真正意義上對香港居民進行有效的國籍管理。基於香港居民國籍問題的複雜性，在堅持國籍法基本原則的情況下，中國政府採取了較為靈活、務實的政策處理國籍法在香港實施的問題，並具體現在《國籍法解釋》的規定之中。《國籍法解釋》第一次對香港居民在中國國籍法下的地位作出了明確界定，為國籍法和基本法的實施創造了條件。同時，《國籍法解釋》也豐富和發展了中國國籍管理制度，為國籍法後來在澳門的實施提供了有益的經驗。

第五章　香港特別行政區實施國籍法的制度

香港回歸以前，英國國籍法適用於香港，香港實行英國法下的國籍管理制度。隨着中國對香港恢復行使主權，《中華人民共和國國籍法》（以下簡稱“國籍法”或“中國國籍法”）自 1997 年 7 月 1 日起在香港特別行政區實施。香港回歸後，香港特別行政區初步形成了一套國籍管理方面的法律制度。這套制度以中國國籍法為基礎，結合了香港特區的本地立法以及1997年前一些行之有效且符合香港實際的具體措施和辦法。本章試對香港特區具體實施中國國籍法的一些制度和措施作一介紹與評析。

5.1 1997 年前香港的國籍管理制度

在 1997 年 7 月 1 日之前，香港實施的是英國國籍法。適用於香港的英國國籍法律在形式上包括英國議會立法（Acts of Parliament）、樞密院令（Order in Council）、國務大臣基於王室特權（Royal prerogative）所制定的規例（Regulations）等；在內容上有的是單獨就香港制定的法律，如《香港（英國國籍）令1986》〔Hong Kong（British Nationality）Order 1986〕、《香港（英國國籍）規例 1986》〔Hong Kong（British Nationality）Regulations 1986〕、《英國國籍（香港）法1990》〔British Nationality（Hong Kong）Act 1990〕，有的是普遍適用於英國本土及其海外統治地區的國籍法律，如《英國國籍法 1981》（British Nationality Act 1981）等。

在英國國籍法律這一層次，幾乎所有關乎香港居民取得、喪失、恢復英國國籍的權利、義務以及政府在國籍管理方面的權力、責任等均有較詳細的規定。香港本地立法在這方面沒有什麼空間。一方面，基於國籍事務的主權性，作為宗主國的英國需要控制殖民地居民的國籍管理權，在主觀上並不希望給作為殖民地的香港以較大的國籍管理空間；另一方面，經過長期的發展，英國國籍法在立法技術上日趨先進，立法者的立法經驗比較豐富，各項規定較為細緻具體，這在客觀上也減少了香港本地立法的空間和必要性。此外，在英國法下，基於法治和憲政的理念，關乎個人基本權利、義務的事宜以及關乎政府權力的事宜一般均須通過議會立法加以規定；政府只有執行法律方面的酌情權，一般不具有就個人基本權利、義務進行立法的權限；政府制定的附屬立法乃基於議會法律的明確授權，而這種附屬立法一般是關乎如何在操作、程序等層面上執行議會立法，而不涉及個人基本權利、義務之確定。對於殖民地事務，樞密院、國務大臣享有較為廣泛的立法權；但在諸如外交、國防、國籍等涉及英國國家利益的事務方面，樞密院、國務大臣的立法權限仍須受英國議會立法的嚴格制約；至於殖民地的本地立法機構，在涉及英國國家利益的事務方面，至多只能就一些附帶事項作出規定。

在 1997 年 7 月 1 日之前，香港本地有關國籍的單行立法有兩項，一項是《英國國籍（雜項規定）條例》〔British Nationality (Miscellaneous) Ordinance〕(香港法例原第186章)，另一項是《1981年英國國籍法（相應修訂）條例》〔British Nationality Act 1981 (Consequential Amendments) Ordinance〕(香港法例原第 373 章)。《英國國籍（雜項規定）條例》就《英國國籍法 1981》及《英國國籍（香港）法 1990》在香港實施的附帶事項作出規定，共計6條，分別規定了國籍申請人提供虛假資料之罰則、國籍資料之保密、相關費用之收繳等。《1981 年英國國籍法（相應修訂）條例》共計 4 條，旨在根據《英國國籍法 1981》對涉及英國國籍的有關條例及法律文件作出修訂。前述兩個條例在內容上都未涉及國籍身份之界定。

在香港一些原有法律中，也有某些條款涉及英國國籍事項，但主要是關乎英籍人士權利的規定，而不是涉及英籍身份的確定。

包括英國國籍法在內的英國法律自1997年7月1日起不再適用於香港，而香港本地有關英國國籍的立法亦未獲採用為香港特別行政區法律。根據1997年2月23日第八屆全國人民代表大會常務委員會第二十四次會議通過的《全國人民代表大會常務委員會關於根據〈中華人民共和國香港特別行政區基本法〉第160條處理香港原有法律的決定》的規定，《英國國籍（雜項規定）條例》、《1981年英國國籍法（相應修訂）條例》以及香港原有法律中"任何為執行在香港適用的英國國籍法所作出的規定"均被宣佈為抵觸基本法而不獲採用為香港特別行政區法律。[1]

英國國籍法納入了英國所加入的國籍類公約的內容，例如《關於國籍法衝突的若干問題的公約》、《關於無國籍的特別議定書》、《關於某種無國籍情況的議定書》、《減少無國籍狀態公約》、《有關某些雙重國籍情形中兵役義務的議定書》、《關於無國籍人地位的公約》、《已婚婦女國籍公約》等。該等公約在1997年6月30日之前適用於香港。截止到目前為止，中國尚未參加上述公約；除《關於無國籍人地位的公約》作為人權類公約而加以單獨處理外，其他各項條約自1997年7月1日起也不再適用於香港。

總之，由於國籍事項的主權性和英國國籍立法的完備，1997年前香港本地有關國籍事項的立法較為簡單；即使這些較為簡單的本地立法也因中國對香港恢復行使主權而未被採用為香港特區法律。

5.2 1997年後香港特別行政區的國籍管理制度

5.2.1 中國國籍立法

根據基本法第18條及附件三的規定，中國國籍法適用於香港特別行政區，並由香港特別行政區在當地公佈或立法實施。香港特區國籍管理

---

〔1〕《全國人民代表大會常務委員會關於根據〈中華人民共和國香港特別行政區基本法〉第160條處理香港原有法律的決定》第2條、第3條、附件一、附件二。

制度的形成是以中國國籍法為基礎，並適應了中國國籍法的立法特點。

中國國籍法制定於1980年，體現了中國政府的基本國籍政策，在立法技術及風格等方面與英國國籍法有較大不同。其中最大的不同是中國國籍法的條款較少，內容也比較原則。有關國籍法的具體實施事項，均授權有關主管行政部門加以規定。這就是公安部分別於1981年4月7日和6月30日制定的《關於實施國籍法的內部規定》（試行草案）（以下簡稱《國籍法內部規定》）和《關於執行國籍法內部規定第7條有關問題的通知》。

這種立法體制一方面因於內地在法律體系上更接近於大陸法系，基本法律（法典）的規定一般較為原則，給行政立法權留有較大空間；另一方面與內地法治建設的歷史較短有關，立法經驗和立法技術有待進一步積累和提高，在制定基本法律的條件尚不成熟時，先制定較低層次的行政規章以應時需，也為制定基本法律積累經驗。

1996年5月15日通過的《全國人民代表大會常務委員會關於〈中華人民共和國國籍法〉在香港特別行政區實施的幾個問題的解釋》（以下簡稱《國籍法解釋》）雖然充分考慮到了香港的歷史和現實情況，但對於香港居民國籍這樣一個涉及千百萬人的複雜問題來說，它的規定仍十分原則。

根據基本法的規定，國籍法自1997年7月1日起在香港特別行政區實施，但公安部有關實施國籍法的部門規章並不適用於香港特區。鑒於《中華人民共和國國籍法》及《國籍法解釋》的原則性，在客觀上給香港特別行政區實施國籍法留下了較大的空間。

5.2.2 香港特區的國籍立法

1997年7月1日，香港特別行政區行政長官董建華先生在憲報上公佈了在香港特別行政區實施的全國性法律，其中包括國籍法，並將《國籍法解釋》作為國籍法之附注。〔2〕同日生效的還有由香

---

〔2〕 參見《1997年全國性法律公佈》，1997年第379號法律公告，現收納入香港法例第1554章。

港特別行政區臨時立法會制定的《香港特別行政區護照條例》（香港法例第539章）及《中國國籍（雜項規定）條例》（香港法例第540章）。國籍法、《國籍法解釋》、《香港特別行政區護照條例》和《中國國籍（雜項規定）條例》等構成了香港特別行政區國籍管理的基本法律框架。

同時，香港特區入境事務處分別就入籍成為中國公民、退出中國國籍、恢復中國國籍、申報國籍變更四項國籍申請製作了申請表格和申請手續説明書。申請手續説明書述及各項國籍申請之申請人的資格、所須提交的資料、申請獲批准的條件等。特區入境事務處制定的各項國籍申請説明書，具有行政指引性質，不屬於香港特別行政區法律。

以下，擬就相關國籍管理事項對原適用於香港的英國國籍制度、中國內地國籍管理制度和香港現行國籍管理制度加以比較，簡要分析香港特別行政區實施國籍法的現行制度。

5.3 入籍制度

關於加入中國國籍，國籍法第7條規定，外國人或無國籍人，願意遵守中國憲法和法律，並具有下列條件之一的，可以申請批准加入中國國籍：

（a）中國人的近親屬；

（b）定居在中國的；

（c）有其他正當理由。

同時，國籍法第8條規定，申請加入中國國籍獲批准的，即取得中國國籍；被批准加入中國國籍的，不得再保留外國國籍。國籍法第14條規定，未滿18周歲的國籍申請人，可由其父母或其他法定代理人代為辦理申請手續。

《國籍法解釋》規定特區入境事務處負責受理和處理香港居民的國籍申請，其中包括入籍申請，此外沒有就入籍事項作出任何規定。

在英國國籍法中，外國人或無國籍人加入英國國籍一般須採取歸化方式（by naturalization），而未成年人、被收養人、配偶一方、其他類別英籍人士等在特定條件下可通過登記方式（by registration）取得英國公民或英國屬土公民等英籍身份。

在特區入境事務處制定的入籍申請手續説明書（以下簡稱“入籍説明書”）中，就香港居民加入中國國籍的相關事項作出了規定。在這些規定中，有些直接源自中國國籍法的規定，有些源自內地實施國籍法的規定，有些則是源自英國國籍法的相應制度。

5.3.1 入籍申請人的資格

根據香港特區入境事務處制定的入籍説明書，擬加入中國國籍的申請人須具備下列條件：

（1）已是定居在香港特別行政區的非中國籍或無國籍人士；

（2）願意遵守中國憲法和法律；

（3）有中國人的近親屬，或定居在香港特別行政區或中國內地，或有其他正當理由；

（4）將不會持有其他外國國籍；

（5）已年滿18周歲或以上而精神並非不健全，父母或合法監護人可為其未成年子女（年齡在18周歲以下）代為申請；

（6）有良好品行；

（7）有足夠的中文程度：

（a）申請人在語言方面不須達到極佳的程度，但必須足以使其能履行公民的職責，及容易與一同生活及工作的人士相處；

（b）申請人如因傷殘而無法用該種語言説話，但若能以其他方式與人溝通，亦已足夠；

（c）倘若年紀老邁或身體有缺陷，可毋須符合此項規定。

以上第1至3項條件應是源自中國國籍法第7條之規定。

第4項條件應是源自中國國籍法第8條有關“被批准加入中國國籍的，不得再保留外國國籍”之規定。國籍法之所以規定被批准加入中國國籍者不得再保留外國國籍，乃是基於中國不承認雙重國籍的政策。關於不得再保留外國國籍的方式，《國籍法內部規定》第6條規定，可根據當事人的實際情況採取不同的辦法，包括經有關國家機關批准退出該國國籍；或依照有關國家法律的規定自動喪失國籍；或當事人所持外國證件逾期無效，本人不再辦理延期；或本人書面放棄原來的國籍，並交出原持有的外國國籍證件等。

第5項有關未成年人國籍申請之事宜，部分源於國籍法第14條的規定。對於國籍法第14條中所指的"其他法定代理人"，《國籍法內部規定》第12條將其界定為包括養父母、監護人和負有保護責任的機關、團體的代表。至於有關"精神並非不健全"的要求，應是源自英國國籍法的相應制度。〔3〕

第6及7項有關入籍者品行及語言能力的要求，應是源自英國國籍法的相應制度。〔4〕

5.3.2 相關概念的界定

關於"近親屬"的解釋，特區入境事務處的入籍說明書規定，"近親屬"是指父母、夫妻、子女和同胞兄弟姐妹。這一解釋與《國籍法內部規定》第5條對"近親屬"的界定完全相同。

關於"正當理由"的解釋，特區入境事務處的入籍說明書規定，正當理由包括對香港特別行政區的經濟有貢獻，或以香港特別行政區為永久居住地，或中國公民收養的外籍子女及受僱於香港特別行政區政府及其有關機構。入籍說明書中有關入籍申請人對特區的貢獻及申請人之被收養人身份的規定，應是源於《國籍法內部規定》的規定。在《國籍法內部規定》第5條中，"正當理由"界定為"對中國革命和建設事業有貢獻的、中國公民收養的外籍子女等"。入籍說明書中有關入籍申請人以香港為永久性居住地及任職

---

〔3〕 例如，《英國國籍法1981》第50（11）條規定，該法中所指的有完全能力的人士指"該人士精神並非不健全"（He is not of unsound mind）。

〔4〕 例如，《英國國籍法1981》附表1之第1（1）及5（1）項分別就歸化為英國公民或英國屬土公民的條件作出了規定，其中提及申請者須有良好品行，須有足夠的英文程度等。

於香港政府機構之規定應是源於英國國籍法的相應制度。[5]

5.3.3 效忠宣誓

香港特區入境事務處的入籍說明書中規定，如申請人獲得批准，須作效忠宣誓。中國國籍法律下，幾無宣誓效忠的規定。這一規定應是源自英國國籍法的相應制度。[6]

5.4 出籍制度

關於中國國籍的喪失，中國國籍法第9條規定了中國公民自動喪失中國國籍的情形，第10條規定了中國公民申請獲准退出中國國籍的情形。這裡的出籍僅指國籍法第10條項下退出中國國籍的情形。根據中國國籍法第10條，中國公民具有下列條件之一的，可以申請批准退出中國國籍：

(a) 外國人的近親屬；

(b) 定居在外國的；

(c) 有其他正當理由。

同時，中國國籍法第11條規定，申請退出中國國籍獲批准的，即喪失中國國籍；第12條規定，國家工作人員和現役軍人，不得退出中國國籍。

《國籍法解釋》就香港居民中的中國公民進行國籍變更的事宜作出了原則規定，但未就中國國籍法第10條所指的退出中國國籍作出特別規定。

---

〔5〕 例如，《英國國籍法 1981》附表 1 之第 1（1）及 5（1）項分別就歸化為英國公民或英國屬土公民的條件作出了規定，而條件之一是申請人希望其居所在英國或相應屬地，或希望任職於或繼續任職於英國或相應屬地的政府機構。

〔6〕 例如，《英國國籍法 1981》第 42 條規定，獲批准歸化為英籍者須向英女王宣誓效忠（To take an oath of allegiance），該法附表 5 規定了宣誓效忠的形式及誓詞。

在英國國籍法中，英籍人士可通過聲明方式（by declaration）申請退出英國國籍，若該等聲明獲英國國務大臣登記，則申請人喪失英國國籍。

香港特區入境事務處制定的退出中國國籍申請手續説明書（以下簡稱"出籍説明書"）就香港居民退出中國國籍的相關事項作出了規定。根據出籍説明書，香港居民中的中國公民退出中國國籍須符合下列條件：

(1) 除中國國籍外，申請人有另一公民身份或國籍；或申請人能向入境事務處處長提出充分證明，顯示其在退出中國國籍後，可取得另一公民身份或國籍；

(2) 申請人是香港特別行政區居民，並在香港定居；

(3) 申請人的近親屬為外國人，或申請人在外國定居，或申請人有其他正當理由；

(4) 申請人已屆成年，即年滿18周歲以上。如申請人的年齡未滿18周歲但已婚，則在申請資格方面會被視為已屆成年。父母或合法監護人可為其未成年子女（年齡在18周歲以下）代為申請退出中國國籍；

(5) 申請人的智能正常（即精神並非不健全）。

上述第1項規定的目的是為防止產生無國籍人士。這一規定應是源自英國國籍法的相應制度。〔7〕如前所述，英國加入了相關的防止產生無國籍人士的公約，英國國籍法則納入並體現了有關公約的規則。〔8〕中國沒有加入此類公約，亦沒有相應的條約義務。中國國籍法關於退出中國國籍的規定一般適用於不具有外國國籍而擬

〔7〕 例如，《英國國籍法1981》第12（3）條規定，只有當國務大臣確信，聲明退出英國國籍之人士已具有一外國國籍或在退出英國國籍後將取得外國國籍，申請人退出英國國籍的聲明方會獲登記；若在退出英國國籍之聲明獲登記後6個月內，該人士未能取得任何外國國籍，則其具有英國國籍。

〔8〕 例如，《減少無國籍狀態公約》第7（1）條規定，締約國的法律有放棄國籍的規定時，關係人放棄國籍不應因此喪失國籍，除非他已具有或取得另一國籍；第7(2)條規定，締約國國民在外國請求歸化者，應不喪失其國籍，除非他已取得該外國國籍或曾獲得保證一定取得該外國國籍。

加入外國國籍的人士。如果在退出中國國籍後，申請人沒有取得外國國籍，則為無國籍人士；按照《國籍法內部規定》第9條，該等人士在中國將按無國籍僑民對待。

上述第4項有關申請人的年齡未滿18周歲但已婚的申請人視為已屆成年的規定，應是源自英國國籍法的相應制度。〔9〕如前所述，在申請人的資格與行為能力方面，有關精神並非不健全的規定亦源於英國國籍法。

按照《國籍法內部規定》第9條，處理中國公民要求出籍的原則是：凡定居外國的提供方便，凡移居外國的從寬；凡在國內居住的從嚴。在中國國內，盡量減少或不增加外國籍人；對於定居中國、根據外國國籍法可取得外國國籍，因此要求退出中國國籍當外國人的，一般不批准出籍。在下列情況下，可批准申請人退出中國國籍：

（a）要求出國定居，符合出國條件，前往國又能批准的；

（b）定居外國因加入當地國籍，所在國要求先退出中國國籍的；

（c）外國人收養的中國孩子，要求出籍隨養父母國籍的；

（d）外國人的中國配偶，為領取外國的養老金和補助，要求出籍加入外國籍的；

（e）為了繼承財產，要求出籍後加入外國籍的；

（f）純外國血統的中國公民，堅決要求出籍恢復外國籍的。

在禁止出籍方面，按照《國籍法內部規定》第9條，下列情況下不准出籍：

（a）了解國家機密的；

（b）正在服刑的罪犯；

（c）有特務間諜嫌疑和其他刑事案件尚未處理的。

在英國國籍法下，對於在戰爭期間作出的退出英籍的聲明，英國國務大臣可不予登記。〔10〕

---

〔9〕 例如《英國國籍法1981》第12（5）條規定，已婚之任何人士在該條項下視為已成年。

〔10〕參見《英國國籍法1981》第12（4）條。

香港特區入境事務處的出籍說明書沒有就禁止出籍的情形作出明確規定。

按照《國籍法內部規定》第10條，國籍法第12條所提及的"國家工作人員"應指一切國家機關、企業、事業單位和其他依照法律從事公務的人員。香港特區入境事務處的出籍說明書亦提到國家工作人員和現役軍人不得退出中國國籍，但沒有對國家工作人員作出界定。

5.5 國籍變更制度

《國籍法解釋》第5條規定，"香港特別行政區的中國公民的國籍發生變更，可憑有效證件向香港特別行政區受理國籍申請的機關申報。"《國籍法解釋》沒有對國籍變更申報的細節作出規定。

香港特區入境事務處制定了申報國籍變更說明書，該說明書列明了申報國籍變更人士的資格。其中，有以下幾項規定值得注意。

第一，申報國籍變更說明書規定，除非入境事務處處長相信該申報國籍變更的中國公民在喪失中國國籍後，仍然持有其他國籍或不會變成無國籍人士，否則不會為其登記國籍變更。這一規定應是為防止產生無國籍人士。雖然中國並沒有條約義務減少或避免產生無國籍人士，但此項規定仍具有積極意義和現實需要。

第二，申報國籍變更說明書規定，有關未滿21周歲人士申報國籍變更的處理如下：

(1) 如該人士在香港或中國內地出生，而其父母或其中一方已經申報國籍變更，則其父母可同樣為該人士申報。但如其父母雙方均未申報，則不能為該人士申報。

(2) 如該人士在香港或中國內地出生，而其父母或其中一方已經申報國籍變更，則其父母可同樣為該人士申報。但如其父母雙方均已申報國籍變更，則其父母必須為該人士申報國籍變更。

按照中國國籍法，只有在子女原始國籍的取得方面，父母國籍才影響到子女的國籍；在其他方面，父母國籍的取得與喪失並不當然影響子女的國籍。香港特區入境事務處作出上述第 1 及 2 項之規定，應是基於未滿21周歲人士在取得、喪失香港特別行政區永久性居民身份方面與父母的法定聯繫。〔11〕

5.6 國籍恢復制度

關於國籍恢復，中國國籍法第13條規定，曾有過中國國籍的外國人，具有正當理由，可以申請恢復中國國籍；被批准恢復中國國籍的，不得再保留外國國籍。

《國籍法解釋》沒有對國籍恢復作出特別規定。

在英國國籍法下，聲明放棄了英國國籍的人士，可申請登記重新成為英籍人士，但一般只能登記一次。〔12〕

香港特區入境事務處就申請恢復中國國籍制定了說明書（以下簡稱"國籍恢復說明書"），其中規定了恢復中國國籍的條件。與入籍說明書相類似，國籍恢復說明書規定申請者除曾經有過中國國籍外，還須具有良好品行、足夠的中文程度，若獲批准則須進行宣誓效忠。

國籍恢復說明書亦規定，申請者應有正當理由恢復中國國籍，而正當理由指申請人在批准退出中國國籍後，並沒有取得外國國籍；或幼年隨同父母退出中國國籍，成年後自願恢復中國國籍。國籍恢復說明書有關"正當理由"的界定應是源於《國籍法內部規定》第11條，該條規定了應予批准國籍恢復的兩種情形，即國籍恢復說明書所指之"正當理由"。

---

〔11〕參見《入境條例》（香港法例第 115 章），附表 1。

〔12〕參見《英國國籍法 1981》第 13 條。

5.7 刑事責任與國籍剝奪

根據《中國國籍（雜項規定）條例》（香港法例第540章）第4條，國籍申請人如故意提交虛假的或誤導性的資料、文件、記錄，則屬犯罪，應處第5級罰金及6個月的監禁。這一規定應是源於英國國籍法的相應制度；〔13〕1997年6月30日之前有效的《英國國籍（雜項規定）條例》〔British Nationality（Miscellaneous）Ordinance〕（香港法例原第186章）亦作出過相關規定。〔14〕

按照香港特區入境事務處的入籍說明書與國籍恢復說明書的規定，如申請人所取得的入籍證明書或恢復中國國籍證明書是借欺詐、虛假陳述或隱瞞任何事實的手段而取得的，一經發現則當局可以將該等說明書收回。這一規定亦應是源自英國國籍法剝奪國籍的相應制度，〔15〕亦與英國加入的國際公約相一致。〔16〕

5.8 國籍審批的酌情權

根據《中國國籍（雜項規定）條例》（香港法例第540章）第5條，特區入境事務處在處理各項國籍申請時，可根據國籍法及《國籍法解釋》的規定行使酌情權；該等酌情權之行使不得受申請人的民族、膚色或宗教的影響；批准或不批准國籍申請的決定不受司法覆核，亦毋須就決定說明理由。這一規定亦應是源自英國國籍法的

---

〔13〕例如，《英國國籍法1981》第46（1）條規定，任何人士在該法項下作虛假陳述或提供虛假資料應處3個月以下監禁和／或5級以下罰金。

〔14〕參見《英國國籍（雜項規定）條例》（香港法例原第186章）第3（1）條。該條規定在英國國籍法下作虛假陳述或提供虛假資料者應處15,000港元罰金及3個月監禁。

〔15〕例如，《英國國籍法1981》第40條規定，任何人士若借欺詐、虛假陳述或隱瞞任何事實的手段而取得歸化英籍或登記英籍的證書，則國務大臣可發出指令剝奪該等人士的英籍身份。

〔16〕例如，《減少無國籍狀態公約》第8（2）條規定，若國籍是用虛偽的陳述或欺詐方法而取得的，締約國可剝奪個人所享的國籍。

相應制度，[17] 也是英國所加入的國籍公約的要求。[18]

5.9 小結

按照“一國兩制”的原則和基本法的規定，與香港特別行政區有關的外交、國防等主權事務由中央人民政府負責，香港特別行政區負責屬於其自治範圍內的地方事務。國籍事務具有主權性質，應屬於中央人民政府負責管理的範圍。在這一前提下，《國籍法解釋》授權香港特別行政區入境事務處負責受理與處理香港居民的各項國籍申請事宜；根據基本法的規定，國籍法由特區在當地公佈或立法實施。

香港特別行政區進行居民國籍管理的權力在淵源上來自中央人民政府授權。這種授權來自兩方面；一是基本法附件三，可以“立法實施”國籍法；二是《國籍法解釋》，“授權香港特別行政區政府指定其入境事務處為香港特別行政區受理國籍申請的機關”。基於這種授權，香港特區的國籍管理制度有兩大特點：

第一，範圍廣泛，不僅涉及國籍申請的受理與處理，而且涉及到中國國籍法的一些基本制度。例如，在入籍方面，入境事務處在國籍法第 7 條之外，將申請人的個人品行與語言程度作為加入中國國籍的條件，並且引進了入籍宣誓效忠制度。再如，在出籍方面，入境事務處在國籍法第10條規定之外，就防止申請人在退出中國國籍後成為無國籍人士問題作出了規定。

第二，在具體制度上既參照引用內地的有關規定，又沿用或參考1997年以前的有關制度。例如，香港特區入境事務處制定的各類國籍申請手續說明書大量引用《國籍法內地規定》的相關內容，而

---

〔17〕例如，《英國國籍法 1981》第 44 條規定，國務大臣、總督或副總督在該法項下享有酌情權，酌情權之行使不得受申請人之民族、膚色或宗教之影響，行使酌情權而作出之決定不受司法覆核，亦毋須就決定說明理由。

〔18〕例如，《減少無國籍狀態公約》第 9 條規定，締約國不得根據種族、人種、宗教或政治理由而剝奪任何人或任何一類人的國籍。

《中國國籍（雜項規定）條例》（香港法例第540章）在酌情權、刑事責任、費用等事項上則基本沿用或參考了1997年前的有關規定。

香港特別行政區實施國籍法的現行制度，是中國國籍管理制度的一部分。回歸以來，這一制度初步建立，使中國國籍法能夠在香港特區得以具體實施。但由於香港居民國籍狀況的複雜性，這一制度能否完全解決現實中出現的問題，尚有待實踐的進一步檢驗。

第六章　香港居民的國籍衝突與外交／領事保護

國籍衝突包括消極衝突與積極衝突兩種，國籍的消極衝突指一個人不具有任何國籍，即無國籍；國籍的積極衝突指一個人具有雙重或多重國籍，一般稱為雙重國籍。無論是在1997年7月1日之前還是其後，香港居民的國籍衝突都是一個值得注意的問題，本章擬就這一問題以及與之相關的外交／領事保護問題作一初步探討。

6.1 香港居民的無國籍問題

6.1.1 產生無國籍人的一般情形及解決方式

一般而言，在下述情形下可能產生無國籍人士：

(1) 出生。無國籍人所生的子女，如按照其出生地國家的法律規定不能取得該國國籍，則該子女即為無國籍人士。這種情形主要發生在採取血統主義的國家。

(2) 婚姻。有的國家法律規定，本國女子與外國人結婚則喪失本國國籍，而如果另一國家規定外國人不能因結婚而當然取得本國國籍，則該女子因婚姻而可能成為無國籍人士。

(3) 收養。與婚姻情形相近，有的國家法律規定，本國人被外國人收養則喪失本國國籍，而如果另一國家規定外國人不能因被收養而當然取得本國國籍，則該被收養人因收養而可能成為無國籍人士。

(4) 出籍。如果一個人退出一國國籍而未取得其他國家國籍，除非原國籍國法律另有規定，則該人士可能成為無國籍人士。

(5) 剝奪國籍。如果一個人被剝奪一國國籍而尚不具有或尚未取得其他國家國籍，則該人士可能成為無國籍人士。

除上述原因外，領土變更也可能產生無國籍問題。領土變更有多種情況，如國家的分裂，合併，殖民地的獨立，領土讓予等。領土變更與國家繼承相互聯繫。在領土變更時，往往產生被繼承國國籍會否存續以及繼承國國籍如何賦予的問題。在這些問題上，國際實踐各不相同，學界也有不同觀點。作為一項基本原則，國籍的取得、喪失乃是直接基於一國主權與國內法；對於領土變更所產生的居民國籍問題，應由當事國國內法直接解決，或通過雙邊條約加以解決。繼承國有權賦予所變更領土上的居民以繼承國國籍，但沒有義務賦予所變更領土上的所有居民以繼承國國籍。[1] 在缺少雙邊條約保障的前提下，如果一個人根據被繼承國的法律喪失了被繼承國籍，而根據繼承國的法律又不能取得繼承國國籍，則該人士便可能成為無國籍人士。

解決無國籍人士問題可有三種方式：一是通過國內立法加以解決，二是訂立雙邊協定，三是訂立國際公約。由於國籍之取得、喪失源於國內法，因此，雙邊條約和國際公約只是解決無國籍人士的間接方式，條約與公約義務最終仍須納入國內法之中。

6.1.2 英國在減少無國籍狀況方面的條約義務

英國是《減少無國籍狀態公約》(Convention on the Reduction of Statelessness) 的締約國。該公約於 1961 年 8 月 30 日訂立於紐約，1975 年 12 月 13 日生效；英國於 1966 年 3 月 29 日批准該公約，並在其作出的聲明中規定該公約適用於香港。

根據《減少無國籍狀態公約》第 10 (1) 條，凡締約國間所訂立

---

〔1〕 參見 Ruth Donner, *The Regulation of Nationality in International Law* (2nd ed.) (New York: Transnational Publishers, Inc., 1993), pp.253 − 255 。

的規定領土移轉的條約，應該包括旨在保證任何人不至因此項移轉而成為無國籍人的條款；締約國應盡最大努力以保證它同非締約國所訂立的任何此類條約包括此等條款。〔2〕從英國法的觀點，香港在1997年7月1日之前是英國的殖民地；英國在1997年7月1日將香港交還中國，屬於領土移轉與主權轉移。在這個意義上，英國負有條約義務，須防止在香港交還中國的過程中產生無國籍人士。當然，從中國的角度講，香港回歸中國不是國際法意義上的領土轉移，而是中國對香港恢復行使主權，對於香港絕大多數居民來說，也談不上無國籍問題，因為他們一直就具有中國國籍。

6.1.3 香港居民無國籍問題的產生及相應安排

在《英國國籍法1981》之下，香港在20世紀80年代有300萬左右居民因與香港的關係而成為英國屬土公民。到1997年7月1日，即使在英國法下，香港亦不再是英國的屬土，香港居民的英國屬土身份將隨着香港交還中國而喪失。在這些英國屬土公民當中，有小部分人士屬於印巴裔等外國血統人士，他們不屬於香港的中國同胞，不具有中國國籍；在喪失英國屬土公民身份後，除非有其他安排，他們將成為無國籍人士。

在中英談判過程中，英方主張香港的英國屬土公民在1997年7月1日之後仍應保留某種適當的英籍身份。針對英方的上述主張，中方最終採取了靈活的態度，一方面堅持香港居民在1997年7月1日之後不能再保留英國屬土公民身份，不得再使用英國屬土公民護照，另一方面不反對英國在1997年7月1日之前給原持英國屬土公民護照的人士換發英籍證件。鑒於既存在原則分歧又有具體共識，

〔2〕 英文原文為："Every treaty between Contracting States providing the transfer of territory shall include provisions designed to secure that no person shall become stateless as a result of the transfer. A Contracting party shall use its best endeavours to secure that any such treaty made by it with a State which is not a party to his Convention includes such provisions."

在香港居民的國籍問題上，雙方決定採取諒解備忘錄之解決形式，並於中英聯合聲明簽署當日互換了備忘錄。按照英方的備忘錄，在1997年6月30日之前由於同英國的關係而成為英國屬土公民者，從1997年7月1日起將不再是英國屬土公民，但有資格保留某種適當地位使其可繼續使用英國政府簽發的護照，並在第三國經請求獲得英國的領事服務與保護，而不賦予在英國的居留權。也就是說，具有英國屬土公民身份的印巴裔等外國血統人士，在喪失英國屬土公民身份後，仍可以取得另種形式的英籍身份。

這樣，在防止因交還香港而產生無國籍人士的問題上，英國雖然未能如《減少無國籍狀態公約》第10（1）條所要求的那樣同中國達成任何具有條約性質的法律文件，但就英國屬土公民身份的替換安排取得了中方的諒解。這一諒解的一個重要意義在於，它使得英國可以通過英籍身份的替換安排避免任何喪失英國屬土公民身份者成為無國籍人士。同時，中國也不願意看到任何香港居民在1997年7月1日成為無國籍人士，因為無國籍人士的存在畢竟不利於當地政府的管制。

1985年4月4日，英國議會通過《香港法1985》，決定賦予由於同香港之關係而取得英國屬土公民身份者以英國國民（海外）身份。隨後，英國政府先後制定了《香港（英國國籍）令1986》、《香港（英國國籍）規例1986》、《英國國民（海外）地位（剝奪）規則1986》三份法律文件，就香港居民喪失英國屬土公民身份事宜作出具體安排。

在防止產生無國籍人士方面，《香港（英國國籍）令1986》所作安排如下：

首先，任何由於同香港的關係而具有英國屬土公民身份者可在1997年6月30日之前（1997年1月1日至6月30日之間出生者，可在1997年12月31日之前）換領英國國民（海外）護照，取得英國國民（海外）身份。這種身份具有過渡性質，只能在1987年7月1日至1997年12月31日之間取得，而且在任何情形下均不能延及下一代。

其次，在1997年7月1日喪失英國屬土公民身份者，如果不賦予其英國海外公民身份便成為無國籍人士，則他們自動成為英國海外公民。〔3〕這主要針對不具有中國國籍身份的印巴裔等非中國血統人士，如果在1997年6月30日之前他們沒有申請成為英國國民（海外），則將有成為無國籍人士之虞。在這種情形下，該等人士在1997年7月1日自動取得英國海外公民身份。

第三，在1997年7月1日之後出生的人士，在出生時如果其父母為英國海外公民或英國國民（海外），且如果不賦予其英國海外公民身份便成為無國籍人士，則該等人士可成為英國海外公民。〔4〕英國國民（海外）身份不能延及下一代，這樣，取得英國海外公民身份的印巴裔等非中國血統人士，如果他們沒有加入中國國籍或其他國籍，他們的下一代將有成為無國籍人士之虞。在這種情形下，該等英國國民（海外）的下一代則成為英國海外公民。同樣，取得英國海外公民身份的下一代，且如果不賦予其英國海外公民身份便成為無國籍人士，亦可成為英國海外公民。

第四，根據上述第三項取得英國海外公民身份的人士（第一代子女），他們於1997年7月1日之後在香港境外所生的子女（第二代子女），如果不賦予其英國海外公民身份便成為無國籍人士，則該等人士可成為英國海外公民。〔5〕

第五，根據上述第四項取得英國海外公民身份的人士（第二代子女），他們所生的子女（第三代子女）即使出生時無國籍，亦不能根據《香港（英國國籍）令1986》取得英國國籍身份。在中英談判時，英方希望，該等第三代子女如果一人願意，可以申請中國國籍，並希望中國政府在他們申請中國國籍時予以同情的考慮。如果第三代子女取得中國國籍，則其子女（第四代子女）即可取得中國國籍；如果第三代子女成為無國籍人士，則其在香港所生的子女《第四代子女》可根據中國國籍法取得中國國籍。

根據1986年3月中英聯合聯絡小組第三次會議所達成的協議，

---

〔3〕 參見《香港（英國國籍）令1986》第6（1）條。

〔4〕 參見《香港（英國國籍）令1986》第6（2）條。

〔5〕 參見《香港（英國國籍）令1986》第6（3）條。

1986年4月11日，中英雙方分別以中國外交部和英國駐華使館的名義就香港居民的旅行證件（指英國國民〔海外〕護照）及有關問題交換了備忘錄。英方在其備忘錄中表示，從1987年7月1日起，將開始啟用英國國民（海外）護照，並於該日起將為在香港有居留權的人簽發新式永久性居民身份證；凡持有英國國民（海外）護照並同時持有香港永久性居民身份證者，英方將在該種護照上注明持有者擁有永久性居民身份證及在香港有居留權，以便於英國國民（海外）護照在1997年以前及以後能夠被接受用於國際旅行。中方在其備忘錄中對英方上述計劃不持異議，並表示，為方便1997年6月30日後在香港有居留權的人外出旅行，必要時中國政府將向第三國政府闡明，附有英方備忘錄所提加注旅行證件（指英國國民（海外）護照）的持有者，在1997年6月30日後可以返回香港特別行政區。

這樣，通過賦予英國國民（海外）身份和英國海外公民身份之安排，英國在形式上履行了防止香港居民因香港回歸而可能成為無國籍人士的公約義務。之所以講英國在形式上履行了公約義務，是因為在一定意義上，只具有英國國民（海外）身份的人士，可能被認定為事實上的無國籍人士。

6.1.4 香港居民中事實上的無國籍問題

事實上的無國籍（de facto stateless），是指一個人具有一國國籍但不享有國籍國的保護，而且居住在國籍國領域之外，換言之，該人士的國籍並非有效的國籍（ineffective nationality）。〔6〕

國籍的一個重要屬性是國籍國可為具有該國籍的人士提供保護。如果國籍國不能為具有該國籍的人士提供保護，則該人士可能就成為事實上的無國籍人士。例如，難民一般具有一個形式上的國籍，但國際社會一般視其為事實上的無國籍人士。再如，在納粹德國時期，德國猶太人在德國法下具有德國國籍，但德國既不給予其

〔6〕 參見Ruth Donner, *The Regulation of Nationality in International Law*（2nd ed.）（New York: Transnational Publishers, Inc., 1993）, p.194.

外交保護，也不允許他們在德國居留；其他一些國家亦拒收被驅逐的這些猶太人，從而使得這些人成為事實上的無國籍人士。[7]

國籍的另一個重要屬性是具有一國國籍的人士有自由進出國籍國的權利。一個人只有自由地進出其國籍國，才可能充分地行使作為公民的各項權利及有效地履行各項公民義務。許多重要的國際人權法律文件都確認了個人自由進出本國的權利。[8] 國際習慣法亦承認一國國民有自由進入及定居在國籍國的權利。[9] 在缺乏條約約束的情況下，任何國家都沒有強制義務允許外國人居住在其國土上。當一個人被驅逐或因其他原因被迫離開外國時，其國籍國有義務接收該人士，這是一國國民的基本權利。

如果一個人不能得到其國籍國的保護，無權自由進入其國籍國，這個人就可能被視為事實上的無國籍人。香港居民中的印巴裔等非中國血統人士，如果他們未取得中國國籍或其他形式的外國國籍，而只是具有英國國民（海外）身份，則基於英國國民（海外）身份的特點，他們有可能被視為事實上的無國籍人士。

首先，英國國民（海外）不享有自由進出英國的權利。英國是英國國民（海外）的國籍國，是英國國民（海外）護照的簽發國，但英國國民（海外）並不享有在英國的居留權，他們進出英國須受英國出入境的管制。

其次，英國國民（海外）不具有在英國屬土的居留權，也並不當然具有在香港的居留權。英國屬土公民雖然也沒有居英權，但在英國屬土有居留權，可自由進出英國屬土。自1997年7月1日起，香港不再是英國的屬土，英國國民（海外）不具有在任何英國屬土的居留權。英國國民（海外）也不當然具有在香港特別行政區的居留權。英國國民（海外）是否在香港特別行政區享有居留權，視乎

---

〔7〕 參見 See Johannes Chan, "Nationality" in R Wacks（ed.), *Human Rights in Hong Kong*（Hong Kong: Oxford University Press, 1992), p. 482.

〔8〕 例如《世界人權宣言》第13（2）條；《公民權利和政治權利國際公約》第12（2）及12（4）條；《消除一切形式種族歧視公約》第5（5）條，等。

〔9〕 參見J.P. Gardner（ed.), *Citizens - The White Paper*（The British Institute of International and Comparative Law, 1997), pp. 24 － 25.

他們是否符合基本法及《入境條例》(香港法例第115章）有關香港特別行政區永久性居民身份的條件。

第三，英國國民（海外）護照為外國接受的程度可能不及其他形式的護照。護照的作用在於簽發國向其他國家保證，一旦護照持有人被驅逐或遞解出境，簽發國可以收留這些人。根據1986年4月中英雙方關於香港居民旅行證件（指英國國民〔海外〕護照）的備忘錄，英國國民（海外）護照得以注明持有人在香港有居留權。在1997年7月1日以前，持英國公民（海外）護照者可以被外國遞解回港，港英政府有責任收回這些人士。在1997年7月1日之後，如果發生英國公民（海外）護照持有者（且如果他們不具有中國公民身份的話）被第三國遞解回港，特區政府雖然也有責任收留這些人，但這種收留並非基於護照簽發國的義務，而是基於這些人所具有的居留權身份。如果因上述人士之遞解、收留而產生爭議，第三國可能首先尋求與該等護照的簽發國即英國進行外交層面的交涉，而不是首先與中國政府進行交涉。雖然中國政府將會秉承誠信原則而履行中英兩國政府就英國國民（海外）護照加注事項所達成的諒解，但中英雙方之間的這種諒解可能並不能使第三國信服。基於上述情況，第三國如何看待英國國民（海外）護照及在特殊情形下如何處理該等護照持有人的入境請求，存有疑問。

第四，在英國領事保護方面，不具有中國公民身份的英國國民(海外)護照持有者可以在中國境內和第三國尋求英國的領事保護。但是，如上述第三點所述，在產生諸如驅逐、遞解等問題時，第三國可能首先尋求與護照持有者的國籍國即英國進行交涉，而英國並不能代替中國政府承諾將收留這些人。在這種情形下，雖然英國作為國籍國可以對被移交人士提供諸如領事會見等服務，但並不能代替香港特別行政區政府作出任何移交方面的安排。可以看出，由於英國國民（海外）護照持有者的居留權所在地與護照簽發國相分離，使得英國的領事保護在許多方面顯然受到局限，甚至起不到任何實質作用。

概括而言，根據中國國籍法不具有中國公民身份的英國國民(海外）護照持有者（他們大部分為印巴裔等非中國血統人士），他們既不具有自由進出及定居在英國的權利，在實踐中也未必能夠及時得到英國的外交或領事保護，他們所具有的英國國民（海外）身份更多地只具有形式上的意義，而不能表明他們與其國籍國即英國有實質上的聯繫。在這個意義上，他們的身份接近於事實上的無國籍人。如果這一點成立的話，與其說英國履行了《減少無國籍狀態公約》的義務，不如說它打了一個漂亮的擦邊球。

導致產生事實上的無國籍人士的根本原因在於，英國政府不願意給予真正需要居英權的印巴裔等非中國血統人士以英國公民身份。具有中國血統的英國國民（海外）護照持有者，根據中國國籍法基本上都具有中國公民身份，可以申領中華人民共和國香港特別行政區護照。只有香港居民中的少數民族裔即印巴裔等非中國血統人士，除非他們申請加入中國國籍，否則他們一般並不能當然取得中國國籍身份。如果英國政府有誠意解決這些人士的國籍問題，就應該賦予這些人以居英權。如果考慮到香港居民中的少數民族裔大部分為有色人種而非白種人的話，再對比英國處理直布羅陀（Gibratar）和福克蘭群島（Falkland Islands）白種居民的英國國籍身份的做法，〔10〕就可以看出在英國的國籍政策中，存在着實際上的種族差別待遇政策。雖然英國政府在 1990 年推出了“居英權計劃”，但正如本書在前幾章中所分析的那樣，該計劃的推出乃基於英國的根本利益，而不是真正着眼於解決香港居民的國籍問題。因此，真正需要英國公民身份的香港少數民族裔人士並不能從居英權計劃（姑且不談中國政府不承認該計劃項下的英國公民身份）得到任何特別待遇，也就不足為奇了。

6.1.5 中國關於無國籍問題的政策

到目前為止，中國沒有加入諸如《減少無國籍狀態公約》、《關於無國籍的特別議定書》、《關於某種無國籍情況的議定書》以及《關於無國籍人地位的公約》等有關減少無國籍人士及有關無國籍人

〔10〕參見本書第二章。

士待遇的相關公約。雖然如此，中國政府仍奉行力求減少無國籍人士的政策。這一政策主要體現在中國國籍取得方面，而不是表現在退出中國國籍方面。

在出生取得國籍方面，中國國籍法第6條規定，父母無國籍或國籍不明，定居在中國，本人出生在中國，具有中國國籍。這一規定便是出於減少無國籍人士的考慮，而改變了過去關於無國籍僑民亦為無國籍的規定。在國籍法公佈以前，無國籍僑民所生子女已按無國籍僑民登記管理的，不再改變；對要求入籍的，按照入籍的規定辦理。〔11〕在入籍取得國籍方面，根據中國國籍法第7條，無國籍人願意遵守中國憲法和法律，並具有下列條件之一的，可以申請批准加入中國國籍：

(a) 中國人的近親屬；

(b) 定居在中國的；

(c) 有其他正當理由。

在恢復國籍方面，被批准退出中國國籍後沒有取得外國國籍的，如其提出恢復中國國籍的申請，則該等申請一般應予批准。〔12〕

在出籍方面，獲公安部批准出籍的中國公民往往是基於正當理由希望加入外國國籍或希望恢復外國國籍者，〔13〕但申請出籍者會否取得外國國籍並不是其出籍申請會否獲得批准的法定條件。申請者獲批准出籍後，如果沒有取得外國國籍，則其在中國境內將被視為無國籍僑民而加以對待，〔14〕除非其提出恢復國籍的申請並獲批准。

在中國政府看來，解決因香港政權交接所可能產生的無國籍人士的問題，首先應是英國政府的責任，並應由英國政府予以妥善解

---

〔11〕參見公安部1981年4月7日制定的《關於實施國籍法的內部規定》(試行草案)，第4條。

〔12〕參見公安部《關於實施國籍法的內部規定》(試行草案)，第11條。

〔13〕參見公安部《關於實施國籍法的內部規定》(試行草案)第8條，該條規定了8項可獲批准出籍的條件，除第1項條件為申請人要求出國定居者外，其他各項均為申請者基於正當理由希望加入或希望恢復外國國籍而要求退出中國國籍。

〔14〕參見公安部《關於實施國籍法的內部規定》(試行草案)第9條。

決。同時，考慮到因香港政權交接所可能產生的無國籍人士的社會後果日後將由中國政府及其所轄的香港特別行政區政府承擔，因此，1997年7月1日之前，對於英國政府為防止和減少無國籍人士產生而採取的相關安排，中國政府一直持配合態度。事實上，早在1985年及1986年，中英聯合聯絡小組已開始並多次討論非華裔香港居民的無國籍問題，並就該問題的解決取得了一致的看法。《香港（英國國籍）令1986》在一定程度上反映了中英雙方的共識。如前所述，對於英國政府賦予香港的原英國屬土公民以英國國民（海外）身份以及在英國國民（海外）護照上加注居留權等安排，中國政府均表示諒解，這不僅有助於英國通過設立英國國民（海外）身份達到形式上解決無國籍人士的目的，而且在實際上承擔了收留英國國民（海外）護照持有者中不具有中國國籍之人士的義務。此外，中方曾向英方明確表示，在1997年7月1日之後，凡符合中國國籍法有關規定的香港居民中的非中國籍人士，只要他們自願申請加入中國國籍，中國政府有關當局均會酌情予以考慮。

中國國籍法在香港特別行政區實施後，不具有中國公民身份的那部分英國國民（海外）護照持有者或英國海外公民護照持有者可以申請加入中國國籍，如果他們願意的話。如同本書第五章所提到的那樣，香港特區入境事務處就中國國籍法第7條有關可批准加入中國國籍之"正當理由"進行解釋時，將申請人以香港特別行政區為永久居住地以及申請人受僱於香港特別行政區政府及其有關機構亦包括在"正當理由"之內。相對於中國國籍法第7條之立法原意而言，香港特區入境事務處對入籍之"正當理由"的解釋是比較寬鬆的，在客觀上有助於不具有中國公民身份的那部分英國國民（海外）護照持有者或英國海外公民護照持有者獲准加入中國國籍。一旦這些人士加入中國國籍，他們的下一代亦可根據中國國籍的規定取得中國公民身份，而《香港（英國國籍）令1986》只是解決原英國屬土公民第一代和第二代之國籍身份而未涉及第三代國籍身份的安排。當然，根據中國國籍法，定居在香港的無國籍人士亦可申請加入中國國籍。

本書第五章也提到，香港特區入境事務處在有關退出中國國籍和國籍變更的説明書中均規定，申請人應具有或保證將具有另一國國籍，該等規定在客觀上也有助於避免或減少無國籍人士的產生。

總之，中國政府雖然沒有條約義務解決因英國佔領香港及英國在香港的國籍政策所可能導致的事實上無國籍人士問題，但無論在 1997 年 7 月 1 日之前還是其後都努力避免和減少香港居民成為無國籍人士，這是負責任的實際做法。

6.2 香港居民的雙重國籍問題

6.2.1 產生雙重國籍狀況的一般情形及解決方式

一般而言，在下述情形下可能產生雙重（包括多重，下同）國籍人士：

（1）出生。例如，採取血統主義國家的公民在採取出生地主義的國家所生的子女，可能因出生而既取得父母的國籍又取得出生地國籍。再如，如果父母雙方來自採取血統主義的國家且具有不同的國籍，則其子女可能因出生而分別取得父親的國籍和母親的國籍。

（2）婚姻。有的國家法律規定，本國男子與外國女子結婚時，賦予外國女子以其夫之國籍，在這種情形下，若該女子的國家法律規定不因結婚而喪失國籍，則該女子可能具有兩個國籍。

（3）收養。有的國家法律規定，本國人收養外國人時，被收養人取得收養人國籍，在這種情形下，若該被收養人的國家法律規定不因被收養而喪失國籍，則該被收養人可能具有兩個國籍。

（4）入籍。如果一個人通過歸化等方式取得另一國國籍，而所歸化國不要求其退出原國籍，原國籍國法律又未規定其自動喪失原國籍，則這個人可能具有兩個國籍。

（5）準正。非婚生兒童若依據出生取得其母親國籍，此後若因父母結婚等原因取得準正地位且若根據其父親國家法律規定取得其父國籍，則該兒童可能具有兩個國籍。

雙重國籍問題與無國籍人士問題不同。一個人沒有任何國籍，不僅於己不利，也會給居住國的管理帶來麻煩，因此，國際社會積極倡導減少和消除無國籍現象，一些重要的國際人權文件將一個人應取得一個國籍作為一項基本人權，許多國家加入了旨在解決無國籍人士問題的相關公約，沒有加入相關公約的國家也往往通過國內立法不同程度地力求避免或減少無國籍人士的產生。換言之，任何國家都不主張存在無國籍人士，只是具體政策及採取的措施不盡相同而已。但在雙重國籍的問題上則不同，有的國家不承認雙重國籍，有的國家則承認雙重國籍，有的國家甚至鼓勵雙重國籍。例如，中國、日本、越南等國奉行不承認雙重國籍的政策，英國、美國、法國、希臘等國則承認或不反對其國民具有雙重國籍，西班牙與秘魯、智利、巴拉圭、阿根廷、哥倫比亞等拉美國家簽署條約，鼓勵國民取得並具有彼此間的雙重國籍。〔15〕

雖然如此，雙重國籍畢竟產生國內法和國際法的許多問題。從國內法角度來說，一國公民對本國具有效忠義務，這種義務與他對另一國具有的效忠義務是存在矛盾或衝突的；如果一個人的兩個國籍國發生戰爭，則這種矛盾或衝突就更為凸現；即使在和平時期，在諸如服兵役、擔任公職等需要當事人對國家忠誠的事項上，一個人具有雙重國籍往往也是不適合的；在諸如叛國等涉及違反效忠義務的刑事犯罪方面，一個人具有雙重國籍亦可能會影響到法律的適用。雙重國籍產生的問題更多地表現在國際法層面上。國籍是一個國家對其行使屬人管轄權的基礎，是採取外交／領事保護、提供庇護、要求引渡的基本前提。一個人若具有雙重國籍，則他的一個國籍國在對其行使屬人管轄權、提供保護、要求引渡或處理庇護請求時，則可能與另一個國籍國的利益或要求產生衝突，進而導致兩個國籍國之間的分歧、紛爭。在國際私法方面，國籍常常是確定屬人法的連接點；一個人具有雙重國籍，則產生選擇適用哪一個國籍國法律的問題。雖然如此，雙重國籍也並非洪水猛獸，問題在於如何對待和處理，這也是為什麼有的國家承認雙重國籍甚至鼓勵雙重國

〔15〕參見 Ruth Donner, *The Regulation of Nationality in International Law*（2nd ed.）（New York: Transnational Publishers, Inc., 1993）, pp. 203 － 204.

籍的關鍵。

解決雙重國籍問題有兩個方面：一方面是如何避免或消除雙重國籍，使得一人一籍，這主要是國際公法的要求；另一方面是如何確定一個具有雙重國籍的人與哪一個國籍國存在更為緊密的聯繫，以決定適用屬人法，這主要是國際私法的要求。為分別達到上述兩個方面的要求，可通過制定國內立法、訂立雙邊協定或國際公約加以解決。

6.2.2 中國不承認雙重國籍的政策

中國不承認雙重國籍，並採取了部分防止與消除雙重國籍的法律措施，主要表現在：定居外國的中國公民所生子女出生時取得外國國籍的，不具有中國國籍（中國國籍法第5條）；被批准加入中國國籍的，不得再保留外國國籍（中國國籍法第8條）；定居外國的中國公民，自願加入或取得外國國籍的，自動喪失中國國籍（中國國籍法第9條）；申請退出中國國籍獲得批准的，即喪失中國國籍（中國國籍法第11條）；被批准恢復中國國籍的，不得再保留外國國籍（中國國籍法第13條）。在過去中國與印度尼西亞、緬甸等國達成的雙邊協定中，還規定了選擇國籍的做法，即協定項下的人士須在一定期間內選擇國籍，選擇協定一方國籍的則喪失另一方國籍。〔16〕

中國不承認雙重國籍，這一政策同樣適用於香港。

在基本法起草過程中，香港社會中一些人主張中國應在香港容許雙重國籍，並建議修改中國國籍法，或制定“中國（香港）公民”國籍。這些人認為，在香港承認雙重國籍能照顧到外籍華人的民族感情，因為很多外籍華人（包括從香港去外國定居的港人）雖然在政治身份上選擇了外籍，但是在心態上卻沒忘懷他們仍是炎黃子孫；容許雙重國籍就可以適當地照顧到這些人的民族感情，並且有利於調動這些人的積極性，對內地和香港的科技、經濟、文化的發展作出貢獻；如中國不承認雙重國籍，持外國國籍的港人便成二等

〔16〕參見本書第三章。

公民。另外，在香港承認雙重國籍也有利於台灣問題的解決，因為台灣當時是容許雙重國籍的，等等。〔17〕同時，香港社會另一些人則反對中國在香港承認雙重國籍，並提出了許多反對的理由。基本法起草委員會決定將中國國籍法列入基本法附件三，作為在香港特別行政區適用的一部全國性法律；至於在香港承認雙重國籍及設立適用於香港的公民籍的意見，則未予採納。

1996年5月15日，全國人大常委會通過了《全國人民代表大會常務委員會關於〈中華人民共和國國籍法〉在香港特別行政區實施的幾個問題的解釋》（以下簡稱《國籍法解釋》）。根據《國籍法解釋》第4條，在外國有居留權的香港特別行政區的中國公民，可使用外國政府簽發的有關證件去其他國家或地區旅行，但在香港特別行政區和中國其他地區不得因持有上述證件而享有外國領事保護的權利。按照全國人大常委會法制工作委員會副主任喬曉陽就《國籍法解釋》草案所作的說明，《國籍法解釋》第4條是中國國籍法不承認雙重國籍的基本原則在香港特別行政區實施時的具體體現，是為方便香港居民出入境所作的一項靈活務實的規定。〔18〕

具體而言，中國不承認雙重國籍政策在香港的適用表現在：

第一，不承認持有外國護照的香港中國公民具有外國國籍，其所持外國護照視為旅行證件；

第二，持有外國護照的中國公民在中國境內（包括香港）不得享受外國領事保護；

第三，持有外國護照的中國公民可通過國籍變更方式成為外國公民，其中國國籍則因此而喪失；

第四，不承認持有英國國民（海外）護照的中國公民具有英籍身份，他們在中國境內（包括香港）不得享受英國的領事保護；

第五，不承認中國公民依據"居英權計劃"取得的英國公民身

---

〔17〕參見中華人民共和國香港特別行政區基本法諮詢委員會於1988年10月就香港基本法（草案）徵求意見稿所作之諮詢報告第四部分有關"基本法與國籍"的專題報告。

〔18〕參見中華人民共和國全國人民代表大會常務委員會公報1996年第4號，第98－100頁。

份。

以上看出，中國不承認持有外國護照的香港中國公民具有外國國籍，從這一意義上講，《國籍法解釋》是符合不承認雙重國籍政策的。

6.2.3 雙重國籍與香港居民

一個人是否具有雙重國籍存在一個判斷問題。從當事國角度講，其國民是否具有雙重國籍是一個法律問題；從第三國角度講，一個人是否具有雙重國籍是一個事實認定的問題。從國內法角度來說，一個國家有權承認或不承認它的國民是否具有另一國國籍，如果它承認其國民具有另一國國籍，這個人在該國法律下就具有雙重國籍；如果它不承認其國民具有其他國家的國籍，這個人在該國法律下就不具有雙重國籍。但對第三國而言，一個人是否具有雙重國籍則是一個事實認定問題。即使一個國家不承認其國民具有雙重國籍，但第三國仍可能認定該國民具有雙重國籍。

不承認雙重國籍本身並不能防止與消除雙重國籍。要防止和消除雙重國籍，必須採取相應的措施，而有效的措施應該是，對於在任何情形下取得外國國籍的，要麼規定其選擇一國國籍，要麼規定其自動喪失本國國籍或宣佈其喪失本國國籍。當然，任何不承認雙重國籍的國家，它在制定國籍政策時都是基於本國國家利益及本國國民利益，而不會無原則、單方面地致力於防止和消除雙重國籍。因此，一個國家一般不會承認外國強加於其國民的外國國籍。

在香港居民的國籍問題上，中國堅持不承認雙重國籍的政策，並在《中華人民共和國國籍法》及《國籍法解釋》中作了明確規定，但這並不能防止或消除香港居民的雙重國籍問題。例如，儘管中國不承認持有外國護照的香港中國公民具有外國國籍，但對於第三國來說，該等護照持有者既具有中國國籍身份，又具有護照國的國籍身份。再如，儘管中國將香港中國公民所持外國護照視為旅行證件，但該等護照簽發國仍認為護照持有人為其國民；如果該國承認雙重國籍，則該等護照簽發國或許會承認護照持有人同時具有中國國籍。

導致上述問題產生的原因在於，基於香港的歷史和現實情況，在香港居民的國籍問題上，中國政府採取了較為寬鬆和務實的政策，尤其是沒有採取讓當事人直接選擇國籍的做法，並且淡化了中國國籍法第9條有關自動喪失中國國籍的規則。任何香港中國公民，不論其所持外國護照以何種方式在哪裡取得，只要沒有進行國籍變更，就不喪失中國國籍。如本書第四章所述，《國籍法解釋》所體現出來的靈活務實的政策有助於香港的長期穩定和繁榮，充分照顧到了持有外國護照的香港中國公民的切身利益和要求，而國籍變更制度又可以滿足不想當中國公民的外國護照持有者的實際願望。

當然，事實上的雙重國籍同樣可能會產生國內法和國際法層面的一些問題，對於這些問題的處理，我們將在下一章結合香港中國公民的權利義務加以介紹。

6.3 香港居民的外交保護／領事保護問題

6.3.1 外交保護與領事保護

國民對國家有效忠和服務的義務，也有權利或資格得到本國的保護。國家對國民的保護包括在境內的保護和在境外的保護。在境內，國家有義務保障國民的人身、財產安全，保障國民的權利與自由不受侵犯，維持良好的公共秩序，而國民有得到這種保護的權利（right to protection）；在境外，國家有責任對其國民提供必要的外交保護（diplomatic protection）。在國內法層面，一般而言，在境外的國民可請求本國政府提供外交保護，本國政府則有權決定是否以及如何提供外交保護。在國際法層面，國際習慣法承認一國有權利對其在境外的國民提供外交保護；[19] 外交保護亦可以根據雙邊或

〔19〕參見 J.P. Gardner（ed.）, *Citizens － The White Paper*（The British Institute of International and Comparative Law, 1997）, pp. 76 － 77.

多邊條約予以提供。

一國如何對待外國人，不僅涉及國家與外國人之間的權利和義務，而且也涉及到外國人所在國對外國人本國的國際責任。一國外交保護權的前提是另一國的國家責任（state responsibility）；如果一國對外國人的某種侵害構成國家行為，則可能引起外交保護。當所在國對其境內的外國人造成侵害，而這一侵害違反國際法，且窮盡當地救濟手段而無法得到解決，則外國人的本國有權向其國民提供外交保護。〔20〕《維也納外交關係公約》（第3條）及《維也納領事關係公約》（第5條）亦確認了使館及領事具有下述職能，即在國際法許可之限度內，在接受國內保護派遣國及其國民之利益。國家為其國民提供的外交行動，實際上是該國主張自己的權利——保證國際法規則受到尊重的權利。〔21〕

領事保護在性質上應屬於外交保護的範疇，有時則將外交保護與領事保護並稱。領事保護是由駐外領館向本國國民提供的保護。駐外領館除可向本國國民提供領事保護外，還會提供一般的領事服務。不過，領事保護與領事服務之間也沒有權威的界限劃分。

在領事關係上，通常由兩國根據實際情況以協議形式規定領事職務，所以，一國國民在不同國家所能得到的領事保護與領事服務也不盡相同。通常而言，諸如會見被逮捕或監禁的本國國民，向在當地接受審判或參加訴訟的本國國民提供法律援助，對需要返回本國的國民進行救濟與協助，都可視為領事保護的範圍。

中英雙方於1984年12月19日就香港居民國籍事項互換了備忘錄，雙方的備忘錄均未採用“外交保護”或“外交保護與領事服務”的稱謂，中方備忘錄使用了“領事保護”一詞，英方備忘錄則提及“領事服務和保護”（consular services and protection）。全國人大常委會的《中國國籍法解釋》亦選擇了“領事保護”這一用語。鑒於

---

〔20〕參見Ruth Donner, *The Regulation of Nationality in International Law*（2nd ed.）（New York: Transnational Publishers, Inc., 1993）, p.19.

〔21〕參見王鐵崖主編之《中華法學大辭典》（國際法卷），中國檢察出版社，1996年版，第572頁。

此，下文將外交保護與領事保護並稱。

6.3.2 外交／領事保護與國籍的關係

國籍是個人與國家聯繫的基礎，也是國家行使外交保護權的依據。賦予一國國籍是國內法管轄的事項，而行使外交保護權則是國際法的問題。在外交保護與國籍的關係上，受保護的人必須具有外交保護國的國籍，而且這一國籍必須是持續的、有效的。

首先，受保護人的國籍必須是持續的，即從他的權益受到外國侵害起到他的本國提供外交保護時，他一直都具有該國國籍（除非另一國明示放棄此項要求）。[22] 這也就是所謂的國籍持續原則（doctrine of continuous nationality）。[23]

其次，受保護人的國籍必須是有效的，即他的國籍與外交保護請求國必須存在着有效的聯繫（effective link）。[24] 國際法院1955年在諾特鮑姆案（Nottebohm case）中確認了前述原則。在該案中，諾特鮑姆於 1881 年出生於德國並依據出生取得德國國籍，1905 年至 1943 年居住於危地馬拉，1939 年赴列支敦士登看望兄弟期間加入列國國籍，1940年進入危地馬拉時將自己在外國人登記冊上的德國國籍改為列國國籍。1941 年危地馬拉向德國宣戰，1943 年危地馬拉將諾特鮑姆作為敵僑予以逮捕並沒收了他的財產。1951年，列國向國際法院提起訴訟，反對危地馬拉逮捕諾特鮑姆及沒收他的財產，認為危地馬拉的行為違反國際法，應給予賠償和補救。國際法院駁回了列國的請求，認為諾特鮑姆與列國之間沒有真實的有效的聯繫，他加入列國是為了取得中立國的身份而避免自己的敵僑地位，因而列國不能將諾特鮑姆之入籍作為行使外交保護權的根據。

---

〔22〕參見 Timothy Hiller, *Public International Law*（London: Cavendish Publishing Limited, 1993）, p.192.

〔23〕參見梁淑英文“論外交保護的條件”，選自《國際法律問題研究》，中國政法大學出版社，1999 年版，第 249 － 250 頁。

〔24〕參見 Timothy Hiller, *Public International Law*（London: Cavendish Publishing Limited, 1993）, p.193.

拋開該案背後的國際政治因素，在外交保護權的問題上，國際法院的判決確認了有效國籍（effective nationality）原則，強調個人與國籍國之間須存在實際的、密切的聯繫。這一原則也反映在1930年海牙《關於國籍法衝突的若干問題的公約》（以下簡稱《海牙公約》）之中。《海牙公約》第5條規定，"具有一個以上國籍的人，在第三國境內，應被視為只有一個國籍。第三國在不妨礙適用該國關於個人身份事件的法律以及任何有效條約的情況下，就該人所有的各國籍中，應在其領土內只承認該人經常及主要居所所在國家的國籍，或者只承認在各種情況下似與該人實際上關係最密切的國家的國籍。"構成最密切聯繫的事實通常包括慣常居所地、利益中心地、家庭聯繫、對國家的情感，參加公共生活、個人意願、個人傳統及活動等，視乎具體的情況來確定。

當受保護人具有雙重國籍時，則容易引起外交保護權的爭權。在雙重國籍人士的兩個國籍國之間，基於主權平等原則，一國通常反對及排斥另一國對該雙重國籍人士提供外交保護。《海牙公約》第4條反映了這一原則，該條規定，"國家對於兼有另一國國籍的本國國民不得針對該另一國而施以外交保護"。不過，1955年梅蓋夫人案件（Merge case）似乎修正了《海牙公約》第4條所提及的互不提供保護原則。在該案件中，梅蓋夫人1909年出生於美國，取得美國國籍，後嫁給了一名意大利人並取得了意大利國籍，1947年持美國護照回到意大利並在美國駐羅馬使館登記了美國國籍。根據1947年美意和約，梅蓋夫人於1948年向意大利政府提出賠償要求，理由是她在意大利的私人財產在戰爭期間受到損害。意大利政府拒絕了這一要求，理由是梅蓋夫人是意大利國民。隨後，美國將梅蓋夫人的雙重國籍問題提交意美調解委員會（Italian — US Conciliation Commission）裁決。該委員會駁回了美國的請求，裁定美國政府無權向意大利政府求償，因為梅蓋夫人的美國國籍不是有效的國籍，理由是：梅蓋夫人的家庭在美國沒有慣常居所，其夫在美國也沒有永久性的職業生活，她本人婚後一直未在美國生活。關於《海牙公約》第4條之規定與有效國籍原則的關係，意美調解委員會指出：

"基於主權平等性而在雙重國籍情形下排斥外交保護的原則，必須讓位於有效國籍原則，如果該國籍是請求國之國籍的話。"〔25〕

1984年伊美聯合審裁處（Iran － US Claims Tribunal）在處理具有美國與伊朗雙重國籍人士的問題上，確認了梅蓋夫人一案所體現的有效國籍優先原則，並認為該原則屬於國際習慣法。〔26〕

概括而言，一國行使外交保護權的前提是，被保護人須具有外交保護請求國的國籍，而且這一國籍必須是持續的、有效的。對雙重國籍人士提供外交保護時，基於主權平等原則，其中一個國籍國有權排斥另一個國籍國的外交保護；但有案例表明，有效國籍原則應優先於互不提供保護原則。

上述各項原則亦應適用於領事保護與國籍的關係。

6.3.3 香港居民在中國境內的外交／領事保護

中國不承認雙重國籍，按照中國國籍法，任何中國公民均不具有外國國籍；即使外國提出持有該國護照的中國公民具有有效的該國國籍，中國也不會接受。因此，任何外國均不得在中國境內對中國公民提供任何形式的外交與領事保護。這一原則同樣適用於香港。基於這一點，《國籍法解釋》規定，持有英國海外公民護照、依據"居英權計劃"取得的英國公民護照，或者任何其他外國護照的香港中國公民，在中國境內（含香港）不得享受護照簽發國提供的領事保護。在1984年12月19日交換給英方的備忘錄中，中國政府也表達了同樣立場。

《中國國籍法解釋》和1984年中方備忘錄雖然均未提及外交保

---

〔25〕英文原文為："The principle, based on the sovereign equality of states, which excludes diplomatic protection in the case of dual nationality, must yield before the principle of effective nationality wherever such nationality is that of the claiming state."

〔26〕參見 Timothy Hiller, *Public International Law*（London: Cavendish Publishing Limited, 1993）, p.194.

護的問題，但基於不承認雙重國籍原則及國家主權原則，中國政府不會同意任何外國政府對雖持有該外國護照但具有中國公民身份的人士在中國境內或針對中國提供外交保護。

《國籍法解釋》和 1984 年中方備忘錄也沒有提及領事服務的問題。不過，《國籍法解釋》第 4 條將香港中國公民所持其他國家護照視為旅行證件，並允許香港中國公民持該等旅行證件去其他國家或地區旅行。基於《國籍法解釋》的前述規定，在理論上，中國政府並不反對外國駐香港特別行政區的領事向持有該外國護照的中國公民提供作為旅行證件的護照的換發、延長期限等服務，如果該等服務的提供不違反在香港適用的全國性法律及香港特別行政區法律的話。在實踐上，在 1984 年 12 月 19 日交換給中方的備忘錄中，英方表示，英國政府將為香港的英國屬土公民簽發新的護照（即後來的英國國民〔海外〕護照）以保留適當的英籍地位，而“在香港特別行政區和其他地方的聯合王國的領事官員可為第一節中提及的人所持的護照延長期限和予以更換”。英國政府的前述主張取得了中方的諒解。1984年4月11日，中英雙方就香港居民旅行證件（即英國國民〔海外〕護照）的簽發事宜互換了備忘錄。香港特別行政區成立後，中國政府也沒有反對英國領事為香港居民更換英國國民（海外）護照或延長護照期限。

在香港居民雙重國籍問題上，如前所述，外國政府可能認定持有該國護照的中國公民具有該外國身份；如果該外國承認雙重國籍，則該國或許會承認該護照持有人亦具有中國公民身份；如果該外國不承認雙重國籍，則該國依其國內法可能不承認該護照持有人具有中國公民身份。如果香港中國公民所持外國護照的簽發國不承認該護照持有人具有中國國籍或不認為該等人士的中國國籍為有效國籍，則可能會在中國境內向該等人士施以外交或領事保護。對此，正如《國籍法解釋》所規定的那樣，中國政府不會同意外國向中國領域內（包括香港）的中國公民提供外交或領事保護；若由此產生爭議，基於香港居民國籍事務的中國內政性質，中國也不大可能會同意將該等爭議提交國際法院之類的裁決機構。1989 年 12 月，香港居民羅海星涉嫌觸犯中國刑律而被內地公安機關採取強制措施。[27] 由於中國政府認為羅海星是香港同胞，為中國公民，因此拒絕了英國領事館所提出的保護及協助羅海星的請求。

1999年12月4日，英國外交部就在香港的英國公民於1997年7月1日後的領事保護問題發表聲明。聲明表示，無論是通過"居英權計劃"還是通過其他途徑取得英國公民身份的人士，英國政府都會給予相同對待；現時只有一種英國公民身份，所有英國公民護照都是獲得承認的，而英國政府和未來的英國駐港總領事亦會向在香港的英國公民提供領事保護，情況一如在世界其他地區；所以，在香港的英國公民將會得到未來英國駐港總領事給予英國公民所應得的領事保護，除非是有人擁有雙重國籍。聲明又表示，根據國際法，英國不能向那些持有雙重國籍的人士在另一國籍所屬國或地區，向該名人士提供領事保護；不過，就個別個案提供什麼保護應由英國政府決定，而英國政府不接受一名英國公民因獲得其護照而被視為有雙重國籍的證據。

針對英國外交部的上述聲明，中國外交部於1999年12月5日發表聲明並重申了中國政府的立場，聲明表示，根據全國人大常委會關於國籍法在香港特區實施的解釋，所有香港同胞都是中國公民，他們在1997年7月1日後可繼續使用英國政府簽發的有效旅行證件到其他國家或地區旅行，但在香港特別行政區和中國其他地區不得因持有該等英國旅行證件而享受英國的領事保護權利；同樣根據全國人大常委會的解釋，任何在香港的中國公民，因英國政府的"居英權計劃"而取得的英國公民身份，根據《中華人民共和國國籍法》不予承認，在香港特別行政區和中國其他地區不得因持有該等英國旅行證件而享受英國的領事保護權利。

6.3.4 香港居民在中國境外的外交／領事保護

中國憲法第50條提到，中華人民共和國保護華僑的正當的權利和利益。除此之外，現行中國法律沒有明確規定中國公民享有中國

---

〔27〕參見香港《明報》，1989年12月26日。

外交及領事保護的權利。雖然國內法缺乏明確規定，但基於公民與國家之間的特定法律關係，中國公民在中國境外當然能夠得到中國的外交及領事保護。在國際法方面，《維也納外交關係公約》與《維也納領事關係公約》將保護派遣國國民利益作為使館職能及領事職能之一，中國加入了這兩個公約，並在雙邊設領協定中納入了公約的上述條款。例如，1980 年《中美領事條約》第 22 條規定了六項領事職務，其中包括領事保護派遣國及其國民（包括法人）的權利和利益。簡言之，作為一項基本原則，在境外的中國公民，當需要中國政府提供外交保護或領事保護時，可要求中國駐外使領館提供保護與協助。這一原則同樣適用於在境外的香港中國公民。

對於持有外國護照的香港中國公民而言，如前所述，他們可能被護照簽發國認為具有雙重國籍或只具有護照簽發國國籍，亦可能被第三國認為具有雙重國籍。在這種情形下，如果持有外國護照的香港中國公民在護照簽發國或針對護照簽發國尋求中國的外交或領事保護，則可能會受到護照簽發國的反對。當然，在這種情形下，中國也同樣會主張該香港中國公民的中國國籍是有效國籍而否定護照簽發國國籍為有效國籍，以實現對中國公民的保護。

在第三國，持有外國護照的中國公民將被視為只有一個國籍。如果中國向身在第三國的持有外國護照的中國公民提供外交或領事保護，而護照簽發國不予反對，則第三國或許不會就該人士的中國國籍提出反對意見；如果護照簽發國表示反對，在考慮國際政治因素之外，第三國可能會按照處理雙重國籍的國際慣例和基本原則確認哪一個國籍是該人士的有效國籍，如同 1930 年《海牙公約》第 5 條所規定的那樣。

香港回歸中國前後的兩個例子很好地說明了這一問題。

1990 年海灣戰爭期間，香港商人林本寧滯留在伊拉克無法回港，林本寧持有英國屬土公民護照（BDTC），他首先到英國駐伊使館尋求協助。由於英國當時被伊視為敵國，英駐伊使館表示愛莫能助，只能提供飲食及住處而無法幫助林本寧離開伊拉克。林隨即轉向中國駐伊使館請求幫助，表示他是在中國出生的香港居民。中國駐伊使館官員根據中國對香港同胞的國籍政策，給林本寧出具了一張以阿拉伯文書寫的國籍證明文件，證明林本寧是在香港居住的中國公民。林本寧持該證明文件得以離開伊拉克並到達約旦，並在中國駐約旦使館官員的協助下，順利離開難民營而平安返港。〔28〕在該事件中，林本寧雖然持有英國屬土公民護照，但中國將其視為香港中國同胞，從而施以有效的保護；中國政府向林提供的保護並不損害伊拉克利益，加之中伊良好關係，伊也並未反對中國政府對林的保護。

最近的一個例子是一名持有英國國民（海外）護照（BNO）的香港居民，在印度被判枉持假護照入境而入獄，最終在中國駐印度領事館的協助下，得以獲釋返港。最有諷刺意味的是，“證實”該名香港居民所持英國國民（海外）護照係偽造護照的，竟是英國駐印度領事館。這一事件在香港引起了廣泛的批評，更有香港立法會議員指責英國有關領事官員處理此事件的態度是出於種族歧視，視持英國國民（海外）護照的香港居民為“二等公民”。〔29〕

6.4 中美關於保留美在港總領館的雙邊協定

1997年3月25日，中美雙方在北京簽訂了《美利堅合眾國政府與中華人民共和國政府關於在香港特別行政區保留美國總領事館的協定》(以下簡稱“中美領事協定”），並自1997年7月1日起生效。該協定的效力及於香港特別行政區。中美領事協定提及了領事會見與保護以及與之相關的確定國籍身份等事項，從而涉及到香港居民的國籍與領事保護問題。鑒此，有必要對該協定的相關內容作一簡要介紹與評述。中國政府與加拿大政府也簽署了含有類似內容的有關保留在港領館的雙邊協定。

中美領事協定第3條第6款就美國領事會見與保護事項作出了規定，主要內容包括：

---

〔28〕參見香港《信報》，1990年8月16、17日。

〔29〕參見香港《明報》，2000年9月30日。

(1) 領事官員有權在其領事區內與派遣國的國民聯繫和會見，必要時可為其安排法律協助和譯員。接受國不應以任何方式限制領事官員和派遣國國民的會見；

(2) 領事區內遇有派遣國國民被逮捕或受到任何形式的拘禁，接受國當局應立即通知。應領事官員要求，接受國當局應告知該國民被逮捕或拘禁的理由；

(3) 接受國當局應立即告知派遣國國民本款所給予的同領事官員進行聯繫的權利；

(4) 領事官員有權探視被逮捕或拘禁的派遣國國民，包括根據判決處在獄中的此等國民，並可協助安排法律代表和譯員；

(5) 倘遇派遣國國民在接受國受審判或其他法律訴訟，有關當局應允許一位官員旁聽審判或其他法律訴訟；

(6) 對於適用本款規定的國民，領事官員有權提供食品、衣服、醫藥、讀物和書寫用具；

(7) 領事官員得請接受國當局協助查明派遣國國民的下落，接受國當局應提供所掌握的相關情況；

(8) 本款所載各項權利的行使，應遵照接受國的法律，而接受國的法律應保證該等權利的目的得以實現。

中美領事協定第 3 條第 7 款規定了國籍身份之確定，主要內容包括：

(1) 凡持美國旅行證件進入香港特別行政區的美國國民，於簽證或合法免簽入境賦予其該身份的有效期內，將被中國有關當局(包括香港特別行政區有關當局)視為美國國民，以確保其享有美國領事會見及保護權；

(2) 凡持中華人民共和國香港特別行政區旅行證件進入美國的香港特別行政區中國公民，於簽證或合法免簽入境賦予其該身份的有效期內，將被美國有關當局視為中國公民，以確保其享有中國領事會見及保護權。

中美領事協定第 3 條第 7 款所提及的美國旅行證件應指美國護照，所提及的中華人民共和國香港特別行政區證件應指中華人民共和國香港特別行政區護照。美國承認雙重國籍，中國則不承認雙重國籍。上述第7款之所以使用“旅行證件”而不使用“護照”一詞，應是避免將國籍身份與護照相掛鈎。

6.5 小結

關於香港居民的國籍衝突，在1997年7月1日之前，主要是英國政府如何防止或減少因香港政權交接而產生無國籍人士；在1997年7月1日之後，則是中國政府如何對待和處理香港中國公民所持外國護照以及與之相關的外交／領事保護問題。通過設立英國國民(海外)身份以及其他方面的國籍安排，英國在形式上履行了它所應承擔的條約義務。鑒於在香港的實際情況下，簡單的不承認雙重國籍政策並不能真正消除雙重國籍，而過於嚴格地處理這一問題於香港無益，中國政府基於國籍法在港實施的整體安排，採取了靈活、務實、寬鬆的處理政策。在香港居民外交／領事保護方面，從國內法角度來說，中國不允許外國在中國境內向持有外國護照的香港中國公民提供外交／領事保護，而在中國境外中國政府則會盡力向他們提供外交／領事保護。由於香港居民所持護照或旅行證件的多樣性，在未來的具體實踐中，相信在國際法層面還會產生種種問題。在這種情況下，利用諸如中美領事協定之類的雙邊條約解決一些具體、特定的問題不失為一種有效和務實的做法。

第七章　國籍與香港居民的權利與義務

國籍是一個人與某一國家之間的固定的法律聯繫，這種法律聯繫從公民角度講，表現為公民個人相對於國家的權利與義務；從國家角度講，表現為國家相對於公民全體及個人的權利與責任。中國國籍法在香港實施的一個特殊之處在於，香港的法律制度是建築在"居民"概念之上，而非"公民"概念之上。因此，在香港特區，一般情況下法律的權利義務主體不是"中國公民"，而是"香港居民"，國籍身份的現實意義並不特別的突顯。本章試就香港居民的基本權利義務，以及國籍在確定權利義務中的作用作一論述。

7.1 香港居民及有關權利義務的法律安排

7.1.1 香港居民的概念與構成

在國際法上，居民是指居住於一國境內並受該國管轄的人；一國境內的居民包括本國人和外國人。根據國家主權原則，一國有權決定本國國民的法律地位，不僅有權決定本國國民的權利義務，還可以在國際法和國際慣例允許的範圍內，有權規定外國人在本國境內的法律地位。

香港居民，也就是指居住在香港的人，這當然不包括那些暫時在香港小住的匆匆過客，而是指那些比較長久地居住於香港，"以至生於斯，長於斯，死於斯的永久居留者"。一個半世紀以來，香港居民在數量上有了很大的增長。資料顯示，1841年，香港被英國佔領時總人口只有7,450人。[1] 到1999年底，香港總人口已達6,974,800人，[2] 增長936倍之多。

"香港居民"在香港法律中是一個近年引入的概念。1980年代中期中英簽署的"關於香港問題的聯合聲明"中還沒有"香港居民"的字樣，它用的是"當地人"這個不甚清晰的概念。聯合聲明附件1也沒有明確提出"香港居民"，但它將未來香港特別行政區的"永久性居民"分為"中國公民"和"其他人"或"其他的合法居留者"。中英聯合聲明第3（4）項規定，香港特別行政區政府由當地人組成；聯合聲明附件1第一節提到，香港特別行政區政府和立法機構由當地人組成。但何為"當地人"，則沒有界定。在香港基本法起草過程中，香港各界人士對"當地人"的含義提出了不同的看法。有些意見認為，"當地人"一詞並無特別含義，指未來香港特別行政區行政及立法機構不會由外來人組成；至於誰為"當地人"，可以參照當時做法而另行加以法律規定；有些意見認為，"當地人"就等同於當時的永久性居民，他們應擁有各種政治權利；有些意見認為，非中國籍的永久性居民不能成為立法機構成員；有些意見認為，在香港以外有居留權的人不應有選舉權和被選舉權。[3] 香港基本法總則中的第3條規定，"香港特別行政區的行政機構和立法機構由香港永久性居民依照本法有關規定組成"，這也就是通常所謂的"港人治港"。按照這一規定，基本法起草委員會顯然將"當地人"或者說"港人治港"中的"港人"理解為一個居留權概念而不是一個國籍概念，並將其等同於"香港特別行政區永久性居民"。

由於歷史的原因，香港居民的構成是十分複雜的：從血統上

---

〔1〕 參見Hong Kong Government, 1841, p.289；另據1841年5月15日香港政府公報，第一次發表香港華人人數為5,600多人。

〔2〕 參見特區政府出版物《香港1999》，第323頁。

〔3〕 參見由中華人民共和國香港特別行政區基本法諮詢委員會居民及其他人的權利自由福利與義務專責小組所作的《居民定義、出入境權、居留權、豁免遞解離境權、選擇權及反被選舉權最後報告》，1987年2月14日經執行委員會通過。

看，有華裔和非華裔之分；從居留權來看，有永久性居民和非永久性居民之分；從國籍上看，又有中國籍和非中國籍之分。而且這些不同身份又相互交叉，不僅中國公民中有永久性居民與非永久性居民之分，而且在非中國籍人士中也有永久性居民與非永久性居民之分。鑒於這種獨特、複雜的構成，基本法除對永久性居民和非永久性居民的法律地位作了一些不同規定，還對香港居民中中國公民和非中國公民的法律地位作了某些不同規定。

7.1.2 有關香港居民權利義務法律規範的特徵

對於香港居民的基本權利和義務，香港基本法第二章以專門一章作出了規定，其內容涉及依法保障人身、言論、出版、集會、結社、旅行、遷徙、通信、罷工、選擇職業和學術研究以及宗教信仰等各項權利和自由。在其他章節中，還規定了私人財產、企業所有權、合法繼承權以及外來投資均受法律保護等。概括來說，基本法對香港居民權利義務的規定有以下幾個特點：

第一，以居民身份而不是以公民身份為基礎確定自然人的基本權利與義務，權利主體十分廣泛。這是基本法關於香港居民權利義務所作安排的最重要特徵。中國憲法以公民身份作為確定個人基本權利義務的標準，而基本法作為香港特別行政區的憲制性法律文件，以居民身份作為標準，淡化了公民身份而凸現了居民身份。根據這一規定，享有香港居民基本權利和自由的人，除了香港居民中的中國公民外，還有非中國籍人士和其他人。

第二，在表述形式和內容範圍等方面採用了憲制性法律的方式。基本法以專章規定了香港居民的權利自由，其形式與範圍與憲法幾無二致。基本法除了將中英聯合聲明中載明的各項權利自由規定下來以外，還根據起草時香港各界人士提出的意見和建議，增添了一些新的內容，如在法律面前一律平等、選舉權和被選舉權、新聞自由、文學藝術創作自由、勞工的福利待遇和退休保障受法律保障以及國際勞工公約在香港特區適用等等。

第三，特別規定兩個人權公約適用於香港的有關規定將在香港特區繼續有效，通過香港特區法律予以實施。兩個人權公約是指《公民權利和政治權利國際公約》和《經濟、社會與文化權利的國際公約》。這是國際上最重要的兩個人權公約。1976年，英國加入這兩個人權公約，同時對其中若干條款聲明保留。由於英國的關係，1997年前，這兩個人權公約適用於香港。但是，在英國的法律制度下，公約並不必然具有國內法上的法律效力，也就是說，公約必須通過英國議會立法變成國內法後，才能在英國國內具有法律效力，各級法院才有予以執行的義務。否則，加入公約只是表明英國承擔了國際法上的義務。當時，英國批准兩個人權公約後，並沒有在國內制定相應的立法。1978年，英國在向人權事務委員會報告英國本地及香港等屬地執行兩個人權公約規定的情況時聲稱："人人可以從法律中找到保障權益的法規，因而無需將公約變成英國法律的一部分"，"英國的法律制度是在符合公約的規定下運行的，它透過現行法律來實現公約的義務"。正是考慮到香港實施人權公約的這種實際情況，香港基本法第39條特別作出了兩個人權公約"通過香港特別行政區的法律予以實施"的規定。1991年，港英當局通過《香港人權法案條例》後，香港法院時常在判決中直接引用公約條款作為依據，並不符合基本法的立法初衷。

7.1.3 現行法律安排的由來

基本法在香港居民權利義務方面的規定，是"一國兩制"政策的一個具體反映，它針對了香港的實際情況，適應了解決香港問題的需要。究其原因和背景，至少有以下幾方面：

第一，作為直轄於中央人民政府的一個地方行政區域，香港特別行政區不存在單獨的中國公民類別。不同於英國國籍法區分不同類別英籍人士的安排，在中國國籍法下，只有一種中國公民身份；香港中國公民屬於統一的中國公民範疇。在基本法起草過程中，有人主張設立"中國（香港）公民"國籍，但該主張未獲得採納。鑒於在香港特別行政區不存在單獨的中國公民類別，作為地方自治的憲制性法律文件，基本法以居民身份作為規定個人基本權利義務的基礎較為合適；至於在此基礎上，如何確定香港居民中的中國公民與外籍人士在權利義務方面的差別，則是另外一個問題。

第二，早在中英談判過程中，基於最終解決香港問題的現實需要，中國政府採取了“適當照顧英國在香港利益”的基本方針。〔4〕在中英聯合聲明第3（4）項中，中國政府承諾包括英籍人士在內的外籍人士在擔任公職等方面將得到照顧。同時，鑒於香港是一個國際化的大都市，香港居民中的外籍人士較多，〔5〕通過淡化國籍身份以照顧香港居民中的外籍人士的既得利益和其他利益，在一定程度上可以增強香港居民中的外籍人士對香港和個人前途的信心，使他們留下來繼續為香港發展作出貢獻。在中英聯合聲明第3（5）項中，中國政府承諾未來的香港特別行政區將依法保障個人的各項權利與自由；該條本身沒有明確未來的香港特別行政區所保障的各項個人權利與自由是指中國公民的權利與自由，抑或指香港居民的權利與自由，不過，基本法的起草者們顯然採納了後一種理解。此外，在中英聯合聲明附件1第13節中，中國政府表示，“香港特別行政區政府依法保障香港特別行政區居民和其他人的權利和自由”，這亦間接印證了中英聯合聲明第3（5）項所指的個人權利與自由應泛指香港居民的權利與自由。

第三，在中英聯合聲明附件1第13項中，中國政府表示，香港特別行政區政府保持香港原有法律中所規定的權利和自由。在起草香港基本法過程中，香港基本法起草委員會參考了香港當時的香港法律制度，包括有關個人權利與義務的法律制度。在此期間，英國政府及其港英當局逐步修改原有法律，改變香港原以國籍（英國）為標準區劃權利義務的制度，於1987年7月1日，在香港法律中引入“居留權”和“香港永久性居民”的概念，將香港居民區分為永

---

〔4〕參見李後著：《百年屈辱歷史的終結——香港問題始末》，中央文獻出版社，1997年出版，第106頁。

〔5〕據當時港英政府的統計，截止1985年底，香港總人口共5,466,900人。其中57.2%在香港出生。從血統上分，華裔人士佔97%，非華裔人佔3%。在非華裔人士中，英國人近2萬人（不包括軍隊），菲律賓人近2.5萬人，印度人近1.5萬人，其後是近1.3萬的美國人和日本人，此外還有一些其他國家人。

久性居民和非永久性居民，有關法律中的權利與義務亦開始以居民而非以公民（國民）作為劃分標準，從而在客觀上弱化了國籍的作用和實際意義。

總之，香港中國公民與其他香港居民，以及在外國有居留權的香港中國公民與其他香港中國公民，在享受特定領域的權利以及承擔特定領域的義務方面仍是存在差別的。這一差別建立在基本法以居民身份而非以國籍身份作為權利義務劃分標準的基礎之上。以下將會看到，這些差別不僅對於一國兩制的實施是十分必要的，而且在程度和範圍上可以說是鮮有前例的。

7.2 香港永久性居民與非永久性居民

根據香港基本法第24條規定，香港特別行政區居民簡稱香港居民，包括永久性居民和非永久性居民。永久性居民是指在香港特別行政區享有居留權，並有資格依照香港特別行政區法律取得載明其居留權的永久性居民身份證的香港居民，而非永久性居民則是有資格依照香港特別行政區法律取得香港居民身份證，但沒有香港居留權的人。在許多方面，兩者的法律地位均有所不同。

7.2.1 入境權與居留權方面

如前所述，永久性居民與非永久性居民最根本的區別在於有無香港居留權。根據香港《入境條例》（香港法例第115章）的規定，居留權包括以下四項權利：

（1）在香港入境；

（2）不會被施加任何逗留在香港的條件，而任何向他施加的逗留條件，均屬無效；

（3）不得向他發出遞解離境令；

（4）不得向他發出遣送離境令。

這四項權利缺一不可，否則便不構成居留權的完整含義。入境權只是居留權的一部分。香港永久性居民享有這四項權利，而非永久性居民則只享有其中部分權利，如入境權等。

7.2.2 擔任公職等政治權利方面

香港永久性居民出生在香港或長期在香港居住和工作，生於斯，長於斯，以此為家，他們對香港社會的穩定和繁榮最為關心。同非永久性居民相比，他們對香港社會更有承擔，因此，在擔任公職等政治權利方面，基本法對兩者作了一系列不同的規定，具體表現在：

1. 香港特別行政區的行政機關和立法機關等香港主要政權機構，由香港永久性居民按照基本法的有關規定組成（第3條），在政府各部門任職的公務人員，除法律有例外規定者外，必須是香港永久性居民。

2. 香港特別行政區行政長官、立法會主席、行政會議成員、主要官員以及終審法院和高等法院的首席法官等重要公職必須由香港永久性居民擔任，非永久性居民沒有資格擔任這些職務。

3. 香港永久性居民依法選舉權和被選舉權，參與社會政治生活，而非永久性居民則不能享有這些權利。

4. 擔任全國人大常委會下屬的香港基本法委員會委員也必須是香港永久性居民。

7.2.3 旅行證件方面

根據香港基本法第154條的規定，中央人民政府授權香港特別行政區政府依法簽發中華人民共和國香港特別行政區護照，其簽發對象僅限於香港永久性居民中的中國公民。香港居民中的非永久性居民，即使具有中國國籍，也無權獲得該種護照，而只能獲得香港特別行政區政府簽發的其他旅行證件。

7.3 香港居民中的中國公民與非中國公民權利義務之比較

從國籍角度分析香港居民是本章的重點，儘管國籍在確立香港居民權利義務方面意義並不具首要意義，但基於香港是中國一個特別竹政區這一個基本事實，一名香港居民是否具有中國國籍在香港特區法律上的權利和義務還是有所區別的。

7.3.1 入境權與居留權

入境權是公民的一項基本權利；一個公民只有可以自由地入出境，才可能充分行使其他各項公民權利，但香港中國公民並不當然享有在香港的入境權。根據基本法的規定，只有香港特別行政區永久性居民才享有在香港的居留權，而香港永久性居民既有中國公民，也有非中國公民，香港中國公民中既有永久性居民，也有非永久性居民。香港中國公民要成為香港永久性居民，必須符合香港基本法及《入境條例》(香港法例第115章）規定的條件。不過，在取得永久性居民身份方面，對香港中國公民的限制要寬鬆於對非中國籍人士的限制；在喪失永久性居民身份方面，香港中國公民只有不改變中國國籍，其永久性居民身份便“一經擁有，永不喪失”，而非中國籍人士的永久性居民身份在特定情形下則會喪失。

按照香港現行法律，只有香港特別行政區永久性居民才享有豁免遞解出境及遣送離境的特權，而非永久性居民則不享有該等特權。因此，不具有香港永久性居民身份的香港中國公民或會被遞解出境及遣送離境。在國際法上，一國公民是不應被驅逐出本國境內及遣送離開本國境內的，因此，對於香港非永久性居民中的中國公民，特別是那些持單程證赴香港定居的內地居民在居港滿7年以前，似應豁免被遞解出境及遣送離境。

對於具有永久性居民身份的非中國籍人士而言，他們可自由進入香港，並豁免驅逐出境及遣送離境。一個國家賦予外籍人士以自由進入該國並豁免驅逐出境及遣送離境的特權，這是鮮有先例的。

按照一般的國際慣例，一個國家有權拒絕危害國家安全和社會秩序的外國人入境；有權對危害國家安全和社會秩序的外國人予以取消居留資格、驅逐出境、遣送離境的處罰，或宣佈其為不受歡迎的人。《公民權利和政治權利國際公約》第13條亦確認了一個國家有權依法將在其境內居留的外國人驅逐出境。在對待外國人入境、居留、出境問題上，中國政府在內地法律中採納了國際通行的做法，〔6〕但香港現行法律並沒有將同樣具有永久性居民身份的外籍居民與中國籍居民區別對待，即使在香港特區有危害國家安全（包括香港特別行政區公共安全）及社會秩序的具有香港特別行政區永久性居民身份的非中國籍人士，也沒有規定可以將其驅逐出境或遣送離境。

7.3.2 獲發護照方面

護照是一個人具有護照簽發國國籍的表明證據，獲得護照是一國公民的基本權利。根據基本法第154條，中華人民共和國香港特別行政區護照只會簽發給持有香港特別行政區永久性居民身份證的中國公民，而其他香港中國公民並不能取得中華人民共和國香港特別行政區護照。不具有香港特別行政區永久性居民身份的香港中國公民可以持其他旅行證件前往各國和各地區，但沒有權利取得中華人民共和國香港特別行政區護照。護照是國籍的證明，中國公民有資格獲得中國護照，但香港非永久性居民中的中國公民應取得何種中國護照，以及如何取得該種護照，目前尚缺少相應的法律或行政安排。

香港特區護照已在國際上獲得廣泛的承認。截止2000年底，給予或承諾給予持香港特區護照者以免簽證待遇的國家已達86

〔6〕 參見1985年11月22日通過並於1986年2月1日生效的《中華人民共和國外國人入境出境管理法》，以及國務院於1986年12月3日就該法頒佈的實施細則；另見《中華人民共和國刑法》第35條有關對於犯罪的外國人獨立適用或附加適用驅逐出境的規定，以及《中華人民共和國國家安全法》第30條有關境外人員違反該法而對其施以限期離境或驅逐出境的規定。

個，〔7〕進而使特區護照獲免簽證國家已與給予英國國民（海外）護照會（BNO）免簽證國的數目相同。如果某一香港居民同時持有特區護照和英國國民（海外）護照，他可以免簽證前往116個國家，極大地方便了香港居民的出遊。

7.3.3 選舉權與被選舉權

選舉權和被選舉權是公民的一項基本的政治權利。根據中國憲法第34條，任何年滿18周歲的中國公民都有選舉權和被選舉權，除非依法被剝奪政治權利；也只有中國公民才享有選舉權和被選舉權。中英聯合聲明及其附件均未涉及到選舉權和被選舉權的問題。根據基本法第26條，香港特別行政區永久性居民依法享有選舉權和被選舉權，而不論其是否為中國公民。

香港基本法第26條所提及的選舉權和被選舉權理應是指香港特別行政區的地方選舉權，而不包括中央一級的選舉權。根據香港基本法第21條，香港中國公民，不論他們是否為香港特別行政區永久性居民，均有權依法參與國家事務的管理，包括在香港選出香港特別行政區的全國人民代表大會代表；該條本身雖然沒有明確將香港居民中的非中國籍人士排除在外，但根據中國選舉法，非中國籍人士不享有選舉權。因此，香港居民中的非中國籍人士不享有中央一

〔7〕　這些國家是：巴哈馬、孟加拉國、巴林、伯利茲、貝寧、百慕大、布隆迪、加拿大、佛得角、智利、剛果、克羅地亞共和國、多米尼加（聯邦）、吉布提、厄瓜多爾、埃及、福克蘭群島、加納、匈牙利、直布羅陀、印尼、以色列、牙買加、約旦、基里巴斯、萊索托、列支敦士登、馬來西亞、馬爾代夫、馬里、馬紹爾群島、毛里求斯、密克羅尼亞（聯邦）、蒙古、蒙特塞拉特、納米比亞、尼泊爾、荷屬安的列斯群島、新西蘭、尼日爾、紐埃、北馬亞納群島、巴基斯坦、巴布亞新幾內亞、秘魯、菲律賓、博茨瓦納、韓國、帕勞、薩摩亞、聖馬力諾、塞舌爾、新加坡、斯洛伐克、南非、斯里蘭卡、聖赫勒拿、聖基茨和尼維斯、聖文森特和格林納丁斯、蘇里南、瑞士、坦桑尼亞、泰國、特立尼達和多巴哥、圖瓦盧、土耳其、烏干達、瓦努阿圖、委內瑞拉、也門共和國、津巴布韋，以及歐盟各國（奧地利、比利時、丹麥、芬蘭、法國、德國、希臘、愛爾蘭、意大利、盧森堡、荷蘭、葡萄牙、西班牙、瑞典、英國）。

級的選舉權。按照1997年3月14日由全國人民代表大會第五次會議通過的《中華人民共和國香港特別行政區選舉第九屆全國人民代表大會代表的辦法》第5條的規定，第九屆全國人大代表由下述三部分人士選舉產生：香港特別行政區第一屆政府推選委員會委員中的中國公民、不是推選委員的香港居民中的政協第八屆全國委員會委員（均為中國公民）以及香港特別行政區臨時立法會議員中的中國公民。選舉香港地區全國人大代表只能視作香港中國公民參與國家管理的權利之一。

按照香港基本法和香港現行選舉法例，具有香港特別行政區永久性居民身份的非中國籍人士也享有選舉權和被選舉權。世界上只有極少數國家或地區賦予外國人以選舉權，例如，丹麥允許於選舉前在該國居住達3年的外國人享有地方一級的選舉權；西班牙法律規定，根據條約或其他互惠協議，外國人可以享有地方一級的選舉權，但被選舉人必須是該國國民。〔8〕在1997年6月30日之前，香港法律下的選舉權雖然不以國籍為區分，但那是在英國統治香港的特定歷史條件下形成的制度，中國政府沒有任何義務接受由英國一手炮製的這套制度，而聯合聲明也沒有對選舉權問題作出明確規定。雖然如此，基本法還是賦予了非中國籍的香港永久性居民以選舉權。應該説，這是十分寬鬆的處理方式。

按照香港現行選舉法例，不具有香港特別行政區永久性居民身份的香港中國公民並不享有香港特別行政區的選舉權和被選舉權。受現行法例影響最大的是持單程證赴港定居，但尚未獲得香港特別行政區永久性居民身份的原內地人士，也就是通常所説的“內地新移民”。按照內地法律，這些被批准赴香港定居者在內地的戶口將被註銷。〔9〕這些居民在未住滿7年並獲得永久性居民身份以前，參與地方事務的權利實際上是受到一定限制的。

在香港基本法起草過程中，對於外籍人士可否進入香港立法機

---

〔8〕參見 Rainer Baubock, *Transnational Citizens*（Britain: Edward Elgar, 1995）, pp. 319－321.

〔9〕參見1986年12月25日公安部發佈的《中國公民因私事往來香港地區或者澳門地區的暫行管理辦法》第12條。

構的問題，香港各界人士有不同意見。一種意見認為，不應允許外籍人士進入香港立法機構，因為他們缺少對香港的歸屬感，在處理某些與外國有關的公眾事務時，可能產生雙重效忠的問題；對於涉及國家安全的問題，會因其具有外國國籍而產生尷尬的情況；如果允許外籍人士與中國籍人士具有相同的政治權利，便是對中國籍人士的政治歧視。〔10〕另一種意見認為，外籍人士也可以參加立法機構，因為香港是一個國際性都市，應盡量允許不同背景的人士，積極參與地方事務的管理，況且很多外籍人士以香港為家，賦予他們選舉權與被選舉權可以增加他們的歸屬感；香港立法機構只管理香港地方事務，允許外籍人士被選入立法機構不會影響中國主權。〔11〕相對於賦予具有香港永久性居民身份的非中國籍人士以選舉權而言，賦予他們被選舉權的做法體現了更為寬鬆的處理政策。

香港基本法第26條所提及的被選舉權應包括參加競選行政長官、立法會議員和區域組織成員等權利；第26條所提及的“依法享有”，應指該等被選舉權的取得及行使須受基本法及其他法律的規限。對於香港永久性居民被選舉權的規限，基本法作出了如下規定：

關於行政長官的資格，根據香港基本法第44條，行政長官須為年滿40周歲，在香港通常居住連續滿20年並在外國沒有居留權的香港特別行政區居民中的中國公民。其中，有關在外國無居留權的限制是在香港基本法通過之前的1990年初增加的，本意是用以對抗英國推出的“居英權計劃”。〔12〕根據基本法第71條，對於經由特區立法會議員互選產生的立法會主席的資格限制與對於行政長官的資格限制完全相同。

關於香港特區立法會議員的資格，根據香港基本法第67條，香

〔10〕參見由中華人民共和國香港特別行政區基本法諮詢委員會居民及其他人的權利自由福利與義務專責小組所作的《居民定義、出入境權、居留權、豁免遞解離境權、選舉權及被選舉權最後報告》，1987年2月14日經執行委員會通過。

〔11〕同上。

〔12〕參見李後著：《百年屈辱歷史的終結——香港問題始末》，中央文獻出版社1997年版，第203頁。

港特區立法會由在外國無居留權的香港永久性居民中的中國公民組成；非中國籍的香港永久性居民和在外國有居留權的香港永久性居民也可當選為立法會議員，但所佔比例不得超過立法會全體議員的20%。其中，有關在外國無居留權及20%比例的限制亦都是為對抗英國推出的"居英權計劃"而在基本法通過之前增加的。〔13〕

7.3.4 擔任公職的權利

擔任公職也是公民的一項權利。許多國家將有資格擔任公職者限於本國公民，也有部分國家允許外籍人士出任特定公職，如希臘、意大利等。在有關擔任公職之資格方面，基本法的規定體現了兩個特點：一是對不具有香港永久性居民身份的香港中國公民擔任公職施加必要的限制，二是對非中國籍人士擔任公職採取了十分寬鬆的處理政策。

關於香港中國公民擔任公職方面，基本法有如下相關規定：

第一，行政會議成員須為在外國無居留權的香港特別行政區永久性居民中的中國公民（第55條）；

第二，香港終審法院法官和高等法院的首席法官須為在外國無居留權的香港特別行政區永久性居民中的中國公民（第90條）；

第三，香港特別行政區政府主要官員，包括各司司長、副司長、各局局長，廉政專員、審計署署長，警務處處長，人民入境事務處處長，海關關長，須為在外國無居留權的香港特別行政區永久性居民中的中國公民（第101條），香港金融管理局總裁亦受此等條件規限；

第四，香港基本法委員會委員須為在外國無居留權的香港特別行政區永久性居民中的中國公民；〔14〕

---

〔13〕同上。

〔14〕參見《全國人民代表大會關於批准香港特別行政區基本法起草委員會關於設立全國人民代表大會常務委員會香港特別行政區基本法委員會的建議的決定》及其附件，1990年4月4日第七屆全國人民代表大會第三次會議通過。

第五，在香港特別行政區政府各部門任職的公務人員必須是香港特別行政區永久性居民，但對外籍公務人員另有規定者及法律規定某一職級以下者不在此限（第 99 條）。

基於香港基本法的上述規定，不具有香港永久性居民身份的香港中國公民只能擔任某一職級以下的公務人員。所謂某一職級以下的人員，主要指薪酬較低的體力勞動者，如司機、炊事人員等。換言之，持單程證赴港定居而尚未取得香港永久性居民身份的中國公民只能擔任這些公職。基本法將中英聯合聲明及其附件一中有關"當地人"的概念限定在"永久性居民"，在一定程度上反映了基本法起草者的政策取向。

關於非中國籍人士擔任公職，香港基本法有如下一些規定：

第一，在擔任司法人員方面，除香港終審法院法官和高等法院的首席法官須為中國公民外，其他司法人員任職資格沒有國籍方面的限制。香港基本法第93條進一步規定，對退休或符合規定離職的法官和其他司法人員，不論其所屬國籍或居住地點，香港特別行政區政府按不低於原來的標準向他們或其家屬支付應得的退休金、酬金、津貼和福利費。

第二，在擔任特區政府公務人員方面，除主要官員須為中國公民外，其他級別公務人員任職資格沒有國籍方面的限制。基本法第101條進一步規定，除主要官員外，香港特別行政區政府可任用原香港公務人員中的或持有香港特別行政區永久性居民身份證的英籍和其他外籍人士擔任政府部門的各級公務人員；香港特別行政區政府還可以聘請英籍和其他外籍人士擔任政府部門的顧問，必要時並可從香港特別行政區以外聘請合格人員擔任政府部門的專門和技術職務；上述外籍人士只能以個人身份受聘，對香港特別行政區政府負責。香港基本法第 102 條亦規定，對退休或符合規定離職的公務人員，不論其所屬國籍或居住地點，香港特別行政區政府按不低於原來的標準向他們或其家屬支付應得的退休金、酬金、津貼和福利費。

香港基本法有關外籍人員擔任公職的上述規定可以說是十分寬鬆的，這與香港基本法對不具有香港永久性居民身份的中國公民擔任公職的限制形成鮮明對比。

根據香港基本法第104條，特區行政長官、主要官員、行政會議成員、立法會議員、各級法院法官和其他司法人員在就職時須依法宣誓擁護基本法，效忠中華人民共和國香港特別行政區。〔15〕上述人士中的非中國籍人士者，亦不例外。從理論上講，上述人士中非中國籍者，如遇到香港特別行政區利益與其國籍國利益相衝突之情形，或者說如果產生雙重效忠的衝突，則在其公職事務範疇內，他們應以香港特別行政區利益為優先。對於擔任其他公職的非中國籍人士而言，雖然香港基本法未要求其宣誓效忠中華人民共和國香港特別行政區，但他們在處理公務過程中遇到國籍國利益與香港特區利益發生衝突時，亦應以特區利益為先。

7.3.5 外交與領事保護的權利

香港中國公民享有中國的外交與領事保護的權利，這源於他們基於中國國籍而與中華人民共和國發生的法律聯繫。鑒於上一章已對香港中國公民受保護的權利作了闡述，此不再贅述。

7.3.6 公民義務

中國憲法在第二章“公民的基本權利和義務”中規定了多項中國公民的義務，包括但不限於維護國家統一和全國各民族團結的義務（第52條）；遵守憲法和法律，保守國家秘密的義務（第53條）；維護祖國的安全、榮譽和利益的義務（第54條）；保衛祖國、抵抗侵略、依法服兵役和參加民兵組織的義務（第55條）；依法納税的義務（第56條），等等。

---

〔15〕鑒於在香港特別行政區成立之時，有關宣誓事宜無法以特區法例形式加以規定，1997年5月23日全國人民代表大會香港特別行政區籌委會第九次會議通過了《籌委會關於香港特別行政區有關人員就職宣誓事宜的決定》，就特區行政長官以行政、立法、司法機構成員的宣誓、監誓、誓詞等事宜作出了規定。

香港基本法在第三章“居民的基本權利和義務”中只是提及了一項香港居民的義務，即遵守香港特別行政區實行的法律的義務（第42條）。香港基本法沒有明確提及香港中國公民所應盡的義務，但這並不當然意味着，香港中國公民毋須履行其他的公民義務。

第一，公民義務與公民權利是一個硬幣的兩面，都源於公民基於國籍而與國家發生的固定的法律聯繫。從廣泛的意義講，任何公民在享受公民權利的同時，都須履行公民義務，二者是相輔相成的關係。香港中國公民亦不例外。至於公民義務的具體範圍，則視乎各國的法律制度。

第二，從國籍所反映的法律聯繫角度講，如前所述，香港中國公民的中國國籍首先反映了他們與中華人民共和國的法律聯繫，在此前提下，又具體反映了他們與香港特別行政區的法律聯繫。香港中國公民對國家的義務，暫不論及其範圍，源於他們基於中國國籍而與中華人民共和國發生的法律聯繫。

第三，基本法沒有明確規定香港中國公民的公民義務有其自身原因。首先，如前所述，基本法關於個人權利義務的規定乃以居民身份而非公民身份為基礎，因而，在該法第三章“居民的基本權利與義務”之中規定公民義務並不十分妥當。其次，基本法作為規範香港特別行政區的憲制性法律文件，該法第三章所規定的乃是香港居民相對於香港特別行政區，而非相對於中華人民共和國的權利與義務。這也是為什麼香港中國公民依法參加國家事務管理的規定出現在香港基本法第二章而非第三章的原因之一。

第四，憲法適用於所有中國公民，包括香港中國公民；憲法也適用於香港特別行政區。〔16〕從空間效力講，中國憲法適用於全部中國領土，香港特別行政區也不列外，這是基本的法理，在這個問題上的任何爭論都是沒有意義的；至於憲法中有關社會主義制度和政策等方

〔16〕香港特別行政區基本法起草委員會曾就中國憲法適用於香港特別行政區問題達成以下共識：中國現行憲法作為一個整體對香港特別行政區是有效的，但由於國家對香港實行“一國兩制”的政策，憲法中的某些具體條文不適用於香港，主要是指關於社會主義制度和政策的規定。

面的規定基於“一國兩制”的原因而不適用於香港特別行政區，則是另外一個問題。從對人效力講，憲法整體上適用於所有中國公民，所有中國公民都須遵守憲法，香港中國公民也不例外。在確定憲法哪些條款可具體適用於香港特別行政區和香港中國公民的問題上，必須將憲法作為一個整體來理解，尤其將體現“一國兩制”的中國憲法第31條與其他憲法條款作為一個整體來理解。一般而言，憲法條款所規範的社會關係與基本法的相關規定或者說與“一國兩制”原則不相一致的，該等憲法條款可不適用於香港特別行政區和香港中國公民，例如，憲法有關經濟制度，計劃生育政策的條款等。同時，憲法許多條款都是原則性或宣言性的，本身沒有規定相應的法律執行或補救制度，該等條款須依靠具體的法律、法規來實施，例如有關國籍事項的國籍法、有關兵役事項的兵役法、有關選舉事項的選舉法等。

概言之，香港中國公民基於中國國籍而與中華人民共和國發生的法律聯繫，決定了他們在享受基本的公民權利的同時，須履行基本的公民義務，這些基本義務源於中國憲法。同時，鑒於中國憲法所規定的各項公民義務性質不同，而香港特別行政區根據中國憲法第31條及香港基本法的規定，並非憲法所規定的各項公民義務均適用於香港中國公民。鑒於憲法規範的特點，適用於香港中國公民的公民義務須借助於基本法、適用於香港的全國性法律以及香港特別行政區法例等加以實施。舉例而言，憲法所規定的下述公民義務應適用於香港中國公民：

（1）維護國家統一和全國各民族團結的義務（中國憲法第52條），保守國家秘密的義務（中國憲法第53條）。如前所述，任何中國公民均須遵守憲法，香港中國公民亦不例外。遵守憲法的意義之一是表示公民對國家的忠誠。有些國家的憲法或國籍法規定，一個人加入該國國籍時，須宣誓或聲明效忠，如西班牙、葡萄牙、意大利、希臘、愛爾蘭等；有的國家則沒有此項要求，如比利時、丹麥、法國、德國等。〔17〕不論一國法律是否明確規定，對國家的忠

〔17〕參見 Rainer Baubock, *Transnational Citizens*（Britain: Edward Elgar, 1995）, pp. 368 － 369.

誠是一國公民應履行的基本義務，只是忠誠的具體要求以及法律救濟手段因國情不同而已。根據英國法律，英國國民負有對女王效忠的義務（Duty of Allegiance），[18] 相應地，在英國刑事法律制度中設有叛國罪（Treason）。中國憲法有關公民須遵守憲法、維護祖國的安全、榮譽和利益、保守國家秘密等方面的規定，均是就中國公民忠誠於祖國的具體要求，雖然憲法本身沒有明確提及中國公民對祖國忠誠之義務。《中華人民共和國刑法》對危害國家安全、利益的各項犯罪規定了相應的刑罰；雖然《中華人民共和國刑法》不適用於香港特別行政區，但基本法第23條規定，香港特別行政區應自行立法禁止任何叛國、分裂國家、煽動叛亂、顛覆中央人民政府及竊取國家機密的行為。這表明香港中國公民亦負有對祖國忠誠的義務，如實施了危害國家安全與利益的行為，須受香港法律的制裁。

（2）保衛祖國、抵抗侵略的神聖職責和義務（中國憲法第55條）。保護包括香港在內的中華人民共和國的安全、抵抗外來侵略也是香港中國公民的光榮職責和應盡的義務。香港基本法第18條就全國人民代表大會宣佈戰爭狀態以及在此種情形下中央人民政府可發佈命令將有關全國性法律在香港實施事宜作出了規定。若上述情形發生，則在戰爭狀態下，香港中國公民須依法履行公民保衛祖國職責。《中華人民共和國兵役法》現未列入基本法附件三，因而不適用於香港特別行政區，但並不是說香港中國公民沒有保衛祖國的義務，只能說在現階段或在和平時期還沒有將這些具體法律在香港適用的必要性。假設香港基本法第18條所述情形發生，則中央人民政府可以發佈命令將《中華人民共和國兵役法》適用於香港特別行政區，使香港中國公民在履行兵役義務方面有具體法律可以依循。

上述各項公民義務在性質上關乎國家主權、國防、外交等事務，因而普遍適用於所有中國公民，包括香港中國公民。憲法規定的其他公民義務，例如計劃生育的義務（中國憲法第49條）、依法

---

[18] 參見J.P. Gardner（ed.), *Citizens - The White Paper*（The British Institute of International and Comparative Law, 1997), pp. 142 － 148.

納稅的義務（中國憲法第56條）等，並不具有上述性質。就納稅義務而言，一方面，根據基本法規定，稅收制度屬於香港特別行政區自治事務範疇，由香港特別行政區決定何人在何種情形下負有何種納稅義務；另一方面，納稅義務更多地與一個人的居民身份而非國籍相聯，例如在比利時、西班牙、葡萄牙、希臘、愛爾蘭、丹麥、法國、德國、盧森堡等國，納稅義務均是基於居民身份而非國籍身份。〔19〕因此，中國憲法第56條所規定的納稅義務不適用於香港中國公民。

7.4 小結

英國在過渡期內，系統地將香港法律中原以國籍身份為基礎的個人權利和義務制度轉變為以居民身份為基礎的制度；基於特定的政策考慮，香港基本法實際上接受了這種轉變和安排。作為規範地方自治的憲制性法律文件，香港基本法依據居民身份而非國籍身份就個人的權利義務事宜作出規定，並以宣言形式規定香港居民在法律面前一律平等。對於一個高度商業化和國際化的地區而言，這種憲制安排有其一定的合理性。但國籍身份與居民身份畢竟不同，國籍更多地體現為一種政治身份和政治聯繫，它所代表的個人與國家的法律聯繫更為穩固。因此，至少在政治權利方面，對本國人與外國人予以差別處理，不僅符合國際慣例，而且對於國家根本利益而言是十分必要的。從公民權利角度來看，基本法有關個人權利義務的規定體現了形成鮮明對比的兩個特點：一方面對不具有永久性居民身份的香港中國公民（主要是從內地來港定居的人士）在享受權利方面施加一定限制；另一方面對具有永久性居民身份的非中國籍人士在享受權利方面採取較為寬鬆的政策，而且這種限制和寬鬆並不區分權利的性質與類別。即使如此，對於不具有永久性居民身份

〔19〕參見 Rainer Baubock, *Transnational Citizens*（Britain: Edward Elgar, 1995）, pp. 404 － 405.

的香港中國公民以及對於具有永久性居民身份的非中國籍人士而言，在諸如選舉權、擔任公職、遞解離境或驅逐出境等問題上，基本法仍給香港特別行政區留有一定的自主處理的空間。

香港中國公民基於中國國籍與中華人民共和國發生固定的法律聯繫，這決定了他們應享有憲法賦予的基本公民權利以及須履行憲法規定的基本公民義務，但前提是不與中國憲法第31條所確立的“一國兩制”原則以及基本法的規定相衝突。香港中國公民在基本法之外所享有的基本公民權利以及須履行的基本公民義務，在內容和性質上均涉及國家主權、外交、國防等事務，或者說屬於“一國”的範疇。不論是在觀念上還是在法律上強化香港中國公民的基本公民權利與基本公民義務，對於“一國兩制”都是有益無害的。

第八章　香港中國公民在內地的法律地位

8.1 概述

在國際法領域，存在着外國人法律地位的問題。外國人的法律地位即外國人的待遇問題，通常屬於當地國家主權範圍及其屬地管轄權範疇的事情，由當地國自行決定，前提是不得違反該當地國所承擔的國際義務，否則可能會導致國家責任的產生以及引致外交保護等方面的問題。各國通過國內立法或條約在一定領域所給予外國人的待遇可分為國民待遇、最惠國待遇、非歧視性待遇等。

從中國法角度講，無論在1997年7月1日之前或其後，香港與內地都同為中國領土的組成部分，"香港同胞"一直具有中國國籍。因此，香港與內地兩個地區之間不存在國際法意義上的外國人法律地位問題。但是，無論在1997年7月1日之前或其後，香港與內地都是獨立的司法管轄區，因而存在彼此給予對方居民何種待遇的問題，即使該等居民同樣具有中國國籍。

在1997年7月1日之前，香港處在英國管制之下，從司法管轄角度講，香港和內地是兩個完全獨立的司法管轄區。自1997年7月1日起，香港成為直轄於中央人民政府的一個特別行政區，成為中國的一個地方行政區域。但是，根據"一國兩制"的原則和基本法的規定，與中國內地的各地方行政區域不同，香港實行高度自治，享有行政管理權、立法權、獨立的司法權和終審權；除中國憲法、香港基本法、列於香港基本法附件三的全國性法律外，在內地適用的其他法律、法規不適用於香港特別行政區。這樣，自1997年7月1

日起，香港和內地成為兩個相對獨立的司法管轄區，而國防、外交等國家主權範疇的事務則由中央人民政府統一管理。由於存在兩個相對獨立的司法管轄區，在客觀上決定了同一個人在不同的司法管轄區內所受的待遇可能會有不同，不論這個人是中國公民還是非中國籍人士。本章主要談香港居民中的中國公民（以下簡稱“香港中國公民”）在內地的法律地位問題。除非另有提及，本章不涉及在香港成立的法人或其他經濟組織在內地的法律地位問題。

除國防、外交等屬於國家主權範疇的事務由中央政府管理外，內地法律對香港中國公民的管轄應是屬地管轄而非屬人管轄，內地機關在立法、執法和司法方面對香港中國公民應採取屬地管轄而非屬人管轄的原則。這應是處理香港中國公民在內地法律地位問題的基本原則。

內地現行涉及香港中國公民地位的法律、法規或行政規章大都採用“港澳同胞”或“香港同胞”的用語，部分法律文件採用了“香港居民”的概念。關於“港澳同胞”或“香港同胞”的法律含義，本書第三章提到，國務院港澳事務辦公室曾於1991年在《關於港澳同胞等幾種人身份的解釋（試行）》之中，將“香港同胞”解釋為香港本地居民中的中國公民和經中國內地主管部門批准正式移居香港的中國公民。目前看來，這一解釋有進一步完善的必要。一是《關於港澳同胞等幾種人身份的解釋（試行）》屬於部門規章，法律層次低於全國人大及其常委會制定的法律以及國務院制定的行政法規，且該法律文件乃屬“試行”，權威性不夠；二是《關於港澳同胞等幾種人身份的解釋（試行）》制定於1991年，當時全國人大常委會關於國籍法在香港實施問題的立法解釋〔1〕尚未出台，國務院港澳事務辦公室在對“港澳同胞”進行解釋時所使用的諸如“香港本地居民”等術語不夠嚴謹；三是“港澳同胞”或“香港同胞”多少有一些政治色彩，在法律上不夠嚴謹。在法律或行政法規對“港澳同

---

〔1〕 指1996年5月15日第八屆全國人民代表大會常務委員會第十九次會議通過了《全國人民代表大會常務委員會關於〈中華人民共和國國籍法〉在香港特別行政區實施的幾個問題的解釋》。

胞”或“香港同胞”進行正式解釋之前，可以將“香港同胞”理解為具有香港永久性居民身份的中國公民以及在香港定居的非永久性居民中的中國公民。目前香港、澳門基本法均已實施，在法律文件中以採用“香港（澳門）居民”或“香港（澳門）居民中的中國公民”比較準確。

一般説來，“香港同胞”首先是一個公民身份概念，再次才是一個居民身份概念。中國內地法律有關個人權利義務的總體安排乃以公民身份而非居民身份為基礎，這與基本法以居民身份為基礎規定個人權利義務的做法不同。兩地法律制度不同，內地法律即使在1997年7月1日之後也沒有必要按照香港居民身份來處理港人的法律地位問題。香港居民中的外國人，不論他是否具有香港永久性居民身份，在內地將適用有關外國人的法律規定；如果他們的國籍國與中國就外國人待遇事宜簽訂有雙邊協定，除非該等協定另有規定，香港居民中的外國人應可適用該等協定。

對於已經根據全國人大常委會有關國籍法的解釋進行了國籍變更的香港中國公民，他們不再具有中國公民身份，因而不應屬於“香港同胞”的範疇，不應適用有關“香港同胞”的法律規定。

內地涉及香港中國公民的法律、法規或規章絕大部分制定於1997年7月1日之前，其中有些規定及其體現的政策已不適應港澳回歸後的情況。此外，在香港中國公民待遇問題上，目前尚缺少系統的法律規範和統一的政策，有關的法律規定也散見於各類法律文件之中，有些亦存在彼此衝突或不相一致之處，進而導致了執法和司法中的一些問題。這是港澳回歸後內地法治建設中面臨的一個新問題。

目前，從個人的法律地位角度，內地法律存在如下劃分：外國人、無國籍人、中國人；內地中國人、港澳同胞、台灣同胞、華僑、歸僑。從法律適用角度講，香港同胞在內地的法律地位可粗略劃分為三種情形：一種情形是直接適用於香港同胞的法律規範，如1995年1月26日《國務院辦公廳關於香港特別行政區中國公民來內地投資有關問題的通知》；一種是香港同胞參照適用有關外國人法律地位的規範，如1995年1月26日原國家教育委員會（現為教育部）發佈的《中外合作辦學暫行規定》第39條規定，“香港地區和澳門地區具有法人資格的組織和個人與境內具有法人資格的機構合作辦學的，參照本規定執行”；一種情形是等同於內地中國公民法律地位而統一適用相關的法律規範，如《中華人民共和國刑法》。

為說明起見，以下擬就一些主要事項分析香港中國公民在內地的法律地位問題。

8.2 出入中國內地

按照中國內地現行法律，香港中國公民進出內地尚須受出入境管制。

香港與內地都是中國領土的組成部分，從理論上講，中國公民往來香港與內地屬於公民在本國境內的遷徙往來。許多國家憲法或基本法律確認了本國公民享有在本國境內遷徙往來的自由及進出本國的自由，如意大利、希臘、德國、比利時等。聯合國《公民權利和政治權利國際公約》第12條亦規定，在一國領土內合法居留之人，在該國領土內有遷徙往來之自由及擇居之自由；人人應有自由離去任何國家，連其本國在內；上述兩項權利不得限制，但法律所規定，保護國家安全、公共秩序、公共衛生或風化或他人權利與自由所必要，且與公約所確認之其他權利不抵觸之限制，不在此限；人人進入其本國的權利不得無理剝奪。英國加入了《公民權利和政治權利國際公約》並在1997年7月1日之前將其適用於香港，但英國就該公約第12條的規定提出了保留，以容許英國施行有關的移民法例，對沒有權利進入英國國境的人士實施入境管制；前幾章提到，在1997年7月1日之前持有英國屬土公民護照的香港居民進入英國便須受到入境管制。中國目前尚未加入《公民權利和政治權利國際公約》，因而不受該公約第12條約束。在1954年的中國憲法中，曾規定中國公民享有遷徙自由，但實踐證明，鑒於經濟發展水平的限制和普遍實行的戶籍制度，遷徙自由難以真正實現，因而，在現行憲法中沒有規定內地居民的遷徙自由。但香港基本法第31條規定，香港居民有旅行和出入境的自由，在香港特別行政區內享有遷徙自由（freedom of movement）。

出入境管理在性質上屬於治安事務而不屬於外交、國防範疇（特殊情形除外）。因此，在理論上，在一國境內可存在不同的出入境管理制度；"境"不等同於"國"，"出境"不等同於"出國"。實際上，即使在中國內地，其他省區居民進入深圳、珠海、汕頭、廈門以及法律所規定的邊境地區亦須在申領及取得邊防證後方能進入上述四個地區。香港和內地雖同為中國領土組成部分，但屬於不同的司法管轄區，在出入境管理方面實行不同的制度，兩地有權自主決定實行怎樣的制度。根據香港基本法的規定，香港特別行政區享有行政管理權，包括出入境管理權；香港基本法第22條也明確規定，中國其他地區的人進入香港特別行政區須辦理批准手續。

中國內地實行出入境管制制度，中國公民出入境須受《中華人民共和國公民出境入境管理法》及其實施細則的約束；外國人入出境須受《中華人民共和國外國人入境出境管理法》及其實施細則的約束；所有人出入境均須受《中華人民共和國出境入境邊防檢查條例》〔2〕的規限。中國公民往來港澳與內地，則受《中國公民因私事往來香港地區或者澳門地區的暫行管理辦法》〔3〕（以下簡稱《往來辦法》），並受《中華人民共和國出境入境邊防檢查條例》的規限。〔4〕

《往來辦法》既適用於內地中國公民前往香港、澳門，也適用於港澳同胞來往於內地與港澳之間。根據《往來辦法》，港澳同胞往來內地須申領港澳同胞回鄉證，不經常來往內地的香港同胞可申請領取入出境通行證；這兩種證件均由廣東省公安廳簽發。中國對香港恢復行使主權之後，上述證件被"港澳居民往來內地通行證"取代。港澳同胞在進出中國口岸時，須向內地邊防檢查站出示所持有的港澳居民往來內地通行證，並接受查驗。根據《往來辦法》第15

〔2〕 1995年7月6日，國務院第34次常務會議通過，自1995年9月1日起施行。

〔3〕 該管理辦法於1986年12月3日經國務院批准，1986年12月25日由公安部公佈。

〔4〕 《中華人民共和國出境入境邊防檢查條例》第45條規定，"對往返香港、澳門、台灣的中華人民共和國公民和交通運輸工具的邊防檢查，適用本條例的規定；法律、行政法規有專門規定的，從其規定。"

條，在下述情形下將不發給港澳居民往來內地通行證：

（1）被認為有可能進行搶劫、盜竊、販毒等犯罪活動的；

（2）編造情況，提交假證明的；

（3）精神病患者。

港澳同胞所持港澳居民往來內地通行證如屬於《往來辦法》第15條所述情形的，該等證件將被吊銷。〔5〕

在拒絕港澳同胞出入境方面，《往來辦法》第20條規定了以下三種情形：

（1）未持有港澳居民往來內地通行證的；

（2）持有偽造、塗改等無效的港澳居民往來內地通行證或冒用他人之相應證件的；

（3）拒絕交驗證件的。

《往來辦法》第20條對不予入境的情形採取了列舉式的立法模式，沒有明確賦予內地有關機關所可行使的酌情權。但1995年實施的《中華人民共和國出境入境邊防檢查條例》則賦予出入境管理機關以廣泛的酌情權，而該條例適用於往來內地的港澳同胞。根據該條例第8條，如果國務院公安部門、國家安全部門通知邊防檢查站不准任何人員出境、入境，邊防檢查站有權阻止其出境、入境；如果被通知不准出入境的人員為中國公民，則邊防檢查站可以扣留或者收繳其出境、入境證件。按照內地法律的規定，拒絕出入境及扣繳證件不屬於行政處罰，因而不受行政覆議與行政訴訟的管轄。

如果香港中國公民在內地涉嫌違法犯罪或案件尚未清結，他們或會被拒絕出境。根據《關於依法限制外國人和中國公民出境問題的若干規定》〔6〕的規定，經公安機關、國家安全機關、人民法院或

---

〔5〕 參見《中國公民因私事往來香港地區或者澳門地區的暫行管理辦法》，第25條。

〔6〕 1987年3月10日，公安部、國家安全部、最高人民法院、最高人民檢察院聯合印發了實施《關於依法限制外國人和中國公民出境問題的若干規定》的通知。雖然《關於依法限制外國人和中國公民出境問題的若干規定》本身未明確規定適用於港澳同胞，但由於港澳同胞亦屬中國公民，應理解為該法律文件適用於已入境的港澳同胞。

人民檢察院認定的犯罪嫌疑人或有其他違反法律的行為尚未處理並需要追究法律責任的，可分別由認定機關作出決定限制該等人士出境；有未了結民事案件（包括經濟糾紛案件）的，由人民法院決定限制出境並執行，同時通報公安機關；限制出境可採取口頭通知、書面通知、監視居住、取保候審或扣留出入境證件等方式。

《往來辦法》不適用於外國人出入內地。香港居民中的外國人進出中國內地，須向中國外交部駐香港特別行政區特派員公署申請入境簽證，並適用內地有關外國人入出境的法律規定。

全國人大常委會關於國籍法在香港實施的立法解釋同樣適用於內地。對於已經在香港申報了國籍變更的香港華裔居民而言，他們不屬於香港同胞，而是外國人，須適用內地有關外國人出入境的法律。在實踐中，有的香港居民雖已申報了國籍變更，但通過不實陳述而申領了港澳居民往來內地通行證，這種行為違反《往來辦法》第15條規定，一經發現，其持有的港澳居民往來內地通行證應根據《往來辦法》第25條予以吊銷；根據《往來辦法》第28條，根據其情節輕重，對從事上述行為的人士可予以警告、拘留或追究其刑事責任。

內地機關對香港居民進出內地所實施的管制基於內地的屬地管轄權，同時根據香港居民的國籍採取具體的措施。在現階段，這種管制對於維護內地公共秩序是必要的。

8.3 定居與就業

中國內地法律沒有居留權的概念，華僑、台灣同胞及港澳同胞到內地定居均須經過有關主管機關的審批。根據《往來辦法》第18條，港澳同胞要求回內地定居的，應事先向擬定居地的市、縣公安局提出申請，獲准後，持註有回鄉簽註的港澳居民往來內地通行證，至定居地辦理常住戶口手續。在審批方面，根據內地政策，港澳同胞要求回內地定居的，原則上回原籍省安置，面向農村，面向小城鎮；年老在外無依靠，在內地中等以上城市有直系親屬的允許投親；對於技術工人，可根據需要和可能在中小城鎮按照勞動就業政策進行安置；回來定居的港澳同胞中經濟確有困難者，可適當補助安置費。〔7〕根據公安部《關於執行中國公民往來港澳地區暫行管理辦法若干問題的說明》，〔8〕凡被批准定居並至內地辦理了常住戶口的，其港澳居民往來內地通行證（在該法律文件中稱為"回鄉證"）應由公安機關出入境管理部門收回保存。換言之，一旦香港中國公民獲准在內地定居，他們便取得了內地中國公民的法律地位，他們享有國家給予定居內地之港澳同胞的特殊待遇，除此之外，在適用法律方面，他們與其他內地中國公民沒有區別。

根據《往來辦法》第17條，港澳同胞短期來內地的，要按照內地戶口管理規定，辦理暫住登記；在賓館、飯店、招待所、學校等企業、事業單位或機關、團體及其他機構住宿的，應當填寫臨時住宿登記表；住在親友家的，由本人或者親友在24小時內（農村可在72小時內）到住地公安派出所或者戶籍辦公室辦理暫住登記。

在就業方面，香港中國公民在內地就業適用《台灣和香港、澳門居民在內地就業管理規定》。〔9〕該規定以居民身份為基礎，未就台、港、澳居民的國籍作出區分，從條文看，具有外國國籍的台、港、澳居民在內地就業亦適用該法律文件；《外國人在中國就業管理規定》〔10〕則以國籍為基礎，外國人在華就業統一適用該法律文件，且管制更為嚴格。由於香港居民包括中國公民和非中國公民，上述兩個文件在管轄範圍上實際上存在着衝突。按照《台灣和香港、澳門居民在內地就業管理規定》，台、港、澳人員在內地就業須符合法律規定的條件，而用人單位則須向當地勞動部門申請批准。港澳人員在內地就業須具備下列條件：年滿18周歲，身體健

〔7〕參見《國務院批轉國務院港澳辦公室、國務院僑務辦公室關於對港澳同胞回內地定居及在內地眷屬的管理工作分工問題的請示的通知》，1984年12月24日頒佈並實施。

〔8〕1987年2月19日頒佈，1987年4月1日起施行。

〔9〕勞動部於1994年2月21日頒佈。

〔10〕勞動部、公安部、外交部、對外貿易經濟合作部於1996年1月22日頒佈，1996年5月1日實施。

康，持有內地主管機關簽發的有效旅行證件；具有所要從事工作的技能資格證明或相應的學歷證明及從事本專業實際工作經歷。內地用人單位聘僱港澳人員則須符合下列條件：需聘僱的港澳人員從事的崗位是用人單位有特殊需要，且內地暫缺適當人選的崗位；有勞動部門所屬職業介紹機構開具的、在轄區內招聘不到所需人員的證明，或在勞動部門指導下進行公開招聘3周以上，仍招聘不到所需人員；用人單位聘僱台、港、澳人員，不違反國家有關規定。經審批同意在內地就業的台、港、澳人員，由各省、自治區、直轄市勞動部門及其受權的地、市級勞動部門發給《台港澳人員就業證》；被批准在內地就業的台、港、澳人員，應持就業證到當地公安機關申請辦理暫住手續。按照規定，下述人員可免辦就業證：經國家外國專家局聘請的香港、澳門地區的專家；香港、澳門在內地設立的商務辦事機構的法人代表；在內地開辦的外資企業中具有法人資格的投資者。〔11〕

8.4 教育

在教育方面，台港澳學生可通過參加專門命題的考試而進入內地普通高等學校學習深造，〔12〕可以申請在指定的普通高等學校以進修生、插班生、旁聽生方式進行學習，〔13〕可以申請以學生身份

〔11〕參見勞動部辦公廳對《關於台港澳人員免辦就業證問題的請示》的覆函，1996年8月28日頒佈並實施。

〔12〕參見1991年12月21日國家教委頒佈的關於印發《中華人民共和國普通高等學校聯合招收華僑、港澳、台灣省學生簡章》的通知以及《中華人民共和國普通高等學校聯合招收華僑、港澳、台灣省學生簡章》。

〔13〕參見1986年12月9日國家教委頒佈的《關於華僑、台灣、港澳青年進入普通高等學校進修、插班、旁聽學習的暫行規定》。根據1991年12月21日國家教委關於印發《中華人民共和國普通高等學校聯合招收華僑、港澳、台灣省學生簡章》的通知的第10條，自1992年秋季開始，除暨南大學、華僑大學外，各高等學校一律不接受華僑、港澳、台灣省的學生作為進修生、插班生、旁聽生。

或在職身份攻讀內地的碩士學位或博士學位，[14] 符合條件的香港人士可以申請碩士生和博士生獎學金。[15] 在就上述事宜作出規定時，相關的法律文件均未區分考生或申請人的國籍身份。舉例而言，根據《中華人民共和國普通高等學校聯合招收華僑、港澳、台灣省學生簡章》第1條的規定，台、港、澳學生報考條件為：具有高中畢業文化程度（相當於中學六年級），25周歲以下，品行端正，未婚，無精神病及傳染性疾病、身體健康者；符合招生院校對考生身體條件的特殊要求；由內地（境內）移居香港、澳門、台灣及國外不滿1年者不得報考。在上述條件中，並未提及考生的國籍身份，而是側重強調考生的居民身份。同時，兩地之間學校、教師、學生各自及相互之間的交流與聯繫亦日益得到加強。

8.5 政治待遇

香港中國公民在內地的政治待遇問題，目前缺乏明確的法律規定。

在選舉人民代表大會代表方面，香港中國公民根據基本法享有香港特別行政區全國人大代表的選舉權與被選舉權，但不享有內地地方各級人民代表大會代表的選舉權與被選舉權。按照內地的選舉法律，各級人民代表大會代表按選區進行選舉，選區則按居住狀況劃分或按生產單位、事業單位、工作單位劃分。香港中國公民並非內地居民，不具有選民登記資格及被選舉人資格。

香港中國公民符合條件者，可獲委任為中國人民政治協商會議全國委員會和地方委員會委員，並以政協委員身份參政議政。港澳

---

〔14〕參見1991年3月29日國務院學位委員會頒佈的《國務院學位委員會關於授予具有研究生畢業同等學歷的在職人員碩士、博士學位暫行規定》第17條；1995年2月5日國務院學位委員會頒佈的《關於進一步做好在職人員以研究生畢業同等學歷申請碩士學位工作若干問題的通知》第1（3）條。

〔15〕參見1987年12月31日國家教委頒佈的《中華人民共和國國家教育委員會為香港人士設立研究生獎學金的規定》。

同胞代表是政協全國委員會組成部分之一，地方政協委員會亦可根據本地情況吸收港澳同胞進入政協組織。港澳同胞符合條件者，亦可獲准加入中華全國青年聯合會等人民團體，參與協商國家事務。

香港中國公民可否在內地擔任公職，尤其是進入內地政府部門或司法部門，目前缺乏明確的法律規定。一般而言，在內地政府或司法部門任職者，須是內地居民，香港中國公民一般不具有在上述部門擔任公職的資格，但近年來也有內地政府部門聘請香港居民為顧問，甚至擔任一定職務。

8.6 民事權利

在婚姻方面，區別於涉外婚姻，港澳同胞同內地公民結婚、離婚、複婚屬於涉港澳（台華僑）婚姻，適用專門的法律規定。〔16〕在婚姻登記方面，港澳同胞同內地公民結婚、離婚、複婚，凡要求在內地辦理的，男女雙方須共同到內地一方戶口所在地的縣級以上人民政府婚姻登記機關申請登記。在內地辦理結婚登記時，港澳同胞一方須提交下述文件：身份證明文件（身份證、回鄉證、海員證）；經司法部委託公證人確認的婚姻狀況證明文件，包括未婚證明文件、離婚證明文件、喪偶證明文件或脫離同居關係之協議書等；職業或可靠經濟來源證明文件，無職業或可靠經濟來源證明的，可由婚姻當事人在國內的親友出具；內地婚姻登記機關指定的縣級以上醫院出具的婚前健康檢查證明；不在原籍登記結婚的港澳同胞還須持有原籍（或原住地、原工作單位）鄉（鎮）人民政府或市、鎮街道辦事處出具的本人婚姻狀況證明，或內地兩個了解情況的親友為其出具的無配偶保證；凡在港澳出生長大或未滿18周歲即

〔16〕例如，1994年2月1日民政部發佈的《婚姻登記管理規定》第2條；1983年3月10日民政部發佈的《華僑同國內公民、港澳同胞同內地公民之間辦理婚姻登記的幾項規定》；1986年5月8日民政部發佈的《關於對持外國護照的中國血統香港居民同我國內地公民結婚問題的批覆》等。

移居港澳的港澳同胞，回內地申請與內地公民結婚登記時，可免予出示原籍親友的保證。港澳同胞同內地公民雙方自願離婚的，可到內地婚姻登記機關申請離婚登記；一方要求離婚或一方不能到婚姻登記機關申請離婚登記，可向內地一方戶口所在地的人民法院提出離婚訴訟；離婚後，雙方自願恢復夫妻關係的，按照申請結婚的程序辦理。

根據目前的規定，凡持英國本土公民護照或其他國家護照的長住香港的中國血統外籍人要求同內地中國公民登記結婚的，按照1983年民政部發佈的《中國公民同外國人辦理婚姻登記的幾項規定》辦理；〔17〕港澳居民持有外國機關出具其外國國籍證明的，按《中國公民同外國人辦理婚姻登記的幾項規定》辦理。〔18〕這些規定是以當事人所持護照或證件來確定其適用的法律，但正如本書前幾章所述，在確定香港居民的國籍身份時，完全以當事人所持護照或證件為依據並不完全準確，並且在有些情形下還可能與我國國籍法以及全國人大常委會就國籍法在香港實施所作的解釋有抵觸。因此，這些部委規章有必要統一作一整理、規範。

夫妻雙方均為港澳同胞的，若他們原在內地登記結婚，他們可以向原婚姻登記地或原戶籍地人民法院提出離婚訴訟，人民法院應予受理。〔19〕

在收養方面，區別於涉外收養，台港澳同胞及華僑在內地收養適用中國公民辦理收養的特殊規定。根據《中國公民辦理收養登記的若干規定》，〔20〕香港同胞在內地辦理收養登記須向收養登記機關（縣級以上人民政府的民政部門）提出申請，申請時應提供以下

---

〔17〕參見民政部《關於對持外國護照的中國血統香港居民同我國內地公民結婚問題的批覆》第2條。

〔18〕參見1983年12月9日民政部發佈的《關於辦理婚姻登記中幾個涉外問題處理意見的批覆》第1條。

〔19〕參見1984年4月14日最高人民法院《關於原在內地登記結婚，現雙方均居住香港，他們發生離婚訴訟，內地人民法院可否按〈關於我駐外使領館處理華僑婚姻的若干規定〉的通知辦理的批覆》。

〔20〕民政部於1992年4月1日頒佈，1996年4月24日修訂。

證件和證明：香港居民身份證、香港同胞回鄉證或其他有效身份證件；經司法部委託的香港委託公證人證明的本人年齡、婚姻、有無子女、健康、職業、財產狀況和有無受過刑事處罰的證明（自出具之日起6個月內有效）。香港同胞收養登記申請經內地收養登記機關審查同意的，將為申請人辦理收養登記，發給《收養證》，收養關係自登記之日起成立。

在繼承方面，關於港澳同胞繼承在內地的遺產或者繼承內地中國公民在境外的遺產之相關事宜，目前缺乏明確的法律規定，香港與內地之間也沒有相應的法律或行政安排。在法律適用方面，按照繼承法的一般原則，港澳同胞繼承在內地的遺產或者繼承內地中國公民在境外的遺產、動產適用被繼承人居住地法律，不動產適用不動產所在地法律。在繼承所需法律文件方面，港澳同胞在內地辦理繼承需要提供的相關文件，可經由司法部委託的香港委託公證人辦理公證。

8.7 專業資格

在律師資格方面，香港中國公民如何通過參加內地律師資格考試或通過內地律師資格考核程序取得內地律師資格，目前缺乏明確的法律指引。根據司法部《律師資格全國統一考試辦法》〔21〕第18條的規定，港澳台居民參加律師資格考試，由司法部另行規定；根據司法部《律師資格考核授予辦法》〔22〕第12條的規定，香港、澳門地區的居民考核授予律師資格的辦法將另行規定。到目前為止，前述之"另行規定"尚未出台；對於取得律師資格證書的香港中國居民如何申請成為內地執業律師，亦尚無明確法律指引。

在註冊會計師資格方面，根據國家於1999年2月5日頒佈的《港澳台地區居民及外國籍公民參加中華人民共和國註冊會計師統

〔21〕1996年12月2日頒佈，1997年1月1日施行。

〔22〕1996年10月25日頒佈，1997年1月1日施行。

一考試辦法》，香港中國公民可報名參加內地註冊會計師資格考試。

在公證人資格方面，從1981年開始，司法部建立委託公證人制度。司法部經考核後委託部分香港律師作為委託公證人，負責在香港出具公證文書，經司法部在香港設立的中國法律服務（香港）有限公司審核並加章轉遞後，並回內地使用。目前，已有數百名香港律師獲委任成為中國委託公證人。香港人士可否參加內地公證員考試及取得內地公證員資格，《中華人民共和國公證員註冊管理辦法》〔23〕未作規定。

上述律師資格、註冊會計師資格及委託公證人資格方面的機制，是內地主管機關單方面作出的安排，而並非基於兩地之間互惠協議。

8.8 税收

在税收方面，根據內地個人所得税制度，在內地有住所者或雖無住所而在內地居住滿1年者屬於內地個人所得税法上的納税義務人；前述人士以外的人，若有來源於內地的應税所得，亦為納税義務人。內地個人所得税法律制度下的屬人管轄乃基於税法意義上的居民身份而非國籍身份，香港中國公民並非因其中國國籍身份而負有任何納税義務。

在計算應納税所得額方面，外籍人士在一定條件下可享有自其個人所得中附加減除費用的待遇，從而使其應納税所得額縮小。〔24〕在附加減除費用方面，港澳同胞參照適用前述有關外籍人士的規定。〔25〕

---

〔23〕司法部於1995年6月2日頒佈及施行。

〔24〕參見《中華人民共和國個人所得税法》第6條，以及《中華人民共和國個人所得税法實施條例》第26、27、28條。

〔25〕參見《中華人民共和國個人所得税法實施條例》第29條。

1998年2月11日，內地和香港特別行政區之間在香港簽署了《內地和香港特別行政區關於避免雙重徵稅的安排》。在個人所得稅方面，該安排亦以居民身份為基礎，並就如何解決居民身份衝突問題作出原則性的規定。這是一種互惠的安排。香港中國公民以及其他香港居民都適用這一安排。

8.9 投資

在投資領域，中央政府鼓勵港澳同胞到內地投資，並對於投資內地的港澳同胞予以等同於外商投資者的待遇，在特定領域則給予優於外商投資者的待遇，但在個別領域的優惠待遇則遜於中央政府給予台灣同胞的待遇；同樣，港澳同胞不能進入限制外商的一些投資領域。目前國家對港澳同胞投資的待遇是內地單方面給予的，而不是基於互惠的安排。目前有關港澳自然人(而非公司等經濟組織)投資者特殊待遇的法律僅適用於具有中國國籍的港澳同胞，不具有中國國籍的其他港澳居民理論上應不適用這些法律，而適用有關外國投資者的法律。但在具體操作中，則存在內地機關如何確認香港居民國籍的問題。

內地有關鼓勵港澳同胞來內地投資的法律與政策，首先體現在1986年10月11日國務院發佈的《關於鼓勵外商投資的規定》之中。該法律文件第20條規定，“香港、澳門、台灣的公司、企業和其他經濟組織或者個人投資舉辦的企業，參照本規定執行”。換言之，關於鼓勵外商投資的法律與政策適用於來內地投資的港澳企業及港澳同胞個人；由於他們不是外國投資者，因而是“參照”適用。1990年8月19日，國務院發佈了《關於鼓勵華僑和香港、澳門同胞投資的規定》，在就港澳同胞個人在內地投資所涉及的出資、稅收、國有化、信貸、爭議解決等事項作出了規定，其中有些待遇優於國家給予外國投資者的待遇。從《關於鼓勵華僑和香港、澳門同胞投資的規定》適用範圍來看，該法律文件僅適用於來內地投資的港澳同胞個人，[26] 而不適用於來內地投資的在港澳登記註冊的公司、企業或其他經濟組織，這與國家對台商投資的待遇不同；根據1988年國務院發佈的《關於鼓勵台灣同胞投資的規定》，有關鼓勵台灣同胞來大陸投資的法律與政策既適用於台灣同胞個人，也適用於台灣的公司或企業。[27]

1997年12月22日，國務院辦公廳發佈了《關於香港特別行政區中國公民來內地投資有關問題的通知》。該通知指出，中國政府對香港恢復行使主權前後，個別地區為吸引香港中小投資者投資，陸續研究、出台了一些政策，規定香港居民可根據自願的原則申辦個體工商戶或設立私營企業，其經營行業和方式享受內地居民同等待遇，該等地方性政策及規定與中國現行的利用外資有關法律、法規和政策相違背。根據該通知的規定，香港特別行政區的公司、企業和其他經濟組織或者個人到內地投資，應繼續適用現行有關外商投資企業法律、法規及相應的程序規定。各地正在研究準備出台或已公佈實行的有關吸引香港中小投資者投資的管理規定與現行法律、法規及相應的程序規定不一致的，應立即停止出台或執行。

港澳同胞在內地設立合資、合作、獨資企業，參照適用內地有關中外合資經營企業、中外合作經營企業及外資企業的法律、法規。[28]

港澳同胞在內地的投資受內地法律保護，但就此缺乏專門的法律規定，這與國家對台資的保護不同；基於台資的特殊情況，國家

---

[26]《關於鼓勵華僑和香港澳門同胞投資的規定》第1條規定，"為促進我國經濟發展，鼓勵華僑和香港澳門同胞（以下統稱華僑、港澳投資者）在境內投資，制定本規定。"

[27]《關於鼓勵台灣同胞投資的規定》第1條規定，"為了促進大陸和台灣地區的經濟技術交流，以利於祖國海峽兩岸的共同繁榮，鼓勵台灣的公司、企業和個人（以下統稱"台灣投資者"）在大陸投資，制定本規定。"

[28] 參見《關於鼓勵華僑和香港澳門同胞投資的規定》第5條、1987年3月1日國家工商行政管理局《關於中外合資經營企業註冊資本與投資總額比例的暫行規定》第7條、《關於鼓勵外商投資的規定》第20條、《中華人民共和國中外合作經營企業法實施細則》第57條、《中華人民共和國外資企業法實施細則》第85條。

於1994年制定了《中華人民共和國台灣同胞投資保護法》。在投資保護方面，目前內地和香港特別行政區之間也沒有相關的協定。

在外商投資的准入限制方面，1995年6月國家計委、國家經貿委和外經貿部聯合發佈了《指導外商投資方向暫行規定》和《外商投資產業指導目錄》，其中規定了部分產業領域限制或禁止外商在華投資，該等限制原則上適用於港澳同胞投資者。〔29〕

中國加入世界貿易組織之後，有關港澳同胞投資待遇的基本政策應不會改變。世貿組織《與貿易有關的投資措施協議》所管轄的僅僅是"與貿易有關的投資措施"，中國有關外資及台、港、澳投資的立法與《與貿易有關的投資措施協議》是基本一致的。但同時，中國基於國內經濟發展狀況等方面的政策考慮，並為配合加入世界貿易組織的需要，逐步在投資法律領域實施國民待遇，在此大的背景下，未來港澳同胞在內地投資的待遇或許會在某些方面（包括投資優惠方面與投資限制方面）作出調整。

8.10 民事訴訟

中國內地民事訴訟區分為涉外民事訴訟程序與非涉外民事訴訟程序，在訴訟期限、管轄、判決執行、送達等方面，兩種民事訴訟程序存在着差別，不同民事訴訟程序中當事人的訴訟權利與義務也有分別。原則上，涉及港澳同胞的民事案件以及涉港澳經濟案件，參照適用涉外民事訴訟程序的規定。

現行《中華人民共和國民事訴訟法》〔30〕以及最高人民法院關於該法適用的解釋〔31〕均未提及涉港澳民事、經濟案件的處理問題。在此之前，《最高人民法院關於貫徹執行民事訴訟法（試行）若干

〔29〕根據《指導外商投資方向暫行規定》第15條，華僑和台、港、澳投資者參照適用該法律文件。

〔30〕1991年4月9日，第七屆全國人民代表大會第四次會議通過，同時公佈施行。

〔31〕1992年7月14日，最高人民法院印發了《關於適用〈中華人民共和國民事訴訟法〉若干問題的意見》的通知，並於同日實施。

問題的意見》〔32〕曾就審理涉及港澳同胞的案件問題作出專門規定；按照該意見的規定，涉及港澳同胞的案件不屬於涉外案件，但鑒於港澳地區的特殊地位，審理這類案件可參照涉外民事訴訟程序處理。《最高人民法院關於貫徹執行民事訴訟法（試行）若干問題的意見》〔33〕雖已廢止，在實踐中，目前涉及港澳同胞的案件仍參照涉外民事訴訟程序處理。

關於涉港澳經濟糾紛案件的審理，最高人民法院曾在現行民事訴訟法實施之前頒佈有若干規定，〔34〕該等規定雖部分與現行民事訴訟法相抵觸，但處理涉港澳經濟案件的基本原則仍適用。按照前述規定，當事人一方或雙方是港澳同胞或在港澳地區登記成立的企業或其他經濟組織的，或者經濟糾紛爭議的標的物在港澳地區的，或者經濟關係的發生、變更、消滅在港澳地區的，屬於涉港澳經濟糾紛案件，在訴訟程序方面參照涉外民事訴訟程序處理；居住在港澳地區的外國人或者港澳同胞在外國登記成立的企業、其他經濟組織，與內地的企業、其他經濟組織或者在港澳地區登記成立的企業、其他經濟組織之間的經濟糾紛案件，不屬於涉港澳經濟糾紛案件，而是涉外經濟糾紛案件；港澳同胞或者港澳地區企業、其他經濟組織在內地成立的獨資、合作、合資企業與內地的企業、其他經濟組織之間的經濟糾紛案件，也不屬於涉港澳經濟糾紛案件，而是國內經濟案件。

在兩地民商事文書送達方面，兩地司法機構根據基本法第95條的規定達成了相互委託送達文書的安排，該安排在內地由最高人民法院以司法解釋形式予以公佈實行。〔35〕在民商事案件調查取證及

---

〔32〕1984年8月30日，最高人民法院頒佈，現已廢止。

〔33〕參見最高人民法院於1992年7月14日發出《關於適用〈中華人民共和國民事訴訟法〉若干問題的意見》的通知。

〔34〕例如，1987年10月19日公佈的《最高人民法院關於審理涉港澳經濟糾紛案件若干問題的解答》；1989年6月12日公佈的最高人民法院《全國沿海地區涉外、涉港澳經濟審判工作座談紀要》。

〔35〕參見《最高人民法院關於內地與香港特別行政區法院相互委託送達民商事司法文書的安排》，自1999年3月30日起施行。

法院判決相互承認與執行方面，兩地之間尚無相應安排。

8.11 刑事訴訟

8.11.1 管轄

從實體法角度講，《中華人民共和國刑法》(以下簡稱“中國刑法”)在確立刑事管轄權問題上，採取屬地管轄為主，屬人管轄、保護管轄、普遍管轄為輔的原則。從中國刑法條文來理解，凡在中華人民共和國領域內犯罪的，除享有外交特權與豁免權者外，都適用中國刑法；中國公民在中國境內犯罪的，適用中國刑法；中國公民在中國境外犯有特定類別罪行的，亦適用中國刑法；外國人在中國境內犯罪的，除享有外交特權與豁免權者外，適用中國刑法；外國人在中國境外對中國國家或中國公民犯罪且按刑法規定可處3年以上徒刑的，除非按犯罪地不受處罰，否則適用中國刑法；對於中國締結或參加的國際條約所規定的罪行，中國在承擔條約義務的範圍內行使刑事管轄權。雖然港澳同胞適用刑法的問題缺乏明確規定，不過，基於港澳分別是刑法意義上的獨立的司法管轄區，而根據香港和澳門的基本法規定，內地刑法不適用於兩個特別行政區，因此，從刑法適用角度而言(也僅在此意義上)，“境內”應指內地，“境外”應包括台港澳，“中國公民”應指內地中國公民，港澳同胞應照適用有關外國人的規定，港澳居民中的外籍人士應適用有關外國人的規定。若此，香港中國公民在內地犯罪，或在香港或外國對中國國家或內地中國公民犯有特定的罪行，則應適用中國刑法。

從程序法角度講，在兩地就刑事管轄、移交逃犯、移交被判刑人士等問題達成正式協定之前，內地司法機關對於根據刑法犯有刑事罪行的香港中國公民行使實際管轄，並根據中國刑法依法判決及在內地執行刑罰，包括適用和執行死刑。

在自訴案件管轄方面，刑事自訴案件的自訴人、被告人一方或者雙方是在港澳居住的中國公民或者其住所地是在港澳，由犯罪地

的基層人民法院審判；港澳同胞告訴的，應當出示港澳居民身份證、回鄉證或者其他能證明本人身份的證明。〔36〕

8.11.2 特別安排

基於中國所承擔的條約義務，內地司法機關在處理涉外案件過程中，在涉及對外國人進行拘留、逮捕、審判或執行刑罰時，須根據法律規定採取相應的措施與程序。例如，需要對外國人採取拘留、監視居住、取保候審的，應當經省級公安機關負責人批准後，將有關案情、處理情況等於採取強制措施的48小時以內報告公安部，同時通報同級人民政府外事辦公室；對外國人依法作出取保候審、監視居住決定或者執行拘留、逮捕後，有關省、自治區、直轄市公安廳、局應當在規定的期限內通知該外國人所屬國家的駐華使館、領事館，同時報告公安部；外國人在公安機關偵查或者執行刑罰期間死亡的，有關省、自治區、直轄市公安機關應當通知該外國人所屬國家的駐華使館、領事館，同時報告公安部；公安機關偵查終結前，外國駐華外交、領事官員要求探視被監視居住、拘留、逮捕或者正在服刑的本國公民的，立案偵查的公安機關應當及時安排有關的探視事宜；犯罪嫌疑人拒絕其所屬國家駐華外交、領事官員探視的，公安機關可以不予安排，但應當由其本人提出書面聲明，等等。〔37〕

港澳同胞不屬於外國人，因而在原則上不適用有關涉外刑事訴訟方面的特殊安排。但在另一方面，港澳同胞來自內地之外的司法管轄區，在尋求法律救濟等方面具有區別於內地中國公民的特殊情況。為解決內地及香港居民在對方境內被採取強制措施時及時得到

〔36〕參見1998年9月2日公佈並於1998年9月2日施行的《最高人民法院關於執行〈中華人民共和國刑事訴訟法〉若干問題的解釋》第3條。

〔37〕參見公安部於1998年5月14日頒佈的《公安機關辦理刑事案件程序規定》之第十二章"外國人犯罪案件的處理"；外交部、最高人民法院、最高人民檢察院、公安部、國家安全部、司法部於1987年8月27日聯合發佈的《關於處理涉外案件若干問題的規定》。

協助，內地公安部門與香港特區保安局於2000年10月13日在北京簽訂了有關相互通報的機制安排。

8.12 小結

本章只述及到有關香港中國公民地位的基本法律現狀及存在的主要問題。概括而言，香港中國公民在內地法律地位因所涉及的領域不同而不同，相關的立法較為分散，並且多以行政安排為主。這在一定程度上反映出，在中國恢復對香港行使主權後，在如何處理香港中國公民在內地的法律地位問題上，尚缺乏系統的政策與法律體系。這有待日後逐步解決。

附：相關法規及資料

大清國籍條例

（1909 年）

第一章　固有籍

第一條　凡左列人等不論是否生於中國地方均屬中國國籍

一　生而父為中國人者

二　生於父死以後而父死時為中國人者

三　母為中國人而父無可考或無國籍者

第二條　若父母均無可考或均無國籍而生於中國地方者亦屬中國國籍　其生地並無可考而在中國地方發見之棄兒同

第二章　入籍

第三條　凡外國人具備左列各款願入中國國籍者准其呈請入籍

一　寄居中國接續至十年以上者

二　年滿二十歲以上照該國法律為有能力者

三　品行端正者

四　有相當之資財或藝能足以自立者

五　照該國法律於入籍後即應銷除本國國籍者

其本無國籍人願入中國國籍者以年滿二十歲以上並具備前項第一第三第四款者為合格

第四條　凡外國人或無國籍人有殊勳於中國者雖不備前條第一至第四各款得由外務部民政部會奏請　旨　特准入籍

第五條　凡外國人或無國籍人有左列情事之一者均作為入籍

一　婦女嫁與中國人者

二　以中國人為繼父而同居者

三　私生子父為中國人經其父認領者

四　私生子母為中國人父不願認領而經其母認領者

照本條第一款作為入籍者以正式結婚呈報有案者為限照第二第三第四款作為入籍者以照該國法律尚未成年及未為人妻者為限

第六條　凡男子入籍者其妻及未成年之子應隨同入籍人一併作為入籍其照該國法律並不隨同銷除本國國籍者不在此限　若其妻自願入籍或入籍人願使其未成年之子入籍者雖不備第三條第一至第四各款准其呈請入籍　其入籍人成年之子現住中國者雖不備第三條第一至第四各款並准呈請入籍

第七條　凡婦人有夫者不得獨自呈請入籍

第八條　凡入籍人不得就左列各款官職

一　軍機處內務府各官及京外四品以上文官

二　各項武官及軍人

三　上下議院及各省諮議局議員

前項所定限制　特准入籍人自入籍之日起十年以後其餘入籍人自入籍之日起二十年以後得由民政部具奏請　旨豁免

第九條　凡呈請入籍者應聲明入籍後永遠遵守中國法律及棄其本國權利出具甘結並由寄居地方公正紳士二人聯名出具保結

第十條　凡呈請入籍者應具呈所在地方官詳請該管長官諮請民政部批准牌示給予執照為憑　自給予執照之日起始作為入籍之證　其照第五條作為入籍者應具呈所在地方官詳請該管長官諮明民政部存案其在外國者應具呈領事申由出使大臣或逕呈出使大臣諮部存案

第三章　出籍

第十一條　凡中國人願入外國國籍者應先呈請出籍

第十二條　凡中國人無左列各款者始准出籍

一　未結之刑民訴訟案件

二　兵役之義務

三　應納未繳之租稅

四　官階及出身

第十三條　凡中國人有左列情事之一者均作為出籍

一　婦女嫁與外國人者

二　以外國人為繼父而同居者

三　私生子父為外國人其父認領者

四　私生子母為外國人其父不願認領經其母認領者

照本條第一款作為出籍者以正式結婚呈報有案者為限若照該國法律不因婚配認其入籍者仍屬中國國籍照第二第三第四款作為出籍者以照中國法律尚未成年及未為人妻者為限

第十四條　凡男子出籍者其妻及未成年之子一併作為出籍若其妻自願留籍或出籍人願使其未成年之子留籍者准其呈明仍屬中國國籍

第十五條　凡婦人有夫者不得獨自呈請出籍　其照中國法律尚未成年及其餘無能力者亦不准自行呈請出籍

第十六條　凡中國人出籍者所有中國人在內地特有之利益一律不得享受

第十七條　凡呈請出籍者應自行出具甘結聲明並無第十二條所列各款及犯罪未經發覺情事

第十八條　凡呈請出籍者應具呈本籍地方官詳請該管長官諮請民政部批准牌示其在外國者應具呈領事申由出使大臣或逕呈出使大臣諮部辦理　自批准牌示之日起始作為出籍之證其未經呈請批准者不問情形如何仍屬中國國籍其照第十三條作為出籍者照第十條第三項辦理

第四章　復籍

第十九條　凡因嫁外國人而出籍者若離婚或夫死後准其呈請復籍

第二十條　凡出籍人之妻於離婚或夫死後及未成年之子已達成年後均准呈請復籍

第二十一條　凡呈請出籍後如仍寄居中國接續至三年以上併合

第三條第三、四款者准其呈請復籍其外國人入籍後又出籍者不在此限

第二十二條　凡呈請復籍者應由原籍同省公正紳商二人出具保結並照第十條第一項辦理其在外國者應由同在該國之本國商民二人出具保結呈請領事申由出使大臣或逕呈出使大臣諮部辦理　自批准牌示之日起始作為復籍之證

第二十三條　凡復籍者非經過五年以後不得就第八條所列各款官職如奉　特旨允准者不在此例

第五章　附條

第二十四條　本條例自奏准奉　旨後即時施行

附：宣統元年國籍條例施行細則

第一條　本條例施行以前中國人有並未批准出籍而入外國國籍者若向居外國嗣後至中國時應於所至第一口岸呈明該管國領事由該管國領事據呈照會中國地方官聲明於某年月日已入該國國籍始作為出籍之證

第二條　本條例施行以前中國人有並未批准出籍而入外國國籍者若向居中國通商口岸租界內者應於一年以內呈明中國地方官照會該管國領事查明於某年月日已入該國國籍始作為出籍之證

第三條　凡不照前兩條所載呈明出籍之證者則在中國一體視為仍屬中國國籍

第四條　本條例施行以前中國人有並未批准出籍而入外國國籍者若仍在內地居住營業或購置及承受不動產並享有一切中國人特有之利益即視為仍屬中國國籍

第五條　本條例施行以前中國人有並未批准出籍而入外國國籍者若仍列中國官職即視為仍屬中國國籍

第六條　本條例施行以前中國人有已入外國國籍者准其隨時遵照本條例第二十二條呈請復籍毋庸照第二十一條及二十三條辦理

第七條　本條例施行以前中國人有因生長久居外國者如其人仍願屬中國國籍一體視為仍屬中國國籍

第八條　凡照本條例出籍者不得仍在內地居住違者驅逐出境所有未出籍以前在內地之不動產及一切中國人特有之利益限於出籍之日起一年以內盡行轉賣其逾限尚未轉賣淨盡者一概充公

第九條　凡照本條例出籍者若出籍後查有第十二條所列各款及犯罪發覺情事將出籍批准即行註銷仍由中國按律處辦

第十條　凡照本條例出籍者若所稱願入某國國籍系屬詐稱並未入該國國籍或所具甘結有諱飾情事應將出籍批准即行註銷該本人處六月以上一年以下之監禁

中華民國國籍法

（1929 年）

第一章　固有國籍

第一條　左列各人屬中華民國國籍

一　生時父為中國人者

二　生於父死後其父死時為中國人者

三　父無可考或無國籍其母為中國人者

四　生於中國地父母均無可考或均無國籍者

第二章　國籍之取得

第二條　外國人有左列各款情事之一者取得中華民國國籍

一　為中國人妻者但依其本國法保留國籍者不在此限

二　父為中國人經其父認知者

三　父無可考或未認知母為中國人經其母認知者

四　為中國人之養子者

五　歸化者

第三條　外國人或無國籍人經內政部許可得歸化

呈請歸化者非具備左列各款條件內政部不得為前項之許可

一　繼續五年以上在中國有住所者

二　年滿二十歲以上依中國法及其本國法為有能力者

三　品行端正者

四　有相當之財產或藝能足以自立者

無國籍人歸化時前項第二款之條件專以中國法定之

第四條　左列各款之外國人現於中國有住所者雖未經繼續五年以上亦得歸化

一　父或母曾為中國人者

二　妻曾為中國人者

三　生於中國地者

四　曾在中國有居所繼續十年以上者

前項第一第二第三款之外國人非繼續三年以上在中國有居所者不得歸化但第三款之外國人其父或母生於中國地者不在此限

第五條　外國人現於中國有住所其父或母為中國人者雖不具備第三條第二項第一款第二款及第四款條件亦得歸化

第六條　外國人有殊勳於中國者雖不具備第三條第二項各款條件亦得歸化內政部為前項歸化之許可經國民政府核准

第七條　歸化須於國民政府公報公佈之日起發生效力

第八條　歸化人之妻及依其本國法未成年之子隨同取得中華民國國籍但妻或未成年之子其本國法有反對之規定者不在此限

第九條　依第二條之規定取得中華民國國籍者及隨同歸化人取得中華民國國籍之妻及子不得任左列各款公職

一　國民政府委員各院院長各部部長及委員會委員長

二　立法院立法委員及監察院監察委員

三　全權大使公使

四　海陸空軍將官

五　各省區政府委員

六　各特別市市長

七　各級地方自治職員

前項限制依第六條規定歸化者自取得國籍日起滿五年後其他自取得國籍日起滿十年後內政部得呈請國民政府解除之

第三章　國籍之喪失

第十條　中國人民有左列各款情事之一者喪失中華民國國籍

一　為外國人妻自請脫離國籍經內政部許可者

二　父為外國人經其父認知者

三　父無可考或未認知母為外國人經其母認知者

依前項第二第三款規定喪失國籍者以依中國法未成年或非中國人之妻為限

第十一條　自願取得外國國籍者經內政部之許可得喪失中華民國國籍但以年滿二十歲以上依中國法有能力者為限

第十二條　有左列各款情事之一者內政部不得喪失國籍之許可

一　屆服兵役年齡未免除兵役義務尚未服兵役者

二　現服兵役者

三　現任中國文武官職者

第十三條　有左列各款情事之一者雖合於第十條第十一條之規定仍不喪失國籍

一　為刑事嫌疑人或被告人

二　受刑之宣告執行未終結者

三　為民事被告人

四　受強制執行終結者

五　受破產之宣告未復權者

六　有滯納租稅或受滯納租稅處分未終結者

第十四條　喪失國籍者喪失非中國人不能享有之權利喪失國籍人在喪失國籍前已享有前項權利者若喪失國籍後一年以內不讓與中國人時其權利歸屬於國庫

第四章　國籍之回復

第十五條　依第十條第一項第一款之規定喪失國籍者婚姻關係消滅後經內政部之許可得回復中華民國國籍

第十六條　依第十一條之規定喪失國籍者若於中國有住所並具備第三條第二項第三第四款條件時經內政部許可得回復中華民國國籍但歸化人及隨同取得國籍之妻及子喪失國籍者不在此限

第十七條　第八條規定於第十五條第十六條情形准用之

第十八條　回復國籍人自回復國籍日起三年以內不得任第九條

第一項各款公職

第五章　附則

第十九條　本法施行條例另定之

第二十條　本法自公佈日施行

附：國民政府頒佈之國籍法施行條例

第一條　在國籍法及本條例施行前依前國籍法及其施行規則已取得或喪失或回復中華民國國籍者一律有效

第二條　依國籍法第二條第一款至第四款及第八條取得中華民國國籍者由本人或父或母申請住居地方之該管官署核明轉報內政部備案並由內政部於國民政府公報公佈之其住居外國者得申請最近中國使領館轉報

第三條　依國籍法第二條第五款願取得中華民國國籍者應由本人出具左列書件申請住居地方之該管官署轉請內政部核辦

一　願書

二　住居地方公民二人以上之保證書

內政部核准歸化時應發給許可證書並於國民政府公佈之

第四條　依國籍法第十條第一項第二款第三款喪失中華民國國籍者應由本人或父或母申請住居地方之該管官署核明轉報內政部備案並由內政部於國民政府公報公佈之其住居外國者得申請最近中國使領館轉報

第五條　依國籍法第十一條規定願喪失中華民國國籍者應由本人出具申請書呈請住居地方之該管官署轉請內政部核辦其住居外國者得申請最近中國使領館核轉經內政部核准喪失國籍時應發給許可證書並於國民政府公報公佈之自公佈之日起發生效力

第六條　依國籍法第二條第五款及第十一條取得或喪失中華民國國籍者內政部須指定新聞紙二種令申請人登載取得或喪失國籍之事實

第七條　依國籍法第十五條至十七條回復中華民國國籍者准用本條例第二條第三條及第六條之規定

第八條　取得回復或喪失中華民國國籍後發現有與國籍法之規定不合情事其經內政部許可者應將已給之許可證書撤銷內政部備案者應將原案註銷並於國民政府公報公佈之

第九條　國籍法施行前中國人已取得外國國籍若未依前國籍及其施行規則呈明者應依本條例第五條之規定辦理

第十條　國籍法施行前及施行後中國人已取得外國國籍仍任中華民國公職者由該管長官查明撤銷其公職

第十一條　本條例所引之申請書願書保證書及許可證程式另定之

第十二條　本條例自公佈日施行

中華人民共和國國籍法

（1980年9月10日第五屆全國人民代表大會第三次會議通過 1980年9月10日中華人民共和國全國人民代表大會常務委員會委員長令第八號公佈）

第一條 中華人民共和國國籍的取得、喪失和恢復，都適用本法。

第二條 中華人民共和國是統一的多民族的國家，各民族的人都具有中國國籍。

第三條 中華人民共和國不承認中國公民具有雙重國籍。

第四條 父母雙方或一方為中國公民，本人出生在中國，具有中國國籍。

第五條 父母雙方或一方為中國公民，本人出生在外國，具有中國國籍；但父母雙方或一方為中國公民並定居在外國，本人出生時即具有外國國籍的，不具有中國國籍。

第六條 父母無國籍或國籍不明，定居在中國，本人出生在中國，具有中國國籍。

第七條 外國人或無國籍人，願意遵守中國憲法和法律，並具有下列條件之一的，可以經申請批准加入中國國籍：

一、中國人的近親屬；

二、定居在中國的；

三、有其他正當理由。

第八條 申請加入中國國籍獲得批准的，即取得中國國籍；被批准加入中國國籍的，不得再保留外國國籍。

第九條 定居外國的中國公民，自願加入或取得外國國籍的，即自動喪失中國國籍。

第十條 中國公民具有下列條件之一的，可以經申請批准退出中國國籍：

一、外國人的近親屬；

二、定居在外國的；

三、有其他正當理由。

第十一條 申請退出中國國籍獲得批准的，即喪失中國國籍。

第十二條 國家工作人員和現役軍人，不得退出中國國籍。

第十三條 曾有過中國國籍的外國人，具有正當理由，可以申請恢復中國國籍；被批准恢復中國國籍的，不得再保留外國國籍。

第十四條 中國國籍的取得、喪失和恢復，除第九條規定的以外，必須辦理申請手續。未滿18周歲的人，可由其父母或其他法定代理人代為辦理申請。

第十五條 受理國籍申請的機關，在國內為當地市、縣公安局，在國外為中國外交代表機關和領事機關。

第十六條 加入、退出和恢復中國國籍的申請，由中華人民共和國公安部審批。經批准的，由公安部發給證書。

第十七條 本法公佈前，已經取得中國國籍的或已經喪失中國國籍的，繼續有效。

第十八條 本法自公佈之日起施行。

全國人民代表大會常務委員會關於《中華人民共和國國籍法》在香港特別行政區實施的幾個問題的解釋

（1996年5月15日第八屆全國人民代表大會常務委員會第十九次會議通過）

根據《中華人民共和國香港特別行政區基本法》第十八條和附件三的規定，《中華人民共和國國籍法》自1997年7月1日起在香港特別行政區實施。考慮到香港的歷史背景和現實情況，對《中華人民共和國國籍法》在香港特別行政區實施作如下解釋：

一、凡具有中國血統的香港居民，本人出生在中國領土（含香港）者，以及其他符合《中華人民共和國國籍法》規定的具有中國國籍的條件者，都是中國公民。

二、所有香港中國同胞，不論其是否持有"英國屬土公民護照"或者"英國國民（海外）護照"，都是中國公民。自1997年7月1日起，上述中國公民可繼續使用英國政府簽發的有效旅行證件去其他國家或地區旅行，但在香港特別行政區和中華人民共和國其他地區不得因持有上述英國旅行證件而享有英國的領事保護的權利。

三、任何在香港的中國公民，因英國政府的"居英權計劃"而獲得的英國公民身份，根據《中華人民共和國國籍法》不予承認。這類人仍為中國公民，在香港特別行政區和中華人民共和國其他地區不得享有英國的領事保護的權利。

四、在外國有居留權的香港特別行政區的中國公民，可使用外國政府簽發的有關證件去其他國家或地區旅行，但在香港特別行政區和中華人民共和國其他地區不得因持有上述證件而享有外國領事保護的權利。

五、香港特別行政區的中國公民的國籍發生變更，可憑有效證件向香港特別行政區受理國籍申請的機關申報。

六、授權香港特別行政區政府指定其入境事務處為香港特別行政區受理國籍申請的機關，香港特別行政區入境事務處根據《中華人民共和國國籍法》和以上規定對所有國籍申請事宜作出處理。

對《全國人民代表大會常務委員會關於〈中華人民共和國國籍法〉在香港特別行政區實施的幾個問題的解釋（草案）》的說明

（1996年5月7日在第八屆全國人民代表大會常務委員會第十九次會議上）

全國人大常委會法制工作委員會副主任　喬曉陽

委員長、各位副委員長、秘書長、各位委員：

我受委員長會議的委託，作《全國人民代表大會常務委員會關於〈中華人民共和國國籍法〉在香港特別行政區實施的幾個問題的解釋（草案)》的說明。

根據《中華人民共和國香港特別行政區基本法》第十八條和附件三的規定，《中華人民共和國國籍法》自1997年7月1日起由香港特別行政區在當地公佈實施。基本法中有若干規定的實施，將首先涉及到依據中國國籍法確定香港同胞的中國公民身份的問題，如特區護照的簽發範圍和基本法第二十四條有關香港特別行政區永久性居民身份的規定等。由於歷史的原因，香港居民的國籍狀況極為複雜。目前，香港居民中的中國血統人士除持有英國政府簽發的“英國屬土公民護照”或“英國國民（海外）護照”外，許多人還持有其他國家的護照。1990年英國政府違反其承諾推出的所謂“居英權計劃”，單方面決定賦予22.5萬名香港中國同胞以英國公民身份，使香港居民的國籍問題更為複雜。如何根據中國國籍法確定香港居民的中國公民身份，成為香港社會各界以及國際社會十分關注的一個問題。因此，盡早明確我國國籍法在香港特別行政區實施中的一些具體問題，有着迫切的現實需要。

為保持香港的穩定、繁榮，保證國籍法的順利實施，考慮到香港的歷史和現實情況，應根據國籍法和基本法的規定，以及國家處理香港居民國籍問題的一貫政策，由全國人大常委會對國籍法在香港特別行政區的實施問題作出相應的法律解釋。為此，香港特別行政區籌備委員會提出了《關於對〈中華人民共和國國籍法〉在香港特別行政區實施作出解釋的建議》。委員長會議審議了香港特別行政區籌備委員會的建議，決定向本次會議提出《關於〈中華人民共和國國籍法〉在香港特別行政區實施的幾個問題的解釋（草案）》。現將草案的內容說明如下：

一、關於香港居民的中國公民身份問題

根據我國國籍法，所有香港中國同胞都是中國公民。香港居民絕大多數具有中國血統，並出生在中國領土上，他們應當具有中國國籍。因此，在中國國籍的取得方面，草案第一條在中國國籍法有關規定的基礎上作了更為明確的解釋，即“凡具有中國血統的香港居民，本人出生在中國領土（含香港）者，以及符合《中華人民共和國國籍法》規定的具有中國國籍的條件者，都是中國公民”。這種解釋符合國籍法所貫徹的以血統主義為主，結合出生地主義的基本原則，能夠以比較客觀的標準，簡便地確定香港居民的中國公民身份。

二、關於“英國屬土公民”身份和因英國“居英權計劃”而獲得的英國公民身份問題

香港居民中的“英國屬土公民”的國籍身份問題在中英聯合聲明簽署時兩國政府交換的備忘錄中已經解決；對於英國的“居英權計劃”，我國早已明確不承認在香港的中國公民因“居英權計劃”而獲得的英國公民身份。草案第二條和第三條就是將這兩個問題以法律的形式確定下來。

三、關於香港居民中的中國公民所持有的外國旅行證件問題

目前，一些香港中國同胞出於方便旅行等考慮，持有其他國家的護照，草案第四條就是針對這種情況提出的。據此規定，在確定香港同胞的中國公民身份問題時將不考慮其是否持有外國護照；實際操作中將其持有的外國護照視為旅行證件，允許其去其他國家或地區旅行時繼續使用，但上述證件在香港特別行政區和我國其他地區不具有表明國籍身份的法律效力。這是我國國籍法不承認雙重國

籍的基本原則在香港特別行政區實施時的具體體現，是為方便香港居民出入境所作的一項靈活務實的規定。這對繼續保持香港自由港和國際金融、經貿等中心的地位，保持香港社會的穩定繁榮將會起到積極的作用。

四、關於香港居民中的中國公民的國籍變更問題

為照顧和方便香港中國公民變更國籍的實際需要和願望，草案第五條對國籍法中有關國籍變更的規定作了變通解釋，規定具有中國血統的香港居民如自願加入外國國籍，以外國公民的身份在香港定居，可隨時憑有效證件向香港特別行政區受理國籍申請的機關申報，要求變更國籍。這一規定簡化了變更國籍的法律手續。

有關香港居民中的非中國籍人士申請加入中國國籍的問題，國籍法已有明確規定。對這類申請，香港特別行政區受理國籍申請的機關可根據國籍法以及本解釋的有關規定予以處理。

五、關於受理國籍申請的機關

考慮到香港居民國籍管理上的特殊性和複雜性，草案第六條規定香港特別行政區入境事務處為香港的受理國籍申請機關，並授權其依法處理香港居民的國籍申請事宜。這一規定明確了國籍法在香港特別行政區實施的具體執行機關，為香港特別行政區入境事務處處理有關國籍事宜提供了法律依據，充分體現了“港人治港”、高度自治的原則。

關於國籍法在香港特別行政區實施的幾個問題的解釋（草案）和以上說明是否妥當，請審議。

《中華人民共和國香港特別行政區基本法》中涉及國籍及居留權的條款

（1990年4月4日）

（節錄）

第十八條 在香港特別行政區實行的法律為本法以及本法第八條規定的香港原有法律和香港特別行政區立法機關制定的法律。

全國性法律除列於本法附件三者外，不在香港特別行政區實施。凡列於本法附件三之法律，由香港特別行政區在當地公佈或立法實施。

全國人民代表大會常務委員會在徵詢其所屬的香港特別行政區基本法委員會和香港特別行政區政府的意見後，可對列於本法附件三的法律作出增減，任何列入附件三的法律，限於有關國防、外交和其他按本法規定不屬於香港特別行政區自治範圍的法律。

全國人民代表大會常務委員會決定宣佈戰爭狀態或因香港特別行政區內發生香港特別行政區政府不能控制的危及國家統一或安全的動亂而決定香港特別行政區進入緊急狀態，中央人民政府可發佈命令將有關全國性法律在香港特別行政區實施。

第二十一條 香港特別行政區居民中的中國公民依法參與國家事務的管理。

根據全國人民代表大會確定的名額和代表產生辦法，由香港特別行政區居民中的中國公民在香港選出香港特別行政區的全國人民代表大會代表，參加最高國家權力機關的工作。

第二十四條 香港特別行政區居民，簡稱香港居民，包括永久性居民和非永久性居民。

香港特別行政區永久性居民為：

（一）在香港特別行政區成立以前或以後在香港出生的中國公民；

（二）在香港特別行政區成立以前或以後在香港通常居住連續7年以上的中國公民；

（三）第一、二兩項所列居民在香港以外所生的中國籍子女；

（四）在香港特別行政區成立以前或以後持有效旅行證件進入香港、在香港通常居住連續7年以上並以香港為永久居住地的非中國籍的人；

（五）在香港特別行政區成立以前或以後第四項所列居民在香港所生的未滿21周歲的子女；

（六）第一至五項所列居民以外在香港特別行政區成立以前只在香港有居留權的人。

以上居民在香港特別行政區享有居留權和有資格依照香港特別行政區法律取得載明其居留權的永久性居民身份證。

香港特別行政區非永久性居民為：有資格依照香港特別行政區法律取得香港居民身份證，但沒有居留權的人。

第四十四條　香港特別行政區行政長官由年滿40周歲，在香港通常居住連續滿20年並在外國無居留權的香港特別行政區永久性居民中的中國公民擔任。

第五十五條　香港特別行政區行政會議的成員由行政長官從行政機關的主要官員、立法會議員和社會人士中委任，其任免由行政長官決定。行政會議成員的任期應不超過委任他的行政長官的任期。

香港特別行政區行政會議成員由在外國無居留權的香港特別行政區永久性居民中的中國公民擔任。

行政長官認為必要時可邀請有關人士列席會議。

第六十一條　香港特別行政區的主要官員由在香港通常居住連續滿15年並在外國無居留權的香港特別行政區永久性居民中的中國公民擔任。

第六十七條　香港特別行政區立法會由在外國無居留權的香港特別行政區永久性居民中的中國公民組成。但非中國籍的香港特別行政區永久性居民和在外國有居留權的香港特別行政區永久性居民也可以當選為香港特別行政區立法會議員，其所佔比例不得超過立法會全體議員的 20%。

第七十一條　香港特別行政區立法會主席由立法會議員互選產生。

香港特別行政區立法會主席由年滿40周歲，在香港通常居住連續滿20年並在外國無居留權的香港特別行政區永久性居民中的中國公民擔任。

第九十條　香港特別行政區終審法院和高等法院的首席法官，應由在外國無居留權的香港特別行政區永久性居民中的中國公民擔任。

除本法第八十八條和第八十九條規定的程序外，香港特別行政區終審法院的法官和高等法院首席法官的任命或免職，還須由行政長官徵得立法會同意，並報全國人民代表大會常務委員會備案。

第一百零一條　香港特別行政區政府可任用原香港公務人員中的或持有香港特別行政區永久性居民身份證的英籍和其他外籍人士擔任政府部門的各級公務人員，但下列各職級的官員必須由在外國無居留權的香港特別行政區永久性居民中的中國公民擔任：各司司長、副司長，各局局長，廉政專員，審計署署長，警務處處長，入境事務處處長，海關關長。

香港特別行政區政府還可聘請英籍和其他外籍人士擔任政府部門的顧問，必要時並可從香港特別行政區以外聘請合格人員擔任政府部門的專門和技術職務。上述外籍人士只能以個人身份受聘，對香港特別行政區政府負責。

第一百五十四條　中央人民政府授權香港特別行政區政府依照法律給持有香港特別行政區永久性居民身份證的中國公民簽發中華人民共和國香港特別行政區護照，給在香港特別行政區的其他合法居留者簽發中華人民共和國香港特別行政區的其他旅行證件。上述護照和證件，前往各國和各地區有效，並載明持有人有返回香港特別行政區的權利。

對世界各國或各地區的人入境、逗留和離境，香港特別行政區政府可實行出入境管制。

附件三

在香港特別行政區實施的全國性法律

下列全國性法律，自 1997 年 7 月 1 日起由香港特別行政區在當地公佈或立法實施。

一、《關於中華人民共和國國都、紀年、國歌、國旗的決議》

二、《關於中華人民共和國國慶日的決議》

三、《中央人民政府公佈中華人民共和國國徽的命令》附：國徽圖案、説明、使用辦法

四、《中華人民共和國政府關於領海的聲明》

五、《中華人民共和國國籍法》

六、《中華人民共和國外交特權與豁免條例》

全國人民代表大會常務委員會關於根據《中華人民共和國香港特別行政區基本法》第一百六十條處理香港原有法律的決定

（1997年2月23日第八屆全國人民代表大會常務委員會第二十四次會議通過）

《中華人民共和國香港特別行政區基本法》（以下簡稱《基本法》）第160條規定：“香港特別行政區成立時，香港原有法律除由全國人民代表大會常務委員會宣佈為同本法抵觸者外，採用為香港特別行政區法律，如以後發現有的法律與本法抵觸，可依照本法規定的程序修改或停止生效。”第8條規定：“香港原有法律，即普通法、衡平法、條例、附屬立法和習慣法，除同本法相抵觸或經香港特別行政區的立法機關作出修改者外，予以保留。”第八屆全國人民代表大會常務委員會第二十四次會議根據上述規定，審議了香港特別行政區籌備委員會關於處理香港原有法律問題的建議，決定如下：

一、香港原有法律，包括普通法、衡平法、條例、附屬立法和習慣法，除同《基本法》抵觸者外，採用為香港特別行政區法律。

二、列於本決定附件一的香港原有的條例及附屬立法抵觸《基本法》，不採用為香港特別行政區法律。

三、列於本決定附件二的香港原有的條例及附屬立法的部分條款抵觸《基本法》，抵觸的部分條款不採用為香港特別行政區法律。

四、採用為香港特別行政區法律的香港原有法律，自1997年7月1日起，在適用時，應作出必要的變更、適應、限制或例外，以符合中華人民共和國對香港恢復行使主權後香港的地位和《基本法》的有關規定，如《新界土地（豁免）條例》在適用時應符合上述原則。

附符合上述原則外，原有的條例或附屬立法中：

（一）規定與香港特別行政區有關的外交事務的法律，如與在香港特別行政區實施的全國性法律不一致，應以全國性法律為準，並符合中央人民政府享有的國際權利和承擔的國際義務。

（二）任何給予英國或英聯邦其他國家或地區特權待遇的規定，不予保留，但有關香港與英國或英聯邦其他國家或地區之間互惠性規定，不在此限。

（三）有關英國駐香港軍隊的權利、豁免及義務的規定，凡不抵觸《基本法》和《中華人民共和國香港特別行政區駐軍法》的規定者，予以保留，適用於中華人民共和國中央人民政府派駐香港特別行政區的軍隊。

（四）有關英文的法律效力高於中文的規定，應解釋中文和英文都是正式語文。

（五）在條款中引用的英國法律的規定，如不損害中華人民共和國的主權和不抵觸《基本法》的規定，在香港特別行政區對其作出修改前，作為過渡安排，可繼續參照適用。

五、在符合第四條規定的條件下，採用為香港特別行政區法律的香港原有法律，除非文意另有所指，對其中的名稱或詞句的解釋或適用，須遵循本決定附件三所規定的替換原則。

六、採用為香港特別行政區法律的香港原有法律，如以後發現與《基本法》相抵觸者，可依照《基本法》規定的程序修改或停止生效。

附件一

香港原有法律中下列條例及附屬立法抵觸《基本法》，不採用為香港特別行政區法律：

一、《受託人（香港政府證券）條例》（香港法例第七十七章）；

二、《英國法律應用條例》（香港法例第八十八章）；

三、《英國以外婚姻條例》（香港法例第一百八十章）；

四、《華人引渡條例》（香港法例第二百三十五章）；

五、《香港徽幟（保護）條例》（香港法例第三百一十五章）；

六、《國防部大臣（產業承繼）條例》（香港法例第一百九十三章）；

七、《皇家香港軍團條例》（香港法例第一百九十九章）；

八、《強制服役條例》（香港法例第二百四十六章）；

九、《陸軍及皇家空軍法律服務處條例》（香港法例第二百八十六章）；

十、《英國國籍（雜項規定）條例》（香港法例第一百八十六章）；

十一、《一九八一年英國國籍法（相應修訂）條例》（香港法例第三百七十三章）；

十二、《選舉規定條例》（香港法例第三百六十七章）；

十三、《立法局（選舉規定）條例》（香港法例第三百八十一章）；

十四、《選區分界及選舉事務委員會條例》（香港法例第四百三十二章）。

附件二

香港原有法律中下列條例及附屬立法的部分條款抵觸《基本法》，不採用為香港特別行政區法律：

一、《人民入境條例》（香港法例第一百一十五章）第二條中有關"香港永久性居民"的定義和附表一"香港永久性居民"的規定；

二、任何為執行在香港適用的英國國籍法所作出的規定；

三、《市政局條例》（香港法例第一百〇一章）中有關選舉的規定；

四、《區域市政局條例》（香港法例第三百八十五章）中有關選舉的規定；

五、《區議會條例》（香港法例第三百六十六章）中有關選舉的規定；

六、《舞弊及非法行為條例》（香港法例第二百八十八章）中的附屬立法A《市政局、區域市政局以及區議會選舉費用令》、附屬立法C《立法局決議》；

七、《香港人權法案條例》（香港法例第三百八十三章）第二條第（三）款有關該條例的解釋及應用目的的規定，第三條有關"對先前法例的影響"和第四條有關"日後的法例的釋義"的規定；

八、《個人資料（私隱）條例》（香港法例第四百八十六章）第三條第（二）款有關該條例具有凌駕地位的規定；

九、1992年7月17日以來對《社團條例》（香港法例第一百五十一章）的重大修改；

十、1995年7月27日以來對《公安條例》（香港法例第二百四十五章）的重大修改。

附件三

採用為香港特別行政區法律的香港原有法律中的名稱或詞句在解釋或適用時一般須遵循以下替換原則：

一、 任何提及"女王陛下"、"王室"、"英國政府"及"國務大臣"等相類似名稱或詞句的條款，如該條款內容是關於香港土地所有權或涉及《基本法》所規定的中央管理的事務和中央與香港特別行政區的關係，則該等名稱或詞句應相應地解釋為中央或中國的其他主管機關，其他情況下應解釋為香港特別行政區政府。

二、任何提及"女王會同樞密院"或"樞密院"的條款，如該條款內容是關於上訴權事項，則該等名稱或詞句應解釋為香港特別行政區終審法院，其他情況下，依第一項規定處理。

三、任何冠以"皇家"的政府機構或半官方機構的名稱應刪去"皇家"字樣，並解釋為香港特別行政區相應的機構。

四、任何"本殖民地"的名稱應解釋為香港特別行政區；任何有關香港領域的表述應依照國務院頒佈的香港特別行政區行政區域圖作出相應解釋後適用。

五、任何"最高法院"及"高等法院"等名稱或詞句應相應地解釋為高等法院及高等法院原訟法庭。

六、任何"總督"、"總督會同行政局"、"布政司"、"律政司"、"首席按察司"、"政務司"、"憲制事務司"、"海關總監"及"按察司"等名稱或詞句應相應地解釋為香港特別行政區行政長官、行政長官會同行政會議、政務司長、律政司長、終審法院首席法官或高等法院首席法官、民政事務局局長、政制事務局局長、海關關長及高等法院法官。

七、在香港原有法律中文文本中，任何有關立法局、司法機關或行政機關及其人員的名稱或詞句應相應地依照《基本法》的有關規定進行解釋和適用。

八、任何提及“中華人民共和國”和“中國”等相類似名稱或詞句的條款，應解釋為包括台灣、香港和澳門在內的中華人民共和國；任何單獨或同時提及大陸、台灣、香港和澳門的名稱或詞句的條款，應相應地將其解釋為中華人民共和國的一個組成部分。

九、任何提及“外國”等相類似名稱或詞句的條款，應解釋為中華人民共和國以外的任何國家或地區，或者根據該項法律或條款的內容解釋為“香港特別行政區以外的任何地方”；任何提及“外籍人士”等相類似名稱或詞句的條款，應解釋為中華人民共和國公民以外的任何人士。

十、任何提及“本條例的條文不影響亦不得視為影響女皇陛下、其儲君或其繼位人的權利”的規定，應解釋為“本條例的條文不影響亦不得視為影響中央或香港特別行政區政府根據《基本法》和其他法律的規定所享有的權利”。

中國外交部關於香港特別行政區護照的公告

（1995年11月15日）

中華人民共和國將自1997年7月1日對香港恢復行使主權之日起，啟用中華人民共和國香港特別行政區護照。

中華人民共和國香港特別行政區護照是中華人民共和國護照的一種，持上述護照前往世界各國和各地區有效。中華人民共和國外交部請各國軍政機關對持照人予以通行的便利和必要的協助。

根據《中華人民共和國香港特別行政區基本法》第154條的規定，中華人民共和國政府授權香港特別行政區政府依照法律向持有香港特別行政區永久性居民身份證的中國公民簽發中華人民共和國香港特別行政區護照。此外，按照國際慣例，中華人民共和國駐外國的外交代表機關、領事機關和中華人民共和國外交部授權的其他駐外機關也可辦理簽發香港特別行政區護照的有關事宜。中華人民共和國外交部已開始通過外交或其他途徑向世界各國提供中華人民共和國香港特別行政區護照樣本及有關説明材料，並積極準備與有關國家和地區就香港特別行政區護照持有者免辦簽證事宜進行商談。中華人民共和國外交部希望各國和地區積極考慮給予中華人民共和國香港特別行政區護照持有者免辦簽證的待遇。

中國外交部關於延續原免簽證訪港待遇的公告

（1997年5月16日）

中華人民共和國政府恢復對香港行使主權後，為便利香港特別行政區同世界各國和地區人員往來，從1997年7月1日起，目前可免辦簽證進入香港的國家及部分地區的人員進入香港特別行政區旅遊或從事短期經貿活動，原則上繼續給予免辦簽證待遇。根據《基本法》第154條“對世界各國或各地區的人入境、逗留和離境，香港特別行政區政府可實行出入境管制”的規定，給予免辦簽證待遇的國家和地區及具體辦法，將由香港特別行政區政府決定並予公佈。

外國人前往中國其他地區，仍應按現行有關規定申請簽證，辦理必要的手續。

中方正在研究港英簽證的過渡安排和中國駐外使、領館受理外國人赴港簽證申請問題，並將盡快公佈。

最高人民法院關於住在香港和澳門的我國同胞不能以華僑看待等問題的批覆

（1958 年 2 月 12 日）

貴州省高級人民法院：

你院 1957 年 12 月 11 日民二（57）字第 393 號報告及附卷均收悉。住在香港和澳門的我國同胞，不能以華僑看待，如果他們願意回大陸居住，只須持在港、澳居住的身份證件（如身份證，居住證等），即可向我國邊防檢查機關領取港、澳同胞回鄉介紹書，往目的地申報戶口，此外無須辦理其他手續。來文所舉黃琴芳與盧凱宣離婚一案，被告人盧凱宣既願回鄉，法院可即告知他上述回鄉應注意的事項，並限期回來在案件審理時出庭；同時，還可向他提出如無故拖延不回。即將缺席判決的警告。如果被告人逾期無正當理由而仍不回來，可即缺席判決。至於判決書的送達方法，可仍參照我院 1956 年 7 月 21 日（56）法研字第 7374 號復湖北省高級人民法院函（已抄送你院）所提辦法辦理。

公安部關於實施國籍法的內部規定（試行草案）

（1981年4月7日）

國籍法是國家的重要法律之一，是處理國籍問題的依據。正確貫徹實行國籍法、妥善處理國籍問題，是關係到維護國家主權和安全，保障公民民主權利，發展對外關係的大事。現就國籍法的條文和實施國籍法的若干具體問題，作如下說明和規定：

一、第一條規定：我國"各民族的人都具有中國國籍"。作這樣的規定是因為：有的國家視我國某些民族的人為他們的公民，通過他們的駐華使、領館向我國一些民族的人頒發護照或國籍證件。如：朝鮮駐華使館向我國朝鮮族公民發《海外公民證》，蘇聯使館向我國新疆等地少數民族發蘇聯護照，等。而在我國的某些民族中過去和現在都有一些人願意當外國人，不願做中國人。他們未經批准退出中國國籍就領取了外國護照或外國公民證。為此，我們堅持我國各民族的人都具有中國國籍，對於外國使、領館擅自向我國公民頒發護照或公民證，不予承認。

二、第四條規定："父母雙方或一方為中國公民，本人出生在中國，具有中國國籍。"這一規定改變了過去一度採取過在我國境內的中外通婚子女年滿18歲後允許"選籍"的做法。因為在實踐中"選籍"問題的做法，不僅第一代混血子女要選籍，在第二代、第三代的人中也出現"選籍"問題，造成混亂。因此，國籍法取消了"選籍"的規定。對於在我國境內的這些人中要求當外國人的，必須按照出籍規定辦理，經批准退出中國國籍後才能承認其外國國籍。對未經批准出籍而取得的外國護照或公民證，不予承認。

三、第五條規定："父母雙方或一方為中國公民，本人出生在外國，具有中國國籍；但父母雙方或一方為中國公民並定居在外國，本人出生時即有外國國籍的，不具有中國國籍”。這一條後面一段的規定是為了避免和解決中國公民在外國所生子女的雙重國籍。

對於國外華僑堅持要求他們具有外國國籍的子女當中國人的，駐外使、領館可在這類子女退出外國國籍後，為其辦理加入中國籍的手續，以照顧這部分國外華僑的民族感情。

這一條規定不適用於我國派出人員或臨時出國人員在外國所生子女，也不適用於國籍法公佈以前回國定居的歸僑及其子女。

四、第六條規定：“父母無國籍或國籍不明，定居在中國，本人出生在中國，具有中國國籍”。這一條改變了過去關於無國籍僑民的子女亦為無國籍的規定，這是出於減少無國籍人的考慮。但在國籍法公佈以前，無國籍僑民所生子女已按無國籍僑民登記管理的，不再改變。對要求入籍的，按照入籍的規定辦理。

“父母國籍不明”，是指無法查明其父母國籍的。

五、第七條規定中的“近親屬”，是指父母、夫妻、子女和同胞兄弟姐妹。

“其他正當理由”，包括對我國革命和建設事業有貢獻的、我國公民收養的外籍子女等。

六、第八條規定：“申請加入中國國籍獲得批准的，即取得中國國籍；被批准加入中國國籍的，不得再保留外國國籍。”按照這條規定，居住在中國的外國人和無國籍人在他們的入籍申請獲得批准後，應即註銷其原來的外國人居留、戶口登記，收繳外國人居留證，按中國人辦理戶口登記。關於不保留外國國籍的方式，根據他們的實際情況，可以分別採取不同的辦法：1. 經有關國家批准退出該國國籍；2. 依照有關國家的法律規定而自動喪失國籍；3. 所持外國證件逾期無效，本人不再辦理延期；4. 本人書面申請放棄原來的國籍，並交出原持有的外國國籍證件。

七、第九條規定：“定居外國的中國公民，自願加入或取得外國國籍的，即自動喪失中國國籍。”這裡所說的“定居外國的中國公民”，是指僑居和移居在外國的華僑及其具有中國國籍的後裔。對這部分中國公民加入或取得外國國籍，不需要先辦理退出中國國籍的手續，我國即承認其具有外國籍。

但這裡所說“定居外國的中國公民”，不包括我國因公派出的人員（如我國駐外使領館和其他機構的人員、援外人員、留學生等），以及臨時因私因公出國的人員。但因私臨時出國探親不歸而定居外國並取得外國國籍的，適用此條規定。

這一條規定也不適用於香港、澳門同胞。香港、澳門是我國的領土，但又分別在英國和葡萄牙的管轄之下，情況特殊，因此，對持有港英或澳葡當局所發護照的，不能按自動喪失中國國籍的規定處理，不承認其具有英國或葡萄牙國籍。過去曾規定對本人堅持做外國人的，可承認其港英或澳葡護照，這一規定應予改變。但對持有其他國家護照的，以及英國和葡萄牙本土護照的，則承認他們自動喪失中國國籍，具有外國國籍。

定居外國的我國公民，沒有加入或取得外國國籍，也未經批准退出中國國籍，但持有所在國發給的無國籍證件的，如果他們回國，一般可按中國人對待，不承認其所持的無國籍證件。如果他們要求領取我國護照，一般可按規定予以發給，無須辦理恢復中國國籍的手續。

八、第十條規定了中國公民退出中國國籍的三個條件。執行這一條規定，要注意：一是在國外，鼓勵華僑加入當地國籍，除第七項規定外，對於入籍國規定須持有退出原來國籍的證明書才能加入時，一般可根據本人要求，發給出籍證明書。二是在國內，盡量減少或不增加外國籍人。據此，對處理中國公民要求出籍的原則是：凡定居外國的提供方便，凡移居外國的從寬；凡在國內居住的從嚴。下列情況，可批准出籍：

1. 要求出國定居，符合出國條件，前往國又能批准入境的；

2. 定居外國因加入當地國籍，所在國要求先退出中國國籍的；

3. 外國人收養的中國孩子，要求出籍隨養父母國籍的；

4. 外國人的中國配偶，為領取外國的養老金和補助，要求出籍加入外國籍的；

5. 為了繼承財產，要求出籍後加入外國籍的；

6. 純外國血統的中國公民，堅決要求出籍恢復外國籍的。

下列情況，不准出籍：

1. 了解國家機密的；

2. 正在服刑的罪犯，戴帽的地、富、反、壞分子；

3. 有特務間諜嫌疑和其他刑事案件尚未處理的。

對於定居中國、根據外國國籍法可取得外國國籍，因此要求退出中國國籍當外國人的，一般不批准出籍。

九、第十一條規定：“申請退出中國國籍獲得批准的，即喪失中國國籍。”根據這一條規定，居住在中國的中國公民，在他們的出籍申請獲得批准後，應即註銷其原來的中國人戶口，按外國人辦理居留、戶口登記。批准出籍後，沒有取得外國籍的，按無國籍僑民對待。

目前，有一些居住在國內的我國公民，他們以父母一方為外國人，出生在外國或與外國人通婚等為由，未經批准出籍而取得了外國護照，對此，應一律不予承認。當地公安機關發現這種情況，應將他們所持的外國護照存檔備查，並由持有人將領取外國護照的經過寫成書面材料，或作出訊問筆錄，以備通過外交途徑同有關國家交涉之用。如發現持有人利用外國護照進行違法活動，則應將其外國護照收繳，並依法處理。

十、第十二條規定中所説的“國家工作人員”是指：一切國家機關、企業、事業單位和其他依照法律從事公務的人員。

十一、第十三條規定：“曾有過中國籍的外國人，具有正當理由，可以申請恢復中國國籍；被批准恢復中國國籍的，不得再保留外國國籍。”

“曾有過中國國籍的外國人”，主要是指中國血統的外籍華人。他們回中國定居，申請恢復中國國籍的，一般應批准；對其中為了便於出國、出境、領取養老金等原因需要保留外國護照的，可勸他們暫時不要恢復中國國籍。對這類人應按外國人進行登記和辦理居留手續，但具體對待上要適當照顧，不要與外國人同樣對待，他們在中國境內旅行，可從寬掌握，以照顧他們的民族感情。

對下列兩種復籍申請，一般應予批准：（1）批准退出中國籍後沒有取得外國籍的；（2）幼年隨同父或母出籍，成年後自願復籍的。

十二、第十四條規定："國籍的取得、喪失和恢復，除第九條規定的以外，必須辦理申請手續。未滿18周歲的人，可由其父母或其他法定代理人代為辦理申請。"

申請手續是：(1) 填寫申請表三份（一份由當地縣、市公安局存入申請人檔案，另兩份報送省、自治區公安廳和公安部審批）；(2) 繳二寸正面免冠半身相片四張（分貼於申請表和入、出籍證書上）。中央直轄市受理申請時，申請表和照片可酌減；(3) 繳納手續費20元（生活確實困難的，可酌減或免收）。

"其他法定代理人"是指：養父母、監護人和負有保護責任的機關、團體的代表。

當地公安機關受理申請後，對申請人的父母等直系親屬的國籍情況、本人政治歷史、現實表現和申請理由，應當認真調查，提出審查意見，報省、市、自治區公安廳、局復審（申請人是專家、高級知識分子、著名人士等有特殊身份的，應商有關部門同意），轉報公安部審批、發證。駐外使、領館受理的申請，也參照上述辦法報公安部審批和發證。

十三、第十七條規定："本法公佈前，已經取得中國國籍的或已經喪失中國國籍的，繼續有效。"

由於我國長期沒有制定國籍法，在國籍法公佈前，有一些外國人因長期在中國居住或與中國人通婚等原因，自然地取得了中國國籍，享有和履行中國公民的權利和義務；也有一些中國人因與外國人通婚和移居外國等原因，喪失了中國國籍，成了外國人。這樣的人有相當數量，如果按照公佈的國籍法，他們的國籍就可能要變更。所以作出這樣的規定，即承認既成事實。即使如此，國籍法公佈後，已有一批人提出，他們本來具有外國國籍，也沒有申請加入中國國籍，而現在卻作為中國人對待，要求恢復外國國籍；還有一些人提出，他們本來是外國人，我們錯把他們當作中國人了，也要求恢復外國國籍。對這些人的要求，原則上我們都要他們按國籍法第十七條規定辦。要求退出中國國籍加入外國籍的，按中國公民出籍的有關規定辦理。只是對個別純外國人，由於我們工作疏忽，確實錯把他們當作中國人的，才可改正。

十四、過去的規定，凡與國籍法和本規定相抵觸的，即行廢止。

公安部關於執行國籍法內部規定第七條有關問題的通知

（1981年6月30日）

各省、市、自治區公安廳局：

為了貫徹執行《中華人民共和國國籍法》，我部於1981年4月7日下達了《關於實施國籍法的內部規定》（試行草案）。內部規定第七條第三段：港澳同胞“持有港英或澳葡當局頒發的護照，不能按自動喪失中國國籍的規定處理，不承認其具有英國或葡萄牙國籍。……但對持有其他國家護照的，以及英國或葡萄牙本土護照的，則承認他們自動喪失中國國籍，具有外國國籍。”根據這一精神，現就港澳旅客入出境涉及的問題，通知如下：

一、持港英或澳葡當局頒發的護照入境的港澳旅客，一律按港澳同胞對待，憑《港澳同胞回鄉證》（以下簡稱《回鄉證》）放行。未持《回鄉證》的，一般應讓其辦妥《回鄉證》後入境。我簽證部門不再為其簽發入出境簽證。港英或澳葡當局頒發的護照和身份證，只作為查驗《回鄉證》時，核對本人真實身份，證明確係居住港澳之用。港澳船員持港英或澳葡當局頒發的護照，也應視為中國人。如船員名單上的國籍填為英籍或葡籍，邊防檢查站應改為中國籍。持有《回鄉證》的港澳船員，離船登陸或由其他口岸出境，均可憑《回鄉證》辦理邊防檢查手續。各港口邊防檢查站所需《回鄉證》附頁，可直接向廣東省公安廳邊防局函索。

二、持英國或葡萄牙本土護照（包括英、葡駐各國大使館簽發的護照）以及持其他國家護照的港澳旅客，一律按外國人對待，應辦妥我國有效簽證方能入出境。對外國人，在入境時，未辦妥我有效簽證的，一般應拒絕入境。但對有正當理由需要特殊照顧的，可允其先入境後補辦簽證。各省、市、自治區公安機關簽證部門憑其護照上邊防檢查站蓋的藍色驗訖章補辦簽證。對外國人所持《回鄉證》，邊防檢查站應予收繳。

三、居住在港澳的中國血統外籍人（持港英、澳葡護照除外），一律不發給《回鄉證》。如有提出申領的，香港中國旅行社應予拒絕。深圳、拱北邊防檢查站在審核簽發《回鄉證》時，也要注意把關，拒絕發證。

四、持因私普通護照出境而滯留在香港的人員入出境時，按照公安部1980年1月17日公一發（1980）171號"關於持中國護照因私出境滯留香港人員要求回內地的問題"規定辦理。如持有中國護照和《回鄉證》兩種證件，邊防檢查站應將其所持《回鄉證》收繳。

五、《關於邊防檢查工作中若干問題的暫行規定》第十一條"港澳同胞和海員持用港英、澳葡當局頒發的護照入境時，……如果本人堅持為英國籍和葡萄牙籍的，則按外國人對待"規定，應停止執行。

本通知自文到之日起執行。

國務院僑務辦公室
關於華僑、歸僑、華僑學生、歸僑學生、僑眷、外籍華人身份的解釋（試行）

（1984年6月23日）

（一）華僑：指定居外國的中國公民。

（二）歸國華僑：指回國定居的華僑，簡稱歸僑。不論年齡大小和何時回國，都是歸僑。來華定居的外籍華人，在恢復中國國籍後，也稱歸僑。

（三）華僑學生：指回國學習未在國內定居的華僑。

（四）歸國華僑學生：指從國外回來定居就學的華僑，簡稱歸僑學生。不論年齡大小，就讀何種學校，都是歸僑學生。

（五）僑眷：指華僑在國內的眷屬。包括：配偶、父母、子女（含媳婦、女婿）、兄弟姐妹、祖父母、外祖父母、孫兒孫女、外孫兒孫女、扶養人和生活主要來源依靠華僑的其他親屬。

華僑回國後，其國內眷屬仍視為僑眷。

外籍華人在華的具有中國國籍的眷屬，與僑眷範圍相等同（享受僑眷待遇）。

（六）外籍華人：指原是華僑或華僑後裔，後已加入或已取得居住國國籍者（國內有關優待華僑的政策一般可以適用於外籍華人）。

中國公民因私事往來香港地區或者澳門地區的暫行管理辦法

（1986年12月3日國務院批准　1986年12月25日公佈）

第一章　總則

第一條　根據《中華人民共和國公民出境入境管理法》第十七條的規定，制定本辦法。

第二條　本辦法適用於內地公民因私事往來香港地區（下稱香港）或者澳門地區（下稱澳門）以及港澳同胞來往內地。

第三條　內地公民因私事前往香港、澳門，憑我國公安機關簽發的前往港澳通行證或者往來港澳通行證從指定的口岸通行；返回內地也可以從其他對外開放的口岸通行。指定的口岸：往香港是深圳，往澳門是拱北。

第四條　港澳同胞來往於香港、澳門與內地之間，憑我國公安機關簽發的港澳同胞回鄉證或者入出境通行證，從中國對外開放的口岸通行。

第二章　內地公民前往香港、澳門

第五條　內地公民因私事前往香港、澳門定居，實行定額審批的辦法，以利於維護和保持香港和澳門的經濟繁榮和社會穩定。

第六條　內地公民因私事前往香港、澳門，須向戶口所在地的市、縣公安局出入境管理部門提出申請。

第七條　有下列情形之一的，可以申請前往香港、澳門定居：（一）夫妻一方定居香港、澳門，分居多年的；（二）定居香港、澳門的父母年老體弱，必須由內地子女前往照料的；（三）內地無依無靠的老人和兒童須投靠在香港、澳門的直系親屬和近親屬的；(四)定居香港、澳門直系親屬的產業無人繼承，必須由內地子女去定居才能繼承的；（五）有其他特殊情況必須去定居的。

第八條　有下列情形之一的，可以申請短期前往香港、澳門：(一) 在香港、澳門有定居的近親屬，須前往探望的；(二) 直系親屬或者近親屬是台灣同胞，必須由內地親人去香港、澳門會親的；(三)歸國華僑的直系親屬、兄弟姐妹和僑眷的直系親屬不能回內地探親，必須去香港、澳門會面的；（四）必須去香港、澳門處理產業的；（五）有其他特殊情況，必須短期去香港、澳門的。

第九條　內地公民因私事申請前往香港、澳門，須回答有關的詢問並履行下列手續：(一) 交驗戶口簿或者其他戶籍證明；(二) 填寫申請表；（三）提交所在工作單位對申請人前往香港、澳門的意見；（四）提交與申請事由相應的證明。

第十條　本辦法第九條第四項所稱的證明是指：（一）夫妻團聚，須提交合法婚姻證明，以及配偶在香港、澳門有永久居住資格的證明；（二）去香港、澳門照顧年老體弱父母或者無依無靠的老人、兒童投靠香港、澳門親屬，須提交與香港、澳門親屬關係及其在香港、澳門有永久居住資格的證明；（三）繼承或者處理產業，須提交產業狀況和合法繼承權的證明；（四）探望在香港、澳門親屬，須提交親屬函件；時間急迫的，應盡可能提交與申請事由相關的説明或者證明；（五）會見台灣親屬或者會見居住國外的親屬，須提交親屬到達香港、澳門日期的確切證明。

第十一條　公安機關出入境管理部門受理的前往香港、澳門的申請，應當在60天內作出批准或者不批准的決定，通知申請人。

第十二條　經批准前往香港、澳門定居的內地公民，由公安機關出入境管理部門發給前往港澳通行證。持證人應當在前往香港、澳門之前，到所在地公安派出所註銷戶口，並在規定的時間內前往香港、澳門。經批准短期前往香港、澳門的內地公民，發給往來港澳通行證。持證人應當在規定時間內前往並按期返回。

第十三條　內地公民申請去香港、澳門，有下列情形之一的，不予批准：（一）屬於《中華人民共和國公民出境入境管理法》第八條規定情形的；（二）不屬於本辦法第七條和第八條規定情形的；（三）編造情況、提供假證明，欺騙公安機關出入境管理部門的。

第三章　港澳同胞來內地

第十四條　港澳同胞來內地，須申請領取港澳同胞回鄉證。港澳同胞回鄉證由廣東省公安廳簽發。申領港澳同胞回鄉證須交驗居住身份證明、填寫申請表。不經常來內地的港澳同胞，可申請領取入出境通行證。申領辦法與申領港澳同胞回鄉證相同。

第十五條　有下列情形之一的，不發給港澳同胞回鄉證或者入出境通行證：（一）被認為有可能進行搶劫、盜竊、販毒等犯罪活動的；（二）編造情況，提交假證明的；（三）精神病患者。

第十六條　港澳同胞駕駛機動車輛來內地，應當按照廣東省人民政府有關規定申請行車執照，駕駛人員還須向廣東省公安廳出入境管理處申請駕駛港澳機動車輛來往內地的許可證。

第十七條　港澳同胞短期來內地，要按照戶口管理規定，辦理暫住登記。在賓館、飯店、旅店、招待所、學校等企業、事業單位或者機關、團體及其他機構內住宿的，應當填寫臨時住宿登記表；住在親友家的，由本人或者親友在24小時內（農村可在72小時內）到住地公安派出所或者戶籍辦公室辦理暫住登記。

第十八條　港澳同胞要求回內地定居的，應當事先向擬定居地的市、縣公安局提出申請，獲准後，持註有回鄉定居簽註的港澳同胞回鄉證，至定居地辦理常住戶口手續。

第四章　出入境檢查

第十九條　內地公民往來香港、澳門以及港澳同胞來往內地，須向對外開放口岸或者指定口岸的邊防檢查站出示出入境證件，填交出境、入境登記卡，接受查驗。

第二十條　有下列情形之一的，邊防檢查站有權阻止出境、入境：（一）未持有往來港澳通行證件、港澳同胞回鄉證或其他有效證件的；（二）持用偽造、塗改等無效的往來港澳通行證件或者港澳同胞回鄉證，冒用他人往來港澳通行證件或者港澳同胞回鄉證的；（三）拒絕交驗證件的。具有前款第二項規定的情形的，並可依照本辦法第二十六條的規定處理。

第五章　證件管理

第二十一條　港澳同胞回鄉證由持證人保存，有效期十年，在有效期內可以多次使用。超過有效期或者查驗頁用完的，可以換領新證。申請新證按照本辦法第十四條規定辦理。

第二十二條　前往港澳通行證在有效期內一次使用有效。往來港澳通行證有效期5年，可以延期二次，每次不超過5年，證件由持證入保存、使用，每次前往香港、澳門均須按照本辦法第六條、第八條、第十條的規定辦理申請手續，經批准的作一次往返簽註。經公安部特別授權的公安機關可以作多次往返簽註。

第二十三條　港澳同胞來內地後遺失港澳同胞回鄉證，應向遺失地的市、縣或者交通運輸部門的公安機關報失，經公安機關調查屬實，出具證明，由公安機關出入境管理部門簽發一次有效的入出境通行證，憑證返回香港、澳門。港澳同胞無論在香港、澳門或者內地遺失港澳同胞回鄉證，均可以按照本辦法第十四條規定重新申請領取港澳同胞回鄉證。

第二十四條　內地公民在前往香港、澳門之前遺失前往港澳通行證、往來港澳通行證的，應立即報告原發證機關，並由本人登報聲明，經調查屬實的，重新發給證件。

第二十五條　港澳同胞回鄉證持證人有本辦法第十五條規定情形之一的，證件應予以吊銷。吊銷證件由原發證機關或其上級機關決定並予以收繳。

第六章 處罰

第二十六條 持用偽造、塗改等無效的或者冒用他人的前往港澳通行證、往來港澳通行證、港澳同胞回鄉證、入出境通行證的，除可以沒收證件外，並視情節輕重，處以警告或5日以下拘留。

第二十七條 偽造、塗改、轉讓前往港澳通行證、往來港澳通行證、港澳同胞回鄉證、入出境通行證的，處10日以下拘留；情節嚴重，構成犯罪的，依照《中華人民共和國刑法》的有關條款的規定追究刑事責任。

第二十八條 編造情況，提供假證明，或者以行賄等手段，獲取前往港澳通行證、往來港澳通行證、港澳同胞回鄉證、入出境通行證，情節較輕的，處以警告或5日以下拘留；情節嚴重，構成犯罪的，依照《中華人民共和國刑法》的有關條款的規定追究刑事責任。

第二十九條 公安機關的工作人員在執行本辦法時，如有利用職權索取、收受賄賂或者有其他違法失職行為，情節輕微的，可以由主管部門酌情予以行政處分；情節嚴重，構成犯罪的，依照《中華人民共和國刑法》的有關條款的規定追究刑事責任。

第七章 附則

第三十條 本辦法由公安部組織實施，負責解釋。

第三十一條 本辦法自公佈之日起施行。

國務院港澳辦公室關於港澳同胞等幾種人身份的解釋（試行）

（1991年4月19日）

（一）港澳同胞：指香港或澳門居民中的中國公民。即在香港享有居留權的永久性居民中的中國公民和雖未取得居留權但係經內地主管部門批准，正式移居香港的中國公民，以及持有澳門正式居民身份證，而不是"臨時逗留證"的中國公民。

（二）定居內地的港澳同胞：指回內地定居的港澳同胞。不論年齡大小和何時回內地，都是定居內地的港澳同胞。

（三）港澳學生：指回內地就讀但未在內地定居的港澳同胞。

（四）回內地的港澳學生：指從港澳回內地定居就讀的港澳同胞。不論年齡大小，就讀於何種學校，都是回內地的港澳學生。

（五）港澳同胞眷屬：指港澳同胞在內地的眷屬。包括：配偶、父母、子女（含媳婦、女婿）、兄弟姐妹、祖父母、外祖父母、孫兒孫女、外孫兒孫女以及同港澳同胞有長期扶養關係的其他親屬。

港澳同胞回內地定居後，其內地眷屬仍視為港澳同胞眷屬。

港澳同胞去世後，其在內地的配偶、父母、子女（含媳婦、女婿）、兄弟姐妹、祖父母、外祖父母、孫兒孫女、外孫兒孫女，仍視為港澳同胞眷屬。

中英雙方關於香港居民國籍問題的備忘錄

備忘錄（中方）

中華人民共和國政府收到了大不列顛及北愛爾蘭聯合王國政府1984年12月19日的備忘錄。

根據中華人民共和國國籍法，所有香港中國同胞，不論其是否持有“英國屬土公民護照”，都是中國公民。

考慮到香港的歷史背景和現實情況，中華人民共和國政府主管部門自1997年7月1日起，允許原被稱為“英國屬土公民”的香港中國公民使用由聯合王國政府簽發的旅行證件去其他國家和地區旅行。

上述中國公民在香港特別行政區和中華人民共和國其他地區不得因其持有上述英國旅行證件而享受英國的領事保護的權利。

中華人民共和國外交部（印）

1984年12月19日

備忘錄（英方）

聯繫到今天簽訂的大不列顛及北愛爾蘭聯合王國政府和中華人民共和國政府關於香港問題的聯合聲明，聯合王國政府聲明，在完成對聯合王國有關立法的必要修改的情況下：

一、凡根據聯合王國實行的法律，在1997年6月30日由於同香港的關係為英國屬土公民者，從1997年7月1日起，不再是英國屬土公民，但將有資格保留某種適當地位，使其可繼續使用聯合王國政府簽發的護照，而不賦予在聯合王國的居留權。取得這種地位的人，必須為持有在1997年7月1日以前簽發的該種英國護照或包括在該種護照上的人，但在1997年1月1日或該日以後、1997年7月1日以前出生的有資格的人，可在1997年12月31日截止的期間內取得該種護照或包括在該種護照上。

二、在1997年7月1日或該日以後，任何人不得由於同香港的關係而取得英國屬土公民的地位。凡在1997年7月1日或該日以後出生者，不得取得第一節中所述的適當地位。

三、在香港特別行政區和其他地方的聯合王國的領事官員可為第一節中提及的人所持的護照延長期限和予以更換，亦可給他們在1997年7月1日前出生並且原來包括在他們護照上的子女簽發護照。

四、根據第一節和第三節已領取聯合王國政府簽發的護照的人或包括在該護照上的人，經請求有權在第三國獲得英國的領事服務和保護。

英國駐華大使館（印）
1984年12月19日

中國外交部發言人
關於“居英權計劃”的幾次談話

1989年12月30日

中國外交部發言人就英國宣佈“居英權計劃”，決定改變部分港人國籍問題發表談話，全文如下：

12月20日英國政府單方面宣佈決定給予5萬戶（計22.5萬人）香港居民以包括在聯合王國居留權在內的完全英國公民地位。中國政府對英國政府的這一行動感到十分驚訝。

英方的這一做法，嚴重違反了它自己的莊嚴承諾。5年前，在香港問題談判中，有關香港居民的國籍問題，原已取得協議，雙方並在此基礎上交換了備忘錄。英方的備忘錄明確規定：“凡根據聯合王國實行的法律，在1997年6月30日由於同香港的關係為英國屬土公民者，從1997年7月1日起，不再是英國屬土公民，但將有資格保留某種適當地位，使其可繼續使用聯合王國政府簽發的護照，而不賦予在聯合王國的居留權。”英方的上述備忘錄的內容和措詞，同中方的備忘錄一樣，都是經過雙方商定的。

最近幾周以來，英方一再聲稱要繼續信守中英聯合聲明，恢復中英合作關係，但現在卻出爾反爾，不顧中英雙方有關協議，單方面決定給予部分香港居民以完全的英國公民地位。英方還宣稱，他們將在上述5萬戶中保留相當數額，以便在臨近1997年的“稍後的年代中”給“那些可能在香港進入關鍵崗位的人以機會”，並號召英國的“夥伴和盟國”追隨英國之後，依法炮製，公然企圖將香港的中國居民“國際化”。

英國政府的決定，勢必在香港居民中製造矛盾，導致分化和對立。事實上，自決定公佈之後，已經在香港居民中引起相當的混亂。這一切顯然不利於香港的穩定和繁榮。任何關心香港前途的人，都不能對之熟視無睹。

中國政府要求英方以大局為重，改變上述做法，否則必須承擔由此而產生的一系列後果。中方保留對此採取相應措施的權利。

1990 年 3 月 1 日

中國外交部發言人再次指出，英方的居英權措施，嚴重違反了它自己在中英聯合聲明中所作的莊嚴承諾和中英雙方的有關協議。我們再次希望英方能以大局為重，改變這一錯誤做法，中方保留採取相應措施的權利。發言人指出，在簽訂中英聯合聲明時中方備忘錄載明：所有香港中國同胞，不論其是否持有"英國屬土公民護照"，都是中國公民。上述中國公民在香港特別行政區和中國的其他地區，不得因持有英國護照而享受英國的領事保護權利。按照中華人民共和國國籍法，定居在中國領土上的中國公民，如要取得外國國籍，首先須申請並經批准退出中國國籍。

1990 年 4 月 12 日

中國外交部發言人表示，關於英國單方面決定改變部分香港中國公民的國籍問題，中國政府已多次表明了嚴正立場。但是，英方竟置中國方面的正當要求於不顧，仍執意在議會提出《1990 年英國國籍（香港）法》。對於英方如此嚴重違反自己的莊嚴承諾和中英雙方的有關協議，中國政府當然不能置之不理。他說，英方不僅置中方的正當要求於不顧，而且公然宣稱動員其他國家如法炮製，企圖改變更多香港中國公民的國籍，這是中國政府不能接受的。

發言人說，中國政府再次重申，所有香港中國同胞，不論是否持有"英國屬土公民護照"，都是中國公民。香港中國同胞的國籍身份只能依據中國國籍法來確定，這是中國主權範圍內的事情。英國政府無權單方面處理香港中國公民的國籍身份。"對於英方的上述錯誤做法，我們將保留採取相應措施的權利。我們仍然希望英國方面能以兩國關係的大局為重，不要損害正在逐漸改善之中的中英兩國關係。”

同一天，英國外交部發言人回應中國外交部發言人的談話辯稱，英國完全有權給予在香港的英國屬土公民英國公民身份，其中並不存在改變中國公民國籍問題。因為根據中英聯合聲明，這些人要到1997年7月1日才正式成為中國公民。在這日子之前，英國是香港的主權國，完全有權處理香港英籍人士的國籍問題。他不明白中方為何認為居英權方案改變了香港中國公民的國籍。他重申，英國政府對居英權方案的立場不會因為中方的聲明而改變。

1990年4月20日

英國議會通過法案後，中國外交部發言人7月28日發表談話說：

眾所周知，關於香港中國同胞的國籍問題，無論從國際法還是根據中國國籍法的規定，都只能是中國主權範圍內的事情。中英雙方在香港問題的談判中，早已就這一問題達成了共識，並在此基礎上交換了備忘錄。中方的備忘錄鄭重指出，根據中華人民共和國國籍法，所有香港中國同胞，不論其是否持有“英國屬土公民護照”，都是中國公民。英方在它的備忘錄中明確承諾，對這些原來的“英國屬土公民”，“不賦予在聯合王國的居留權”。嗣後，英國為了履行這一承諾，還由英國議會制訂了“1985年香港法”，並頒佈了“1986年香港（英國國籍）樞密院令”。但時隔幾年之後，英方竟公開違背自己的莊嚴承諾，通過制訂“1990年英國國籍（香港）法”，試圖使部分香港中國公民取得包括在英國居留權在內的完全英國公民地位。英方的這種做法，違反中英上述有關協議和中英聯合聲明的精神與實質，損害了中國主權。這是中國政府不能接受的。

中方鄭重聲明，英方按照“1990年英國國籍（香港）法”給予部分香港中國公民的“英國公民”身份，不會得到中方的承認。香港於1997年7月1日回歸祖國後，英國不能在香港特別行政區和中國其他地區向這些中國公民提供領事保護，這些中國公民也不得使用"英國公民護照"進出香港特別行政區和中國其他地區。

英方在香港中國公民國籍問題上的錯誤做法，勢必在香港社會中造成混亂，不利於香港的順利過渡和穩定繁榮。英方執意要在香港的關鍵位置上物色"1990年英國國籍（香港）法"的"受惠人"，從而為實現中英聯合聲明關於"香港特別行政區政府由當地人組成"的規定設置了障礙。在此，中方嚴正指出，英方必須承擔它這一行動所產生的一切後果。中國政府保留在適當時候對英方的錯誤做法採取進一步措施的權利。

國務院港澳辦發言人就香港居民的國籍和居留權問題的有關政策發表談話

（《新華社》訊，1997年4月14日《人民日報》）

日前，國務院港澳事務辦公室副主任王鳳超，在香港談及1997年7月1日後解決香港居民的國籍和居留權問題的原則，廣大港人對國家制定的這方面政策表示歡迎，同時也提出了一些他們還不很清楚的問題。為此，國務院港澳事務辦公室發言人4月13日在北京全面介紹了有關香港居民的國籍和居留權問題的政策。

發言人說，1997年7月1日，中國國籍法和香港特別行政區基本法將在香港實施。去年5月，全國人大常委會對中國國籍法在香港實施的有關問題作出了解釋，全國人民代表大會香港特別行政區籌備委員會在此之後又提出了實施基本法第二十四條有關香港居留權規定的具體意見，為香港特別行政區政府據此制定有關的出入境條例打下了基礎。

根據全國人大常委會對中國國籍法解釋的規定，凡具有中國血統的香港居民，本人出生在中國領土，包括在香港出生的人，以及其他符合中國國籍法規定具有中國國籍條件的人，都是中國公民。其中有外國居留權的，如果本人不申報有外國國籍，可使用外國政府簽發的有關證件去其他國家或地區旅行，但在香港特別行政區和中國其他地區不得享有外國領事保護。如果這種人願以外國公民的身份在香港居住，可以憑有效的證明文件向特區入境處申報變更國籍，申報被批准後不再具有中國國籍。這樣規定，既滿足了廣大香港同胞將自己視為中國人的願望，同時也給予他們自願選擇以何種身份在香港居住的機會。中國公民，須按基本法對中國公民規定的條件取得香港居留權；非中國公民，包括已經批准變更國籍的人，就要按照基本法對非中國籍人規定的條件取得香港的居留權。下述六類人士是香港特別行政區永久性居民，享有香港居留權：

一、在香港特別行政區成立以前或以後在香港出生的中國公民，在出生時或出生後，其父親或母親是在香港定居，即享有香港居留權；如果父母當中只有父親在香港定居，則該人須是其父親的婚生子女或獲確立婚生地位的子女。一名被發現遺棄於香港的具有中國血統的初生嬰兒，如沒有相反的證明，可視為由一名已在香港定居的中國公民所生的婚生子女，也享有香港居留權。

發言人指出，"定居"是指一個人通常在香港居住並不受任何居留期限的限制，包括享有居留權的人和不受任何居留條件限制的人。

二、在香港特別行政區成立以前或以後在香港通常居住連續7年以上的中國公民。中國公民在香港通常居住連續7年的時間計算方法，是在香港特別行政區成立之前或之後的任何時間的連續7年。

所謂"通常居住"，發言人指出，一個香港居民，如在一個時期內去香港以外留學或被派往香港以外工作，這段在外地的時間，也應計算在"通常居住"的時間內。但某些情況下在港居住的人不屬通常居住，例如，非法入境者、被法庭判決在港監禁或拘留的人、外來勞工和外籍家庭傭工等。

三、第一、二項所列居民在香港以外所生的中國籍子女。無論是在香港特別行政區成立之前或之後，在香港以外出生的中國籍子女，只要出生時其父親或母親是具有香港居留權的人，該子女即享有香港居留權；如果只有父親具有香港居留權，則該子女須是其父親的婚生子女或獲確立婚生地位的子女。

四、在香港特別行政區成立以前或以後持有效旅行證件進入香港、在香港通常居住連續7年以上並以香港為永久居住地的非中國籍的人。非中國籍人在香港通常居住連續7年的時間計算方法，是緊接該人申請成為香港永久性居民的日期之前的連續7年。非中國籍人還須按法定方式作出以香港為永久居住地的聲明，並在該聲明表格中如實申報能證明自己以香港作為永久居住地的個人資料。如在香港有無住所（慣常居所）；家庭的直系成員（配偶及未成年子女）是否通常在香港居住；在香港有無正當職業或穩定的生活來源；是否在香港依法納稅；以及任何其他有關的資料。入境事務處處長在審核這些資料時將按照該人的具體情況來處理，並有權在需要時要求申報人提供必要的證明文件和資料，申報人須對提供資料的真實性負責。

五、香港永久性居民中的非中國籍人在香港特別行政區成立以前或以後在香港所生的未滿21周歲的子女。在香港出生的非中國籍子女，在出生時或出生後，其父親或母親如已根據上述第四項具有香港居留權，該子女在未滿21周歲前也可享有香港居留權；如果只有父親是根據上述第四項具有香港居留權，則該子女必須是其父親的婚生子女或獲確立婚生地位的子女。一名被發現遺棄在香港的非中國血統的初生嬰兒，如無相反的證明，可視為符合上述條件。根據本項規定獲得香港永久性居民身份的人，當其年滿21周歲時，須按照上述第四項規定取得香港特別行政區永久性居民身份，否則不繼續具有香港特別行政區永久性居民身份。

六、上述一至五項所列居民以外在香港特別行政區成立以前只在香港有居留權的人。這類人須按法定方式作出一項聲明，表明自己在香港特別行政區成立以前只在香港有居留權，並對該項聲明的真實性負責。如果有理由相信作出該項聲明的人享有另一個國家或地區的居留權，該人須承擔舉證的責任。

關於在何種情況下會喪失香港居留權的問題，這位發言人表示，根據基本法的規定，香港特別行政區的永久性居民中，既有中國公民，也有非中國籍人。中國公民在取得香港居留權後，如不發生國籍變更，是不會喪失香港居留權的；如發生國籍變更，就須按基本法第二十四條第二款第四項對非中國籍人的條件來衡量，如緊接其國籍變更之前在香港特別行政區連續居住不滿7年，將喪失香港居留權。

基本法賦予具有外國籍的人享有香港居留權，是以其在港通常居住連續7年以上並聲明將香港作為永久居住地為條件的。為此有必要規定，香港特別行政區永久性居民中的非中國籍人，如在任何時間內連續36個月不在香港特別行政區居住，將會喪失香港特別行政區永久性居民身份；除非該人是只在香港特別行政區有居留權的人，或者是有正當理由（如就讀或派往香港以外工作）暫居香港以外並同香港仍保持密切聯繫的人。但如果一個只在香港特別行政區有居留權的人，在取得香港永久性居民身份以後又取得了另一個國家或地區的居留權，該人在取得另一國家或地區的居留權之後的任何時間內連續36個月不在香港特別行政區居住，也將會喪失香港特別行政區永久性居民身份。

當問到對1997年6月30日前已持有香港永久性居民身份證的人如何作出過渡安排時，這位發言人介紹了有關過渡安排的設想：

1. 在香港特別行政區成立前具有香港永久性居民身份的中國公民，其中包括，曾移居海外，但在1997年7月1日以後返回香港定居，而本人並未申報有外國國籍者。

2. 在香港特別行政區成立前具有香港永久性居民身份的非中國籍人，如果他們在緊接1997年6月30日以前已在香港定居或返回香港定居；或在自1997年7月1日起的18個月內返回香港定居；或在緊接其返回香港定居之日前連續不在香港居住不超過36個月，仍為香港特別行政區永久性居民。

對於上述過渡安排中提到的1997年7月1日在香港定居，發言人表示，一個人雖有責任使入境事務處相信他在1997年7月1日在香港定居，但他不須當日身在香港。這位發言人還表示，為了不影響因上述規定和過渡安排而喪失永久性居民身份的非中國籍人在香港的生活和工作，將賦予其香港的入境權，他們可以自由進出香港，並可以不受居留條件限制地在港生活和工作。這位發言人表示，香港居民的國籍和居留權問題關係到每一位港人的切身利益，現在基本的法律和政策已經有了，希望香港特別行政區盡快制定具體的條例。發言人還表示，中國政府在制定有關香港居民的居留權方面的政策時一直聽取了英方的意見，我們繼續歡迎英方就此提供意見。

關於國籍法衝突的若干問題的公約

（1930年4月12日訂於海牙）

德國總統，奧地利共和國聯邦總統，比利時國王陛下，大不列顛愛爾蘭和海外領地國王兼印度皇帝陛下，智利共和國總統，中華民國國民政府主席，哥倫比亞共和國總統，古巴共和國總統，丹麥和冰島國王陛下，波蘭共和國總統代表但澤自由市，埃及國王陛下，西班牙國王陛下，愛沙尼亞共和國政府，法蘭西共和國總統，希臘共和國總統，匈牙利王國攝政王殿下，丹麥和冰島國王陛下代表冰島，意大利國王陛下，日本皇帝陛下，拉脱維亞共和國總統，盧森堡大公國女大公殿下，墨西哥合眾國總統，荷蘭女皇陛下，秘魯共和國總統，波蘭共和國總統，葡萄牙共和國總統，薩爾瓦多共和國總統，瑞典國王陛下，瑞士聯邦委員會，捷克斯洛伐克共和國總統，烏拉圭共和國總統，南斯拉夫國王陛下：

認為以國際協定解決各國國籍法衝突問題極為重要；

深信使得各國公認無論何人應有國籍且應僅有一個國籍實為國際社會所共同關心；

因此承認人類在這一領域內所應努力嚮往的理想是消滅一切無國籍及雙重國籍的現象；

意識到在各國現時的社會和經濟狀況之下，不可能使上述一切問題立即獲得一致解決；

但仍願在逐步編纂的初次嘗試中，解決一些有關各國國籍法衝突而於現時可以達成國際協議的問題，作為這一偉大成就的第一步驟，決定訂定公約，並為此目的指派全權代表：（代表銜名從略。——編者）

上述全權代表交存各自全權證書經認為妥善後，議定條款如下：

第一章　一般原則

第一條　每一國家依照其本國法律斷定誰是它的國民。此項法律如符合於國際公約、國際慣例以及一般承認關於國籍的法律原則，其他國家應予承認。

第二條　關於某人是否具有某一特定國家國籍的問題，應依照該國的法律予以斷定。

第三條　除本公約另有規定外，凡具有兩個以上國籍的人，得被他所具有國籍的每一國家視為各該國家的國民。

第四條　國家對於兼有另一國國籍的本國國民不得違反該另一國而施以外交庇護。

第五條　具有一個以上國籍的人，在第三國境內，應被視為只有一個國籍。第三國在不妨礙適用該國關於個人身份事件的法律以及任何有效條約的情況下，就該人所有的各國籍中，應在其領土內只承認該人經常及主要居所所在國家的國籍，或者只承認在各種情況下似與該人實際上關係最密切的國家的國籍。

第六條　具有兩個國籍的人，如果此項國籍並非由於他的任何自動行為而取得，經一國的許可，得放棄該國的國籍，但該國給與更廣泛出籍權利的自由者不在此限。如果該人在國外有經常及主要居所，而其所欲出籍國家的法定條件均已得到滿足時，前項許可不得拒絕。

第二章　出籍許可證書

第七條　一國的法律規定發給出籍許可證書者，除非領得證書的人具有另一國籍或取得另一國籍，並且在取得另一國籍以前，此項證書對之不發生喪失發給證書國家國籍的效果。

如果領得出籍許可證書的人在發給證書國家所規定的時間內不取得另一國籍，則證書失其效力，但領得出籍許可證書時已具有除發給證書國家以外另一國的國籍者，不在此限。

領得出籍許可證書的人取得新國籍的這一國家應將該人取得國籍的事實通知發給證書的國家。

第三章　已婚婦女的國籍

第八條　如果妻子的本國法規定與外國人結婚喪失其國籍，這一效果的發生應以其取得丈夫的國籍為條件。

第九條　如果妻子的本國法規定在婚姻關係存續中丈夫的國籍變更使妻子因而喪失國籍，這一效果的發生應以其取得丈夫的新國籍為條件。

第十條　丈夫在婚姻關係存續中入籍，除經妻子同意外，對妻子不發生變更國籍的效果。

第十一條　如果妻子的本國法規定妻子因結婚而喪失國籍，在婚姻關係解除後，非經妻子自行請求並遵照該國法律，不得恢復國籍。妻子如恢復國籍，應即喪失其因婚姻而取得的國籍。

第四章　子女的國籍

第十二條　規定因出生於國家領土內取得國籍的法規，不得當然適用於在該國享受外交豁免的人所生的子女。

各國法律對於正式領事或其他負有政府使命的國家官員所生於該國領土內且在任何情況下出生時即取得雙重國籍的子女，應容許以聲明拋棄或其他手續，解除其出生地國國籍，但以保留其父母的國籍者為限。

第十三條　父母的入籍應依入籍國法律使未成年子女隨之而取得准許入籍國家的國籍。在此種情況下，該國法律得規定未成年子女因其父母入籍而取得國籍的條件。未成年子女如不因其父母入籍而取得國籍，則應保留其原有國籍。

第十四條　父母無可考的兒童應具有出生地國家的國籍。兒童的父母可考時，其國籍應依照適用於父母可考者的規則予以斷定。

如無相反證據，棄兒應推定為出生於發現國家的領土內。

第十五條 如果一國的國籍不以在其領土內出生而當然取得，則生於該國領土內父母無國籍者或父母國籍無可考者，得取得該國國籍。該國的法律應規定在此種情形下取得該國國籍的條件。

第十六條 如果非婚生子女所隸屬國家的法律認為此項國籍得因子女的民事地位變更（如追認或認知）而喪失，則此種國籍的喪失應以子女取得另一國國籍為條件，但應按照該國關於民事地位變更影響國籍的法律。

第五章 收養

第十七條 如果一國的法律認為國籍得因收養而喪失，此項國籍的喪失應以被收養人按照收養人所屬國家關於收養影響國籍的法律而取得收養人的國籍為條件。

第六章 一般和最後條款

第十八條 締約各方同意自本公約生效日起，在彼此相互關係中適用前列各條所定的原則和規定。

本公約載入前述原則和規定，對於此種原則和規定是否已經構成國際法一部分的問題絕無妨礙。

經了解關於前列各條規定並未涉及的各點，現行國際公法的原則和規定應繼續有效。

第十九條 本公約不影響締約各方間現行有效的關於國籍或相關事項的任何條約、公約或協定的規定。

第二十條 任何締約一方簽字於本公約或批准或加入時，得就第一條至第十七條及第二十一條，附加明白保留案，排除一條或多條。

此項經排除的規定對於保留的一方不能適用，該方對於任何其他締約另一方亦不能援用。

第二十一條 締約各方間如因本公約的解釋或適用而發生任何

爭端，而此項爭端不能通過外交途徑予以滿意解決時，則應按照各該方間現行有效的可以適用於解決國際爭端的協定予以解決。

如果各該方間無此項現行有效的協定，該項爭端應按照各該方憲法程序交付公斷或司法解決。如果各該方對選擇另一法院未達成協議而爭端各方均為1920年12月16日關於國際常設法院規約議定書的簽字國，則該項爭端應交國際常設法院。如果有任何一方不是1920年12月16日議定書的簽字國，則該項爭端應交付依照1907年10月18日關於和平解決國際爭端的海牙公約而組織的仲裁法庭。

第二十二條　在1930年12月31日以前，任何國際聯盟會員國或非會員國而被邀出席第一次國際法編纂會議的或曾受國際聯盟行政院為此目的送交公約副本的非會員國均得派遣代表簽字於本公約。

第二十三條　本公約須經批准。批准書應交存國際聯盟秘書廳。

秘書長應將每一批准書交存的事實通知國際聯盟會員國及第二十二條所述非會員國，並指明交存的日期。

第二十四條　自1931年1月1日起，尚未於該日以前簽字於本公約的國際聯盟會員國及第二十二條所述非會員國均得加入本公約。

加入應以加入書交存國際聯盟秘書廳。國際聯盟秘書長應將每一加入的事實通知國際聯盟會員國及第二十二條所述非會員國，指明加入的日期。

第二十五條　經10個會員國或非會員國交存批准書或加入書後，國際聯盟秘書長應即作成記事錄。

國際聯合會秘書長應將此項記事錄經證明無誤的副本送交國際聯盟每一會員國及第二十二條所述非會員國。

第二十六條　自第二十五條所規定記事錄作成後之第90日起，本公約對於在記事錄作成之日已交存批准書或加入書的所有國際聯盟會員國及非會員國發生效力。

對於在該日期後交存批准書或加入書的任何聯盟會員國或非會員國，本公約應於交存日期後第90日起發生效力。

第二十七條 自1936年1月1日起，本公約對之有效的任何國際聯盟會員國或非會員國得向國際聯盟秘書長致送修改本公約任何一部或全部條款的請求書。如果該項請求書送達於本公約對之有效的其他聯盟會員國及非會員國後1年內獲得至少9國的贊助時，國際聯盟行政院應於諮詢國際聯盟會員國及第二十二條所述非會員國後，決定應否為此事召集特別會議，或由下次國際法編纂會議討論此項修改。

締約各方同意本公約如須修改，經修改的公約得規定本公約一部或全部條款於新公約生效時，在本公約所有締約各方間應予廢止。

第二十八條 對本公約得聲明退出。

聲明退出應以書面通知書致送於國際聯盟秘書長，由秘書長通告聯盟會員國及第二十二條所述非會員國。

每一退出的聲明於秘書長接到通知1年後發生效力，但僅適用於通知退出的聯盟會員國或非會員國。

第二十九條 一、締約任何一方得於簽字時、批准時或加入時聲明雖接受本公約，但關於該國的一切或任何殖民地、保護國、海外領地或在宗主權或委任統治之下的領地，或關於上述領地的某部分居民，不承擔任何義務，本公約對於聲明中所指出的任何領地或其部分居民不能適用。

二、締約任何一方嗣後無論何時均得通知國際聯盟秘書長聲明願以本公約適用於前款聲明內所稱一切或任何領地或其部分居民。本公約自國際聯盟秘書長接到通知後6個月起，對於該通知內所稱一切領地或其部分居民即行適用。

三、締約任何一方無論何時均得聲明本公約對於該國的一切或任何殖民地、保護國、海外領地或在宗主權或委任統治之下的領地，或關於上述領地的某部分居民停止適用。本公約自國際聯盟秘書長接到通知後1年起對於聲明內所指一切領地或其部分居民停止適用。

四、締約任何一方關於其一切或任何殖民地、保護國、海外領地或在宗主權或委任統治之下的領地，或關於上述領地的某部分居民，得於簽字於本公約時或批准時或加入時或按照本條第二款通知時，為第二十條規定的保留。

五、國際聯盟秘書長應將按照本條收到的各項聲明及通知送達國際聯盟會員國及第二十二條所述非會員國。

第三十條 本公約一經發生效力，應由國際聯盟秘書長予以登記。

第三十一條 本公約的英文本及法文本有同等效力。

全權代表們在本公約簽字，以昭信守。

1930年4月12日訂於海牙，計一份，交存於國際聯盟秘書廳的檔案庫，由秘書長將經證明為真實的副本分送國際聯盟所有會員國以及一切被邀參加第一次國際法編纂會議的非會員國。

關於無國籍人地位的公約

（1954年9月28日訂於紐約）

序言

締約各方：

考慮到聯合國憲章和聯合國大會於1948年12月10日通過的世界人權宣言確認人人享有基本權利和自由不受歧視的原則。

考慮到聯合國在各種場合表示過它對無國籍人的深切關懷，並且竭力保證無國籍人可以最廣泛地行使此項基本權利和自由。

考慮到1951年7月28日關於難民地位的公約僅適用於同時是難民的無國籍人，還有許多無國籍人不在該公約適用範圍以內。

考慮到通過一項國際協定來規定和改善無國籍人的地位是符合於願望的。

茲議定如下：

第一章　一般規定

第一條　"無國籍人"的定義

（一）本公約所稱"無國籍人"一詞是指任何國家根據它的法律不認為它的國民的人。

（二）本公約不適用於：

1. 目前從聯合國難民高級專員以外的機關或機構獲得保護或援助的人，只要他仍在獲得此項保護或援助；

2. 被其居住地國家主管當局認為具有附着於該國國籍的權利和義務的人；

3. 存在着重大理由足以認為有下列事情的人：

(甲)該人犯了國際文件中已作出規定的破壞和平罪、戰爭罪、或違反人道罪。

(乙)該人在進入一國以前，曾在該國以外犯過嚴重的非政治性罪行。

(丙)該人曾有違反聯合國宗旨和原則的罪行，並經認為有罪。

第二條　一般義務

每一無國籍人對其所在國負有責任，此項責任特別要求他遵守該國的法律和規章以及為維持公共秩序而採取的措施。

第三條　不受歧視

締約各國應對無國籍人不分種族、宗教或原籍，適用本公約的規定。

第四條　宗教

締約各國對在其領土內的無國籍人，關於舉行宗教儀式的自由以及對其子女施加宗教教育的自由方面，應至少給予其本國國民所獲得的待遇。

第五條　與本公約無關的權利

本公約任何規定不得認為妨礙一個締約國並非由於本公約而給予無國籍人的權利。

第六條　"在同樣情況下"一詞的意義

本公約所用"在同樣情況下"一詞意味着凡是個別的人如果不是無國籍人，為了享受有關的權利所必須具備的任何要件（包括關於旅居或居住的期間和條件的要件），但按照要件的性質，無國籍人不可能具備者，則不在此例。

第七條　相互條件的免除

(一)除本公約載有更有利的規定外，締約國應給予無國籍人以一般外國人所獲得的待遇。

(二) 一切無國籍人在居住期滿3年以後，應在締約各國領土內享受立法上相互條件的免除。

(三)締約各國應繼續給予無國籍人在本公約對該國生效之日他們無需在相互條件下已經有權享受的權利和利益。

（四）締約各國對無需在相互條件下給予無國籍人根據第（二）、（三）兩款他們有權享受以外的權利和利益，以及對不具備第（二）、（三）兩款所規定條件的無國籍人亦免除相互條件的可能性，應給予有利的考慮。

（五）第（二）、（三）兩款的規定對本公約第十三、十八、十九、二十一和二十二條所指權利和利益，以及本公約並未規定的權利和利益，均予適用。

第八條　特殊措施的免除

關於對一外國國民的人身、財產或利益所得採取的特殊措施，締約各國不得僅僅因其過去曾屬有關外國國籍而對其適用此項措施。締約各國如根據其國內法不能適用本條所表示的一般原則，應在適當情況下，對此項無國籍人給予免除的優惠。

第九條　臨時措施

本公約的任何規定並不妨礙一締約國在戰時或其他嚴重和特殊情況下對個別的人在該締約國斷定該人確為無國籍人以前，並且認為有必要為了國家安全的利益應對該人繼續採取措施時，對他臨時採取該國所認為對其國家安全是迫切需要的措施。

第十條　繼續居住

（一）無國籍人如在第二次世界大戰時被強制放逐並移至締約一國的領土並在其內居住，這種強制留居的時期應被認為在該領土內合法居住期間以內。

（二）無國籍人如在第二次世界大戰時被強制逐出締約一國的領土，而在本公約生效之日以前返回該國準備定居，則在強制放逐以前和以後的居住時期，為了符合於繼續居住這一要求的任何目的，應被認為是一個未經中斷的期間。

第十一條　無國籍海員

對於在懸掛締約一國國旗的船上正常服務的無國籍人，該國對於無國籍人在其領土內定居以及發給他們旅行證件或者暫時接納他們到該國領土內，特別是為了便利他們在另一國家定居的目的，均應給予同情的考慮。

第二章　法律上地位

第十二條　個人身份

(一)無國籍人的個人身份，應受其住所地國家的法律支配，如無住所，則受其居所地國家的法律支配。

(二)無國籍人以前由於個人身份而取得的權利，特別是關於婚姻的權利，應受到締約一國的尊重，如必要時應遵守該國法律所要求的儀式，但以如果他不是無國籍人該有關的權利亦被該國法律承認者為限。

第十三條　動產和不動產

締約各國在動產和不動產的取得及與此有關的其他權利，以及關於動產和不動產的租賃和其他契約方面，應給予無國籍人盡可能優惠的待遇，無論如何，此項待遇不得低於在同樣情況下給予一般外國人的待遇。

第十四條　藝術權利和工業財產

關於工業財產的保護，例如對發明、設計或模型、商標、商號名稱以及對文學、藝術和科學作品的權利，無國籍人在其經常居住的國家內，應給以該國國民所享有同樣的保護。他在任何其他締約國領土內，應給以他經常居住國家的國民所享有的同樣保護。

第十五條　結社的權利

關於非政治性和非營利性的社團以及同業公會組織，締約各國對合法居留在其領土內的無國籍人，應給以盡可能優惠的待遇，無論如何，此項待遇不得低於一般外國人在同樣情況下所享有的待遇。

第十六條　出席法院的權利

(一) 無國籍人有權自由出席所有締約各國領土內的法院。

(二) 無國籍人在其經常居住的締約國內，就有關出席法院的事項，包括訴訟救助和免予提供訴訟擔保在內，應享有與本國國民相同的待遇。

(三) 無國籍人在其經常居住的國家以外的其他國家內，就第(二) 款所述事項，應給以他經常居住國家的國民所享有的待遇。

第三章 有利可圖的職業活動

第十七條 以工資受償的僱傭

(一)締約各國對合法在其領土內居留的無國籍人，就從事工作以換取工資的權利方面，應給以盡可能優惠的待遇，無論如何，此項待遇不得低於一般外國人在同樣情況下所享有的待遇。

(二)在使一切無國籍人以工資受償僱傭的權利相同於本國國民的此項權利方面，特別是對根據勞力招募計劃或移民計劃而進入其領土的無國籍人，締約各國應給以同情的考慮。

第十八條 自營職業

締約各國對合法在其領土內的無國籍人，就其自己經營農業、工業、手工業、商業以及設立工商業公司方面，應給以盡可能優惠的待遇，無論如何，此項待遇不得低於一般外國人在同樣情況下所享有的待遇。

第十九條 自由職業

締約各國對合法居留於其領土內的無國籍人，凡持有該國主管當局所承認的文憑並願意從事自由職業者，應給以盡可能優惠的待遇，無論如何，此項待遇不得低於一般外國人在同樣情況下所享有的待遇。

第四章 福利

第二十條 定額供應

如果存在着定額供應制度，而這一制度是適用於一般居民並調整着缺銷產品的總分配，無國籍人應給以本國國民所享有的同樣待遇。

第二十一條 房屋

締約各國對合法居留於其領土的無國籍人，就房屋問題方面，如果該問題是由法律或規章調整或者受公共當局管制，應給以盡可能優惠的待遇，無論如何，此項待遇不得低於一般外國人在同樣情況下所享有的待遇。

第二十二條　公共教育

(一)締約各國應給予無國籍人凡本國國民在初等教育方面所享有的同樣待遇。

(二)締約各國就初等教育以外的教育，特別是就獲得研究學術的機會，承認外國學校的證書、文憑和學位、減免學費以及發給獎學金方面，應對無國籍人給以盡可能優惠的待遇，無論如何，此項待遇不得低於一般外國人在同樣情況下所享有的待遇。

第二十三條　公共救濟

締約各國對合法居住在其領土內的無國籍人，就公共救濟和援助方面，應給以凡其本國國民所享有的同樣待遇。

第二十四條　勞動立法和社會安全

(一)締約各國對合法居留在其領土內的無國籍人，就下列各事項，應給以本國國民所享有的同樣待遇：

(甲)報酬，包括家庭津貼，如這種津貼構成報酬一部分的話，工作時間，加班辦法，假日工資，對帶回家去工作的限制，僱傭最低年齡、學徒和訓練，女工和童工，享受共同交涉的利益，如果這些事項由法律或規章規定，或者受行政當局管制的話；

(乙)社會安全(關於僱傭中所受損害，職業病，生育，疾病，殘廢，年老，死亡，失業，家庭負擔或根據國家法律或規章包括在社會安全計劃之內的任何其他事故的法律規定)，但受以下規定的限制：

(子)對維持既得權利和正在取得中的權利可能作出適當安排；

(丑)居所地國的法律或規章可能對全部由公共基金支付利益金或利益金的一部分或對不符合於為發給正常退職金所規定資助條件的人發給津貼制訂特別安排。

(二)無國籍人由於僱傭中所受損害或職業病死亡而獲得的補償權利，不因受益人居住在締約國領土以外而受影響。

(三)締約各國之間所締結或在將來可能締結的協定，凡涉及社會安全既得權利或正在取得中的權利，締約各國應以此項協定所產生的利益給予無國籍人，但以這是符合於對有關協定各簽字國國民適用的條件者為限。

（四）締約各國對以締約國和非締約國之間隨時可能生效的類似協定所產生的利益盡量給予無國籍人一事，將予以同情的考慮。

第五章　行政措施

第二十五條　行政協助

（一）如果無國籍人行使一項權利時正常地需要一個對他不能援助的外國當局的協助，則無國籍人居住地的締約國應安排由該國自己當局給予此項協助。

（二）第一款所述當局應將正常地應由外國人的本國當局或通過其本國當局給予外國人的文件或證明書給予無國籍人，或者使這種文件或證明書在其監督下給予無國籍人。

（三）如此發給的文件或證明書應代替由外國人的本國當局或通過其本國當局發給外國人的正式文件，並應在沒有相反證據的情況下給予證明的效力。

（四）除對貧苦的人可能給予特殊的待遇外，對上述服務可以徵收費用，但此項費用應有限度，並應相當於為類似服務向本國國民徵收的費用。

（五）本條各項規定對第二十七條和第二十八條並不妨礙。

第二十六條　行動自由

締約各國對合法在其領土內的無國籍人，應給予選擇其居所地和在其領土內自由行動的權利，但應受對一般外國人在同樣情況下適用的規章的限制。

第二十七條　身份證件

締約各國對在其領土內不持有有效旅行證件的任何無國籍人，應發給身份證件。

第二十八條　旅行證件

締約各國對合法在其領土內居留的無國籍人，除因國家安全或公共秩序的重大原因應另作考慮外，應發給旅行證件，以憑在其領土以外旅行。本公約附件的規定應適用於上述證件。締約各國可以發給在其領土內的任何其他無國籍人上述旅行證件。締約各國特別對於在其領土內而不能向其合法居所地國家取得旅行證件的無國籍人發給上述旅行證件一事，應給予同情的考慮。

第二十九條　財政徵收

(一)締約各國不得對無國籍人徵收其向本國國民在類似情況下徵收以外的或較高於向其本國國民在類似情況下徵收的任何種類捐稅或費用。

(二)前款規定並不妨礙對無國籍人適用關於向外國人發給行政文件包括身份證件在內徵收費用的法律和規章。

第三十條　資產的移轉

(一)締約國應在符合於其法律和規章的情況下，准許無國籍人將其攜入該國領土內的資產，移轉到他們為重新定居目的而已被准許入境的另一國家。

(二)如果無國籍人申請移轉，不論在何地方的並在另一國家重新定居所需要的財產，而且該另一國家已准其入境，則締約國對其申請應給予同情的考慮。

第三十一條　驅逐出境

(一)締約各國除因國家安全或公共秩序理由外，不得將合法在其領土內的無國籍人驅逐出境。

(二)驅逐無國籍人出境只能以按照適法程序作出的判決為根據。除因國家安全的重大理由要求另作考慮外，應准許無國籍人提出可以為自己辯白的證據，向主管當局或向由主管當局特別指定的人員申訴或者為此目的委託代表向上述當局或人員申訴。

(三)締約各國應給予上述無國籍人一個合理的期間，以便取得合法進入另一國家的許可。締約各國保留在這期間內適用他們所認為必要的內部措施的權利。

第三十二條　入籍

締約各國應盡可能便利無國籍人的入籍和同化。他們應特別盡力加速辦理入籍程序，並盡可能減低此項程序的費用。

第六章　最後條款

第三十三條　關於國內立法的情報

締約各國應向聯合國秘書長送交他們可能採用為保證執行本公約的法律和規章。

第三十四條　爭端的解決

本公約當事國間關於公約解釋或執行的爭端，如不能以其他方法解決，應依爭端任何一方當事國的請求，提交國際法院。

第三十五條　簽字、批准和加入

(一) 本公約應於1955年12月31日以前在聯合國總部開放任憑簽字。

(二) 本公約對下列國家開放任憑簽字：

(甲) 聯合國任何會員國；

(乙) 被邀出席聯合國關於無國籍人地位會議的任何其他國家；

(丙) 聯合國大會對其發出簽字或加入的邀請的任何國家。

(三) 本公約應經批准，批准書應交存於聯合國秘書長。

(四) 本公約應對本條第(二)款所指國家開放任憑加入。加入經向聯合國秘書長交存加入書後生效。

第三十六條　領地適用條款

(一) 任何一國得於簽字、批准或加入時聲明本公約將適用於由其負責國際關係的一切或任何領地。此項聲明將於公約對該有關國家生效時發生效力。

(二) 此後任何時候，這種適用於領地的任何聲明應用通知書送達於聯合國秘書長，並將從聯合國秘書長收到此項通知書之日後第90天起或者從公約對該國生效之日起發生效力，以發生在後之日期為準。

(三) 關於在簽字、批准或加入時本公約不適用的領地，各有關國家應考慮採取必要步驟的可能，以便將本公約擴大適用到此項領地，但以此項領地的政府因憲法上需要已同意者為限。

第三十七條　聯邦條款

對於聯邦或非單一政體的國家，應適用下述規定：

（一）就本公約中屬於聯邦立法當局的立法管轄範圍內的條款而言，聯邦政府的義務應在此限度內與非聯邦國家的締約國相同。

（二）關於本公約中屬於邦、省或縣的立法管轄範圍內而依聯邦的憲法制度不一定要採取立法行動的話，聯邦政府應盡早將此項條款附具贊同的建議，提請此項邦、省或縣的主管當局注意。

（三）作為本公約締約國的聯邦國家，如經聯合國秘書長轉達任何其他締約國的請求時，應就聯邦及其構成各單位有關本公約任何個別規定的法律和實踐，提供一項聲明，說明此項規定已經立法或其他行動予以實現的程度。

第三十八條　保留

（一）任何國家在簽字、批准或加入時，可以對公約第一、三、四、十六（一）、三十三以及三十三至四十二（包括各該條本條號數在內）各條以外的規定作出保留。

（二）依本條第（一）款作出保留的任何國家可以隨時通知聯合國秘書長撤回保留。

第三十九條　生效

（一）本公約於第六件批准書或加入書交存之日後第90天生效。

（二）對於在第六件批准書或加入書交存後批准或加入本公約的各國，本公約將於該國交存其批准書或加入書之日後第90天生效。

第四十條　退出

（一）任何締約國可以隨時通知聯合國秘書長退出本公約。

（二）上述退出將於聯合國秘書長收到退出通知之日起1年後對該有關締約國生效。

（三）依第三十六條作出聲明或通知的任何國家可以在此以後隨時通知聯合國秘書長，聲明公約於秘書長收到通知之日後1年停止擴大適用於此項領地。

第四十一條　修改

（一）任何締約國可以隨時通知聯合國秘書長，請求修改本公約。

（二）聯合國大會應建議對於上述請求所應採取的步驟，如果有這種步驟的話。

第四十二條　聯合國秘書長的通知

聯合國秘書長應將下列事項通知聯合國所有會員國以及第三十五條所述非會員國：

（一）根據第三十五條簽字、批准和加入；

（二）根據第三十六條所作聲明和通知；

（三）根據第三十八條聲明保留和撤回；

（四）根據第三十九條本公約生效的日期；

（五）根據第四十條聲明退出和通知；

（六）根據第四十一條請求修改。

下列簽署人經正式授權各自代表本國政府在本公約簽字，以昭信守。

1954年9月28日訂於紐約，計一份，其英文本、法文本和西班牙文本都具有同等效力，應交存於聯合國檔案庫，其經證明為真實無誤的副本應交給聯合國所有會員國以及第三十五條所述非會員國。

已婚婦女國籍公約

（1957 年 1 月 29 日在紐約開放簽字）

各締約國：

鑒於國籍在法律上及慣例上之衝突，係由關於婦女因婚姻關係之成立或消滅，或在婚姻關係存續中夫之國籍變更，而喪失或取得國籍之規定所引起；

鑒於聯合國大會在世界人權宣言第十五條中業已宣佈“人人有權享有國籍”及“任何人的國籍不得任意剝奪，亦不得否認其改變國籍的權利”；

願與聯合國合作促進全體人類人權及基本自由之普遍尊重與遵守，不因性別而有異殊；

爰議定下列條款：

第一條 締約國同意其本國人與外國人結婚者，不因婚姻關係之成立或消滅，或婚姻關係存續中夫之國籍變更，而當然影響妻之國籍。

第二條 締約國同意其本國人自願取得他國國籍或脫離其本國國籍時，不妨礙其妻保留該締約國國籍。

第三條 一、締約國同意外國人為本國人之妻者，得依特殊優待之歸化手續，申請取得其夫之國籍；前項國籍之授予，得因維護國家安全或公眾政策加以限制。

二、締約國同意本公約不得解釋為對於規定外國人為本國人之妻者有權申請取得夫之國籍之任何法律或司法慣例有所影響。

第四條 一、本公約應開放給任何聯合國會員國及現為或以後成為任何聯合國專門機構會員國，或現為或以後成為國際法院規約當事國之任何其他國家，或經聯合國大會邀請之任何其他國家簽字及批准。

二、本公約須經批准，批准書應交存聯合國秘書長。

第五條 一、本公約應開放給第四條第一款所稱各國加入。

二、加入應向聯合國秘書長交存加入書。

第六條 一、本公約應於第六個批准書或加入書存放之日後第90日起生效。

二、對於在第六個批准書或加入書存放後批准或加入本公約之國家，本公約應於各該國交存批准書或加入書後之第90日起生效。

第七條 一、本公約對於所有由任何締約國負責其國際關係之非自治託管、殖民地及其他非本部領土，均適用之；除本條第二款另有規定外，關係締約國應於簽字、批准或加入時宣告由於此項簽字、批准或加入而當然適用本公約之非本部領土。

二、如在國籍方面非本部領土與本部領土並非視同一體，或依締約國或其非本部領土之憲法或憲政慣例，對非本部領土適用本公約須事先徵得該領土之同意時，締約國應盡力於本國簽署本公約之日起12個月期限內徵得所需該非本部領土之同意，並於徵得此項同意後通知聯合國秘書長。本公約對於此項通知書所列領土，自秘書長接到通知之日起適用之。

三、在本條第二款所稱12個月期限屆滿後，各關係締約國遇有由其負責國際關係之非本部領土對於本公約之適用尚未表示同意時，應將其與各該領土磋商結果通知秘書長。

第八條 一、任何國家得於簽字、批准或加入時，對本公約第一條及第二條以外之任何條款提出保留。

二、遇有一國依本條第一款規定提出保留時，本公約除經該國保留之條款外，應在保留國與其他締約國間發生效力。聯合國秘書長應將此項保留之全文通告現為或以後可能成為本公約締約國之全體國家。本公約任何締約國或以後成為締約國之國家得通知秘書長該國對於提出保留國並不認為應受本公約之拘束。此項通知，已為締約國之國家必須於秘書長通告之日起90日內提出之；以後成為締約國之國家必須於存放批准書或加入書之日起90日內提出之。遇有此種通知提出時，本公約在提出通知國與提出保留國間應視為無效。

三、依本條第一款提出保留之國家，得隨時通知聯合國秘書長將業經接受之保留全部或部分撤回。此項通知應於收到之日起生效。

第九條 一、任何締約國得以書面通知聯合國秘書長宣告退出本公約。退約應於秘書長收到通知之日 1 年後生效。

二、本公約在締約國減至不足 6 國之退約生效之日起失效。

第十條 兩個或兩個以上締約國對於本公約之解釋或適用發生爭端未能以談判方式解決時，除爭端當事國協議以其他方式解決外，經任何一方爭端當事國之請求，應提請國際法院裁決。

第十一條 聯合國秘書長應將下列事項通知聯合國各會員國及本公約第四條第一款所稱之非會員國：

（甲）依第四條之簽字及依同條收到之批准書；

（乙）依第五條收到之加入書；

（丙）依第六條本公約發生效力之日期；

（丁）依第八條收到之通告及通知；

（戊）依第九條第一款收到之退約通知；

（己）依第九條第二款之廢止。

第十二條 一、本公約應存放聯合國檔案庫，其中文、英文、法文、俄文及西班牙文各本同一作準。

二、聯合國秘書長應將本公約正式副本分送所有聯合國會員國及第四條第一款所稱之非會員國。

減少無國籍狀態公約

（1961年8月30日訂於紐約）

締約各國：

按照聯合國大會於1954年12月4日通過的第896（IX）號決議行事。

考慮到宜於締結國際協定減少無國籍狀態。

議定條款如下：

第一條 一、締約國對在其領土出生，非取得該國國籍即無國籍者，應給予該國國籍。此項國籍應：

（甲）依法於出生時給予，或

（乙）於關係人或其代表依國內法所規定的方式向有關當局提出申請時給予。在遵守本條第二款規定的情況下，對這種申請不得加以拒絕。

凡按照本款（乙）項規定給予本國國籍的締約國，亦得規定於達到國內法可能規定的年齡時，在遵守國內法可能規定的條件的情況下，依法給予該國國籍。

二、締約國對按照本條第一款（乙）項給予本國國籍，得規定要遵守下列各條件中之一個或一個以上條件：

（甲）申請應於締約國所規定的期限內提出，但該期限至遲應於18歲時開始，且不得於21歲以前結束，以便關係人至少有1年時間可以自己提出申請，而毋須獲得法律授權；

（乙）關係人在締約國可能規定的一段期間內（在提出申請前的一段期間不得超過5年，整段期間則不得超過10年），通常居住在該國境內；

（丙）關係人沒有被判過犯危害國家安全罪，亦沒有因刑事指控而被判過 5 年或 5 年以上的徒刑；

（丁）關係人一直無國籍。

三、縱有本條第一款（乙）項和第二款的規定，凡在締約國領土出生的婚生子，非取得該國國籍即無國籍而其母具有該國國籍者，應於出生時取得該國國籍。

四、締約國對非取得該國國籍即無國籍者——該人因已超過提出申請的年齡或不合所規定的居住條件，以致無法取得他在其領土出生的締約國的國籍——應給予該國國籍，如果其父母之一在他出生時具有該國國籍的話。倘關係人父母在他出生時具有不同國籍，他本人的國籍究竟應跟父親的國籍抑或跟母親的國籍的問題，應依該締約國的國內法決定。倘若對此項國籍必須提出申請，則申請應由申請人自己或其代表依照國內法所規定的方式向有關當局提出。在遵守本條第五款規定的情況下，對這種申請不應加以拒絕。

五、締約國對按照本條第四款規定給予本國國籍，得規定要遵守下列各條件中之一個或一個以上條件：

（甲）申請應於申請人未達到締約國所規定的年齡——不低於23歲——時提出；

（乙）關係人在締約國可能規定在提出申請前的一段期間內（不得超過 3 年），通常居住在該國境內；

（丙）關係人一直無國籍。

第二條　凡在締約國領土內發現的棄兒，在沒有其他相反證據的情況下，應認定在該領土內出生，其父母並具有該國國籍。

第三條　為確定各締約國在本公約下所負義務的目的，凡在船舶上出生者，應視為在船舶所懸國旗的國家領土內出生；在飛機上出生者，應視為在飛機的登記國領土內出生。

第四條　一、締約國對非取得該國國籍即無國籍者——該人非出生於任何締約國的領土內——應給予該國國籍，如果其父母之一在他出生時具有該國國籍的話。倘關係人父母在他出生時具有不同國籍，他本人的國籍究竟應跟父親的國籍抑或跟母親的國籍的問題，應依該締約國的國內法決定。按照本款規定給予的國籍應：

（甲）依法於出生時給予，或

（乙）於關係人或其代表依國內法所規定的方式向有關當局提出申請時給予。在遵守本條第二款規定的情況下，對這種申請不得加以拒絕。

二、締約國對按照本條第一款規定給予本國國籍，得規定要遵守下列各條件中之一個或一個以上條件：

（甲）申請應於申請人未達到締約國所規定的年齡——不低於23歲——時提出；

（乙）關係人在締約國可能規定在提出申請前的一段期間內（不得超過3年），通常居住在該國境內；

（丙）關係人沒有被判過犯危害國家安全罪；

（丁）關係人一直無國籍。

第五條　一、締約國的法律規定個人身份的變更，如結婚、婚姻關係消滅、取得婚生地位，認知或收養足以使其喪失國籍者，其國籍的喪失應以具有或取得另一國籍為條件。

二、在締約國的法律規定下，倘若某一私生子因生父的認知以至喪失該國國籍時，他應有機會以書面申請向有關當局要求恢復該國籍；這種申請所要遵守的條件不應嚴於本公約第一條第二款所述的條件。

第六條　締約國的法律規定個人喪失或被剝奪該國國籍時其配偶或子女亦喪失該國國籍者，其配偶或子女國籍的喪失應以具有或取得另一國籍為條件。

第七條　一、（甲）締約國的法律有放棄國籍的規定時，關係人放棄國籍不應就喪失國籍，除非他已具有或取得另一國籍。

（乙）本款（甲）項規定的實施，倘違背聯合國大會1948年12月10日所通過的世界人權宣言第十三條和第十四條所述的原則，則不應予以實施。

二、締約國國民在外國請求歸化者，應不喪失其國籍，除非他已取得該外國國籍或曾獲得保證一定取得該外國國籍。

三、在遵守本條第四款和第五款規定的情況下，締約國國民不應由於離境、居留國外、不辦登記或其他任何類似原因喪失國籍而成為無國籍人。

四、歸化者可由於居留外國達到關係締約國法律所定期限（至少連續7年）而喪失其國籍，如果他不向有關當局表明他有意保留其國籍的話。

五、締約國的法律得規定，凡在其領土外出生的國民，在達成年滿1年後，如果保留該國國籍，當時必須居留該國境內或向有關當局登記。

六、除本條所述的情況外，任何人如喪失締約國國籍即無國籍時，應不喪失該國國籍，縱使此項國籍的喪失並沒有為本公約的任何其他規定所明白禁止。

第八條　一、締約國不應剝奪個人的國籍，如果這種剝奪使他成為無國籍人的話。

二、縱有本條第一款的規定，在下列情況下，締約國可剝奪個人所享有的國籍：

(甲)第七條第四款和第五款所規定個人可喪失其國籍的情況；

（乙）國籍是用虛偽的陳述或欺詐方法而取得的。

三、縱有本條第一款的規定，締約國得保留剝奪個人國籍的權利，如果它在簽字、批准或加入的時候説明它按下列各理由中之一個或一個以上理由（其國內法當時規定的理由）保留此項權利的話：

（甲）關係人違背其對締約國效忠的義務：

(1) 曾經不管締約國的明白禁令，對另一國家提供或繼續提供服務，或接受或繼續接受另一國家發給的薪俸，或

(2) 曾經以嚴重損害該國重大利益的方式行事；

(乙)關係人曾宣誓或發表正式聲明效忠另一國家，或明確地表明他決心不對締約國效忠。

四、締約國除按法律的規定外，不應行使本條第二款和第三款所准許的剝奪國籍權力；法律應規定關係人有權出席由法院或其他獨立機構主持的公平聽訊。

第九條　締約國不得根據種族、人種、宗教或政治理由而剝奪任何人或任何一類人的國籍。

第十條　一、凡締約國間所訂規定領土移轉的條約，應包括旨

在保證任何人不致因此項移轉而成為無國籍人的條款。締約國應盡最大努力以保證它同非本公約締約國的國家所訂的任何這類條約包括這種條款。

二、倘無此項條款時，接受領土移轉的締約國和以其他方式取得領土的締約國，對那些由於此項移轉和取得非取得各該國國籍即無國籍的人，應給予各該國國籍。

第十一條　締約各國應在第六件批准書或加入書交存後盡速促進在聯合國體系內設立一個機構，任何人如要求享受本公約的利益，可以請該機構審查他的要求並協助他把該項要求向有關當局提出。

第十二條　一、對沒有按照本公約第一條第一款和第四條規定依法於出生時給予其國籍的締約國而言，第一條第一款和第四條的規定應對在本公約生效之前出生的人及生效之後出生的人一概適用。

二、本公約第一條第四款的規定應對在公約生效之前出生的人及生效之後出生的人一概適用。

三、本公約第二條的規定應只對在公約已對其生效的締約國內發現的棄兒適用。

第十三條　本公約不得解釋為影響任何締約國現在或以後有效的法律裡或現在或以後在兩個或兩個以上締約國間生效的任何其他公約、條約或協定裡可能載有的更有助於減少無國籍狀態的任何條款。

第十四條　締約國間關於本公約的解釋或適用的任何爭端，如不能以其他方法解決，應依爭端任何一方當事國的請求，提交國際法院。

第十五條　一、本公約對於所有由任何締約國負責其國際關係的非自治、託管、殖民及其他非本部領土均適用；該締約國在遵守本條第二款規定的情況下，應在簽字、批准或加入時宣告由於此項簽字、批准或加入而當然適用本公約的非本部領土。

二、倘在國籍方面非本部領土與本部領土並非視同一體，或依締約國或其非本部領土的憲法或憲政慣例，對非本部領土適用本公約須事先徵得該領土的同意時，締約國應盡力於本國簽署本公約之日起12個月期限內徵得所需該非本部領土的同意，並於徵得此項同意後通知聯合國秘書長。本公約對於此項通知書所列領土，應自秘書長接到該通知書之日起適用。

三、在本條第二款所述的12個月期限屆滿後，各關係締約國遇有由其負責國際關係的非本部領土對於本公約的適用尚未表示同意時，應將其與各該領土磋商結果通知秘書長。

第十六條 一、本公約應自1961年8月30日至1962年5月31日止在聯合國總部開放簽字。

二、本公約對下列國家開放簽字：

(甲) 聯合國任何會員國；

(乙)被邀出席聯合國關於消除或減少未來無國籍狀態會議的任何其他國家；

(丙) 聯合國大會對其發出簽字或加入的邀請的任何國家。

三、本公約應經批准，批准書應交存於聯合國秘書長。

四、本公約應對本條第二款所指國家開放任憑加入。加入經向聯合國秘書長交存加入書後生效。

第十七條 一、任何國家得於簽字、批准或加入時，對第十一條、第十四條或第十五條提出保留。

二、本公約不准有其他保留。

第十八條 一、本公約應自第六件批准書或加入書交存之日起兩年後生效。

二、對於在第六件批准書或加入書交存後批准或加入本公約的各國，本公約將於該國交存其批准書或加入書後第90日起或者於本公約按照本條第一款規定生效之日起生效，以發生在後之日期為準。

第十九條 一、任何締約國得隨時以書面通知聯合國秘書長聲明退出本公約。此項退約應於秘書長接到通知之日起1年後對該締約國生效。

二、凡本公約依第十五條規定對於締約國的非本部領土適用者，該締約國此後隨時獲有關領土的同意，得通知聯合國秘書長，宣告該領土單獨退出本公約。此項退約應自秘書長收到通知之日起1年後生效，秘書長應將此項通知及其收到日期轉知所有其他締約國。

第二十條 一、聯合國秘書長應將下列細節通知聯合國所有會員國及第十六條所述的非會員國：

（甲）依據第十六條規定所為的簽字、批准及加入；

（乙）依據第十七條規定提出的保留；

（丙）本公約依據第十八條規定生效的日期；

（丁）依據第十九條規定的退約。

二、聯合國秘書長至遲應於第六件批准書或加入書交存後，將按照第十一條規定設立該條所述機構的問題，提請聯合國大會注意。

第二十一條 本公約應於生效之日由聯合國秘書長加以登記。

為此，簽名於下的各全權代表，在本公約上簽字，以昭信守。

1961年8月30日訂於紐約，計一份，其中文本、英文本、法文本、俄文本及西班牙文本都具有同等效力，應交存於聯合國檔案庫，其正式副本應由聯合國秘書長送交聯合國所有會員國以及本公約第十六條所述非會員國。

非居住國公民個人人權宣言

（聯合國大會1985年12月13日第40/144號決議通過）

大會：

考慮到《聯合國憲章》激勵全世界對所有人的人權和基本自由的尊重，不分種族、性別、語言或宗教的區別；

考慮到《世界人權宣言》宣佈人人生而自由，在尊嚴和權利上一律平等，人人有資格享受該宣言所載的所有權利和自由，不分種族、膚色、性別、語言、宗教、政治或其他見解、民族本源或社會出身、財產、血統或其他身份等任何區別；

考慮到《世界人權宣言》還宣佈人人有權在任何地方被承認在法律前的人格，法律面前人人平等並有權享受法律的平等保護而不受任何歧視，人人有權享受平等保護而不受違反該宣言的任何歧視行為和煽動這種歧視的任何行為之害；

認識到關於人權的兩項國際公約的締約各國承擔保證這兩項公約所宣佈權利的行使不得有種族、性別、語言、宗教、政治或其他見解、民族本源或社會出身、財產、血統或其他身份等任何區別，

意識到隨着交通的改善以及各國之間和平和友好關係的發展，在本人非其公民的國家境內居住的個人越來越多；

重申《聯合國憲章》的宗旨和原則；

確認國際文書中規定的人權和基本自由的保護也應對非居住國公民的個人給予保證。

茲宣佈本宣言：

第一條　為本宣言的目的，“外僑”一詞，在適當顧及以下各條的限制條件的情況下，應指在一國境內但非該國國民的任何個人。

第二條 1. 本宣言內任何規定不應解釋為使任何外僑非法入境並在一國境內的事實合法化，也不應解釋為限制任何國家頒佈有關外僑入境及其居留條件的法律規章或對國民和外僑加以區別的權利。但此種法律規章不應違背該國所負包括在人權領域的國際法律義務。

2. 本宣言不應損及享有國內法所賦予的權利和一國依照國際法所應賦予外僑的權利，即使本宣言不承認這類權利或在較小範圍內承認這類權利。

第三條 各國應公佈影響外僑的本國法律或規章。

第四條 外僑應遵守居住或所在國的法律，並尊重該國人民的風俗和習慣。

第五條 1. 外僑得依照國內法規定並在符合所在國的有關國際義務的情況下，特別享有以下權利：

(a) 生命和人身安全的權利；外僑不應受任意逮捕或拘留；除非根據法律所規定的理由和按照法律所規定的程序，外僑不應被剝奪自由；

(b) 隱私、家庭、住宅或通信受到保護，不受任意或非法干涉的權利；

(c) 在法院、法庭和所有其他司法機關和當局前獲得平等待遇的權利，並在刑事訴訟和依照法律的其他訴訟過程中，必要時免費獲得傳譯協助的權利；

(d) 選擇配偶、結婚、建立家庭的權利；

(e) 享有思想、意見、良心和宗教自由的權利；表示他們宗教或信仰的權利，只受法律所規定的並為保護公共安全、秩序、衛生或道德或他人的基本權利和自由所必要的限制；

(f) 保持他們的語言、文化和傳統的權利；

(g) 將收入、儲蓄或其他的私人金錢資產轉移國外的權利，但須遵守國內的貨幣規章。

2. 在依照法律規定的限制以及民主社會為了保護國家安全、公共安全、公共秩序、公共衛生或道德或他人的權利和自由所必需的限制並符合有關國際文書所承認的以及本宣言所規定的其他權利的情況下，外僑應享有以下權利：

(a) 離開該國的權利；

(b) 自由發表意見的權利；

(c) 和平集會的權利；

(d) 依照國內法的規定，單獨擁有及與他人共同擁有財產的權利。

3. 在不違反第 2 款規定的情況下，合法在一國境內的外僑應享有行動自由和在國境內自由選擇居所的權利。

4. 在符合國內法的規定並獲正當許可的情況下，合法居住一國境內的外僑，其配偶和未成年或收養子女應獲容許隨同外僑入境或與外僑團聚和共同生活。

第六條 對外僑不得施加酷刑或殘忍、不人道或有辱人格的待遇或處罰，尤其是對任何外僑不得未經其自由同意，以其作醫學或科學實驗。

第七條 對合法在一國境內的外僑，只能根據依法作出的判決將其驅逐出境，並且除因國家安全的重大理由必須另行處理外，應准其提出不應被驅逐的理由，並將其案件提交主管當局或經主管當局特別指定的人員覆審，並准其委託代表向上述當局或人員陳述理由。禁止基於種族、膚色、宗教、文化、出身或民族本源，個別或集體驅逐這類外僑。

第八條 1. 合法居住一國境內的外僑依照國內法規定，還應享有下列權利，但須受第 4 條所述外僑義務的限制：

(a) 有權享有安全和健康的工作條件、公平的工資和同值工作同等報酬而沒有任何差別，特別保障婦女有不低於男子所享有的工作條件且同工同酬；

(b) 有權加入他們選擇的工會和其他組織或協會並參加他們的活動。對這一權利的行使，不得加以除依照法律規定及在民主社會中為了國家安全或公共秩序的利益或為了保護他人的權利和自由所需要的限制以外的任何限制；

(c) 有權享有健康保護、醫療、社會保障、社會服務、教育、休閒，但須符合有關規章關於參與必要條件的規定，並且不對國家資源造成不適當的負擔。

2. 為保護在所在國從事合法有酬工作的外僑的權利，有關國家政府可在多邊或雙邊公約內對這些權利加以明確規定。

第九條　不得任意剝奪任何外僑合法取得的資產。

第十條　任何外僑應可在任何時候與他具有國民身份的國家的領事館或外交使團自由聯繫，如果沒有該國領事館或外交使團，則可與受託在他所居留國家內保護他具有國民身份的國家的利益的任何其他國家的領事館或外交使團自由聯繫。

後記

《香港居民的國籍問題》終於付梓，也許它不是一部真正意義上的學術著作，它所表達的只是我們對“香港居民的國籍”這一特殊問題的關注和探索。關注這一問題，既因為其形成及解決過程在國籍法領域的獨特性，更因為其過去、現在和將來都影響着香港居民的生活和切身利益。對於這樣一個附綴着太多歷史和政治因素的法律問題，儘管早在十幾年前作者對此已有所涉足，但十幾年的關注仍不足以説明我們的審慎，更不意味着我們已經有能力全面、精透地闡析這一問題。我們所期望的只是對這一複雜問題作一粗淺的總結，並拋磚引玉，引起更多的學者、專家關注和研究。當然，書中的疏誤之處，概由作者個人負責，並懇請指正。

在本書構思之始，乃至寫作和出版的整個過程中，全國人大常委會香港基本法委員會委員譚惠珠大律師和全國政協委員鄒燦基先生和鄒偉雄律師一直給予了積極的鼓勵和支持幫助。張榮順先生審閱了本書部分書稿。法律出版社賈京平總編、呂山副總編和孫志華先生、董晶晶女士在本書出版方面更是給予了大力的支持，在此一併致以誠摯的感謝。

2001 年 4 月